教师教育共同体建设的
黄石探索

陈 强 编

华中科技大学出版社
中国·武汉

图书在版编目(CIP)数据

教师教育共同体建设的黄石探索 / 陈强编. — 武汉:华中科技大学出版社,2025.3.
ISBN 978-7-5772-1727-7
Ⅰ.G635.12
中国国家版本馆 CIP 数据核字第 2025RR7888 号

教师教育共同体建设的黄石探索
Jiaoshi Jiaoyu Gongtongti Jianshe de Huangshi Tansuo

陈　强　编

策划编辑：胡天金
责任编辑：陈　忠
封面设计：旗语书装
责任校对：阮　敏
责任监印：朱　玢

出版发行：华中科技大学出版社(中国·武汉) 　　　　武汉市东湖新技术开发区华工科技园	电话：(027)81321913 邮编：430223

录　　排：华中科技大学惠友文印中心
印　　刷：武汉市洪林印务有限公司
开　　本：710 mm×1000 mm　1/16
印　　张：16
字　　数：338 千字
版　　次：2025 年 3 月第 1 版第 1 次印刷
定　　价：98.00 元

本书若有印装质量问题，请向出版社营销中心调换
全国免费服务热线：400-6679-118　竭诚为您服务
版权所有　侵权必究

本书编委会

主　　任：雷儒金　张恩强

副主任：王赛玉　石　斌

主　　编：陈　强

委　　员：庞江华　胡天佑　李香萍　毛弟汉　李　志

　　　　　汪丽娟　严　娜　徐小林　肖丽萍

序

百年大计,教育为本;教育大计,教师为本。

近几年,湖北师范大学深入贯彻落实《中共中央 国务院关于全面深化新时代教师队伍建设改革的意见》和教育部等五部门印发的《教师教育振兴行动计划(2018—2022)》,首创"黄石市教师教育综合改革实验区",协同打造"黄石市-湖北师范大学"教师教育共同体,探索推动地方政府、师范大学、中小学校"三位一体"协同共育教师队伍,为地方基础教育高质量发展提供了优质的师资保障。

作为省级教师教育综合改革实验区先行者,黄石市从共商到共识,从探索到实践,从起跑到加速,为全省教师教育综合改革探路并交出满意答卷。观念创新、课程开发、教学研究、协同共育、基地建设、教师研训等一大批优秀成果正在教育领域转化应用。既是成果,更有期待。

以创建黄石实验区为抓手,推动教育资源共享、人才成长对接、培养培训一体、教育教研融通,黄石市实现了师范大学和地方教育高质量发展双赢,促进了课堂质量、教研质量、管理质量、评价质量大提升,推进了城乡义务教育一体化发展,满足了学生多元发展、全面发展的需求。既是共建,更是共享。

"黄石市-湖北师范大学"教师教育共同体,在校地融合赋能地方基础教育高质量发展方面做出了有益探索。为总结建设经验,增强教师教育研究成果辐射效应,2024年4月初,湖北师范大学联合黄石市教育局印发《"教师教育综合改革实验区建设的黄石探索"征稿通知》,在全市大中小学及幼儿园开展论文征稿工作。2024年6月底,湖北师范大学接收来自本校教师、教育类硕士研究生、黄石市中小学及幼儿园一线教师(教研员)、教育行政管理人员投稿共计100余篇。2024年7—8月,学校邀请省内外专家评审,遴选了34篇论文拟结集出版。从投稿教师所在地域上看,既有黄石城区的教师,又有大冶、阳新等偏远山区的教师;从投稿教师所在学校看,既有大学教师,也有中小学及幼儿园教师;从投稿论文内容看,有黄石中小学教联体的改革探索、师范生培养模式、教师教育课程建设和教材体系建设、教师职业道德和师德师风建设、中小学教师队伍建设、"优师计划"人才培养模式改革、区域特色文化育人与乡村教育情怀培养、中小学教师培训和教师专业发展、基础教育课程改革、教师综合评价体系建设及其他方面。

这些论文既充分反映了实验区改革成效,也凝聚了教师们的心血与智慧,更提升了教师们的教学科研能力,提高了黄石市基础教育的质量。在论文集出版之际,衷心感谢各位教师、领导的积极参与!感谢黄石市市委、市政府的大力支持!感谢相关工作人员的辛勤劳动!

是为序。

湖北师范大学党委副书记、校长

雷儒金

2024 年 10 月 22 日

前　言

基础教育在国民教育体系中处于基础性、先导性地位。建设教育强国，基点在基础教育。湖北师范大学坐落于湖北省黄石市，是一所学科门类比较齐全、教师教育特色鲜明、具有一定教学科研优势和良好社会声誉的老牌省属重点师范大学。建校51年来，学校始终坚持"面向基础教育、研究基础教育、服务基础教育、引领基础教育"的办学理念，牢记为党育人、为国育才的初心使命，坚定"师范报国""教师强国"的理想追求，共培养各类毕业生20余万人，他们绝大多数扎根和活跃在湖北省基础教育一线，已形成享誉荆楚大地并扛起湖北教育强省建设重任的"湖师"群体。围绕"培养什么人、怎样培养人、为谁培养人"这个教育的根本问题，学校加速推进内涵建设和高质量发展，首创"湖北省（黄石市）教师教育综合改革实验区"，协同打造"黄石市-湖北师范大学"教师教育共同体，在校地融合赋能地方基础教育高质量发展方面做出了有益探索。

一、强化"教师队伍建设"这个根本

教师是立教之本、兴教之源，教师教育是提升教育质量的动力源泉。教师教育共同体的根本在于强化教师队伍建设。自建校之始，湖北师范大学就牢牢树立"全心全意办好师范教育"的思想，将"办成社会主义现代化高等师院"作为办学目标，坚持紧密联系中学实际，以培养合格的中学师资为己任。比如，早在1979年学校就成立了校直属的教育科学研究所，开设"教育学""心理学""中学教材教法"等课程。近年来，学校牢记"师范"初心使命，继续将办好师范教育作为第一职责，深入实施校地融合发展战略，坚持面向地方基础教育，多措并举培养政治过硬、师德高尚、业务精湛的高素质专业化"湖师"群体。

"坚持一切从实际出发，是我们想问题、作决策、办事情的出发点和落脚点。"从实际情况出发，学校把地方师资培训作为助力乡村教育、助推教师成长的关键，精准研究不同阶段乡村教师专业成长的需求。从项目投标、方案设计到过程实施、绩效评估，全程体现专业化引领、项目化推进。正因为契合基础教育发展规律，上述措施取得了明显成效。2020年，在湖北省中西部国培和幼师国培项目第三方综合测评中，学校取得省属高校全省第二、全国第四的好成绩。

2021—2023年,学校全部培训项目得到学员高度评价,学员评测成绩均在90分以上,形成了中小学教师培训"湖师"品牌。

与党和国家教育事业发展同频共振,湖北师范大学在教师教育改革创新方面不断探索。2020年9月9日,学校与黄石市教育部门签订《教师教育综合改革合作协议》,举行了"黄石市中小学教师教育培训基地""黄石市名师驻高校工作站"揭牌,并授牌"高校基层工作站""师范生教育实习实训基地",协同黄石市政府部门出台实验区建设方案,方案以"两站、双基地、一定向、一提升、一智库"为核心内容,旨在提高教师队伍建设质量。这也是湖北省创建的首个教师教育综合改革实验区,有着深远的示范意义。

大道至简,实干为要。湖北师范大学每年安排10~20名教师教育类课程教师到基层工作站兼职任教、挂职实践,实践期为一年。根据培养需要,2020—2023年共聘请290名中小学名师(名校长)、优秀教研员担任师范类专业兼职教师,培养指导师范生,主持或参与教育科研项目。同时,设立20个"师范生教育实习实训基地暨基础教育创新型人才实践拓展基地"(简称"基地校"),统筹安排"基地校"承担师范生实习见习和顶岗置换、观摩教学和教育硕士驻校培养等任务,引导师范生参与师德体验、教学实践、班级管理、教育调查等实践活动。"基地校"根据人才培养需要,还遴选在科技、艺术、体育等方面具有培养潜质的学生到学校开展拓展性学习、综合实践活动、暑期研学活动等,取得了良好效果。

数据显示,2021—2024年,湖北师范大学面向黄石市中小学在职优秀教师开展非全日制本科和教育硕士学历学位教育,共招收学员839人,其中专升本637人、教育硕士202人,有力地促进了黄石地区在职教师学历层次提升。从2021年起,通过公费培养、单列招生计划、预留教师编制等形式,学校面向黄石本地生源定向培养200名本科层次小学全科教师,为黄石地区农村学校培养了一批"一专多能"的小学全科教师。在协同建设"黄石市-湖北师范大学"教师教育共同体的过程中,学校采取了一系列校地共建教师队伍的举措,在推动地方基础教育高质量发展的同时,也为全省打造教师教育共同体提供了鲜活经验。

二、紧盯"教育质量提升"这个核心

致天下之治者在人才,成天下之才者在教化。基础教育是国民教育体系的重要基石,事关家庭幸福、社会和谐、国家发展和民族未来。建设教师教育共同体的核心在于提升地方教育质量。学校坚持问题导向,在创建教师教育综合改革实验区、协同打造教师教育共同体的过程中,紧盯"教育质量提升"这个核心,充分利用省属重点师范大学在教育、科技、人才领域的资源集聚优势,与地方政府部门共同办好基础教育,着力培养德智体美劳全面发展的社会主义建设者和接班人。

面对地方基础教育领域的重大需求,为不断提升服务地方经济社会发展和教育事业发展的能力,学校专门组建了教师教育学院(附属学校教育集团),负责地方中小学教师培训、附属学校建设、教师技能训测和教师资格认定、课程教学及教师队伍建设等工作。在附属学校建设过程中,学校秉持"校地共建附属学校、助力薄弱学校改造"的指导原则,推动地方基础教育提质增效。2019年12月,学校与五峰土家族自治县签订合作协议,以"六个协同"为抓手,首创"县域教师教育综合改革实验区",全程公益性共建2所附属中小学,服务少数民族地区乡村教育振兴。2022年10月,以"校地协同·双向赋能"为典型特征的乡村教育振兴"五峰模式"获湖北省优秀基础教育教学成果一等奖。"五峰模式"的成功为创建黄石市教师教育综合改革实验区、推进校地合作共建提供了样本。在校地双方共同努力下,2020—2022年,学校与黄石地方政府部门协同共建了3所附属学校,通过诊断评估、选聘校长、教师培训、定期督学、教育实习、教科研指导等措施,实现了办学质量和办学生态的逆转。附属黄石一中2023年获黄石市政府部门集体记功嘉奖,2024年获黄石市"高中教学质量卓越贡献奖";附属磁湖中学获评2023年度湖北省教育工作先进集体。

学校充分发挥"黄石市中小学教师教育培训基地"作用,实施地方中小学教师教育教学能力培训计划。2021—2024年,学校面向黄石市中小学在职教师共完成国培、省培项目11项,培训949人,累计为黄石市少工委、黄石港区教育部门、黄石开发区·铁山区教育部门、阳新县第一中学等单位培训中小学教师1200多人。各级各类培训既加强了师资队伍建设,也提高了实验区教育教学质量。2024年,黄石市中心城区、大冶市、阳新县高考特殊本科和普通本科上线人数均实现了三位数增长,这是在2023年取得近五年来最好成绩的基础上,黄石高考成绩实现的再突破。

三、抓住"师范生培养"这个关键

师范生是未来的教师,是建设高质量教师队伍的源头活水。建设教师教育共同体的关键在于提高师范生培养质量。多年来,湖北师范大学始终坚定地走湖北特色、湖北风格和"湖师"水平的"师范道路",不断巩固并扩大师范教育传统优势,打造师范生培养领域"湖师"品牌,成绩有目共睹。

以教育家精神为魂,以知识能力素质为根,以教师专业标准为纲,以教育实践训练为重,学校不断创新师范生培养体系,适时优化调整人才培养方案。学校始终把师范类专业建设当作学校的"生命工程""品牌工程""未来工程""发展工程"来抓,建立了学校抓统筹、部门抓协同、专业抓评建、教师抓课程、学生抓学习的"五位一体"工作格局,对师范类专业予以优先重点建设。目前,学校拥有8个国家一流本科专业建设点,其中7个是师范类专业。省级一流本科专业建设点覆盖全部师范类专业，14个专业通过国家教育部门师范专业二级认证。从2021年起，学校每年承担140名地方优师计划师范生培养任务，在优师计划师范生中开展了拔尖创新型师范生培养的"达成实验"。

他山之石，可以攻玉。在师范生培养方面，湖北师范大学积极探索更加开放和贴近实践的培养场景。比如，学校和黄石市教育部门协同举办"凤凰山教育论坛"，以"研讨教师教育课题，强化教师教育特色，推动教师教育高质量发展"为统揽，定期邀请湖北省内外教师教育界、基础教育界名校友、名师、名校长、名班主任、名教研员等围绕师德师风、职业素养、学科教学、教育前沿等作专题报告，面向全市中小学教师、全校师范生和课程与教学论教师队伍，打造黄石市教师教育高质量发展论坛品牌。

为进一步彰显教师教育特色，提升师范生培养质量，学校还与黄石市教育部门组建师范生"勤敏训练营达成班"，邀请黄石市教育界名师进行专题培训，组织开展多种形式的教学实践活动，重点强化教育情怀、教学能力、师德浸润、综合发展等方面的训练，打通师范生卓越成长的"最后一公里"，切实让师范生"学起来""练起来""实践起来"。据不完全统计，"黄石市-湖北师范大学"教师教育共同体已经遴选55所(个)中小学校、行业平台作为师范生实习基地，每年可调剂1100余名师范生到"基地校"实习见习、顶岗置换、观摩教学、联合培养教育硕士等。数据显示，学校在校师范生已连续4届获全国师范院校师范生教学技能竞赛一等奖，连续9年获得湖北省师范生教学技能竞赛一等奖。

地方师范大学是教师教育的主阵地，是培养高素质专业化教师队伍的正规军、主力军，也是教育改革创新的策源地。近年来，湖北师范大学充分发挥教师教育学院(附属学校教育集团)的职能作用，秉持"面向、研究、服务基础教育"的办学方向，深化校地融合发展，创新教师教育模式，做强教师教育"湖师"特色，不断完善校地共建机制和附属学校发展政策，积极打造"附属学校教育联合体"。面向未来，湖北师范大学将继续坚定社会主义办学方向，牢牢把握教育的政治属性、战略属性、民生属性，增强历史主动精神和战略思维，举全校之力履行省属重点师范大学在服务教育强市、教育强省和教育强国建设中的主体责任，积极推进教师教育综合改革和教师教育共同体建设，大力弘扬教育家精神，矢志不渝地培养出一批又一批党和人民满意的"四有"好老师和时代"大先生"，加快推进教师教育振兴和地方基础教育高质量发展，为教育强国建设作出湖师大贡献。

目　　录

第一篇　教学改革探索

黄石市-湖北师范大学高中化学教师教育共同体的创建与实践 …………… 2
融创启航 和美共生——黄石市沿湖路小学教联体"融·创"品牌探索 …… 16
教学质量综合评价下课堂教学实践研究 ……………………………………… 22
"本手"与"妙手"齐飞,助力教学改革 ………………………………………… 31
服务与引领鄂东南地区基础教育"文化·课程·教学"改革的实践研究 …… 38
中华优秀传统文化融入小学英语思政育人的策略 …………………………… 46

第二篇　教师队伍建设

中小学教师职业幸福感影响因素及其提升策略 ……………………………… 50
筑牢师德品质,诠释桃李情怀 …………………………………………………… 56
"县管校聘"教师交流背景下农村小学教师专业发展困境及建议
　　——基于H市的调查 ……………………………………………………… 61
微讲座在中小学教师培训中运用的有效路径探析 …………………………… 71
中小学音乐教师职后专业发展探究 …………………………………………… 75
用共生力量推动教师发展 ……………………………………………………… 83
"三位一体"协同创新教师发展研究 …………………………………………… 89

第三篇　文化育人与教育情怀

以爱共育成长——浅谈教育共同体背景下的特色乡村学前教育 …………… 96
本土特色文化校本课程的开发与实施研究 …………………………………… 101
农村高中在生源薄弱挑战下的发展机遇 ……………………………………… 107
基于乡土课程资源的高中地理跨学科主题学习活动设计研究
　　——以湖北省黄石市为例 ………………………………………………… 112

区域特色文化育人与乡村教育情怀培养 ··· 118

第四篇 课程与教材建设

面向师范生的教育政策法规课程开设探析 ··· 126
以多途径、多元化的方式培养学生的人文素质——以黄石市第十四中学
　美术课程为例 ·· 137
校地共建背景下高中班会课程的开发与实施——以湖北师范大学附属
　中学(黄石一中)为例 ··· 144
"教会、勤练、常赛"视域下中学开展体育选课走班制教学的探索与实践 ········ 153
基于全学习环境下生命课程育人模式构建与实施 ···································· 161
高质量教育体系背景下体育中考改革"生家校"三方协同策略研究 ·············· 171
初中阶段开展心理健康教育的实践研究——以黄石市第十五中学为例 ········ 179
体验式学习在小学数学教学中的应用 ··· 184
数字化转型下的初中语文智慧课堂构建探析 ·· 189
初中语文阅读教学创新策略研究 ··· 193
基础教育音乐课程改革的推进与建议 ··· 202
石韵华彩：本土美术资源课程的开发与实施 ·· 206

第五篇 教育心得

数学考高分的六个好习惯 ·· 218
论多元智能理论——在小学第一学段语文绘本阅读教学中的应用············· 220
浅谈语文教学中的古诗意境 ··· 229
文言文训诂辨正在语文教学中的智慧——论《老子四章》"有无"解读
　之得失 ··· 236

第一篇 教学改革探索

黄石市-湖北师范大学高中化学教师教育共同体的创建与实践

杨水金[1]　杨彩云[2]　肖瑶[3]

1.湖北师范大学化学化工学院；2.黄石市教育科学研究院；3.黄石市第二中学

作者简介：杨水金，湖北武穴人，博士，湖北师范大学化学化工学院二级教授，硕士生导师，研究方向为化学教育与无机化学；杨彩云，黄石市教育科学研究院化学教研员；肖瑶，湖北省黄石市第二中学青年教师。

摘　要：黄石市-湖北师范大学高中化学教师教育共同体的创建，既是落实习近平总书记关于教育工作重要论述的政治任务，也是推动湖北师范大学教师共同体建设和黄石化学学科教育高质量发展的现实需要。为此，杨水金教授课题组与黄石市教育科学研究院化学教研员联合组建黄石市-湖北师范大学高中化学教师教育共同体，并积极开展教研课题申报、同课异构、教育见习、教育研习、教育实习、课堂教学诊断与评价等教学研讨工作。在"推进实践教学改革，探索师范教育新模式""共建共享教育资源，建立协同育人新机制""促进教育教研融通，搭建资源建设新平台""助推人才成长对接，实现职前培养职后培训一体化""强化校地成果汇聚，服务基础教育高质量发展"五个方面开展黄石市-湖北师范大学高中化学教师教育共同体的创建与实践的工作，助力黄石市-湖北师范大学教师教育共同体的建设。

关键词：高中化学；教师教育；教育共同体

The Establishment and Practice of Hubei Normal University and High School Chemistry Teachers in Huangshi City Education Community

Yang Shuijin[1], Yang Caiyun[2], Xiao Yao[3]

(1. College of Chemistry and Chemical Engineering, Hubei Normal University, Huangshi, 435002, China; 2. Huangshi Educational Science Research Institute, Huangshi, 435000, China; 3. No. 2 Senior High School of Huangshi, Huangshi, 435000, China)

Abstract: The establishment of Hubei Normal University and high school chemistry teachers in Huangshi city education community is not only a political task to implement the important statements of General Secretary Xi Jinping on educational work, but also a practical need to promote the construction of teacher community in Hubei Normal University and the high-quality development of chemical subject education in Huangshi City. For this purpose, Professor Yang Shuijin's research group and the chemistry teaching researcher of Huangshi Institute of Education Science jointly established the education community of Hubei Normal University and high school chemistry teachers in Huangshi city, and actively carried out the teaching research work such as research project application, same-course different-structure teaching, education probation, education study, education practice, classroom teaching diagnosis and evaluation. They are carrying out the creation and practice of the high school chemistry teacher education community between Huangshi City and Hubei Normal University in five aspects: promoting the reform of practical teaching and exploring new models of teacher education; jointly building and sharing educational resources, establishing a new mechanism for collaborative education; promoting the integration of education and teaching research, building a new platform for resource construction; promoting the integration of talent growth and realizing the integration of pre-service training and post-service training; strengthening the aggregation of school-local achievements, and serving the high-quality development of basic education. It is hoped that this can contribute to the construction of education community of Hubei Normal University and high school chemistry teachers in Huangshi city.

Key words: High school chemistry; Teacher education; Education community

高中化学教师教育共同体建设工作要求:一是要提高政治站位,充分认识推进高中化学教师教育共同体建设的重大意义;二是要把握政策内涵,深刻理解建设黄石市-湖北师范大学高中化学教师教育共同体的功能与价值,充分发挥高中化学教师教育共同体的载体、桥梁、平台作用;三是要坚持求真务实,共同推动高中化学教师教育共同体高质量发展,要加强部门联动,高校要发挥顶层"指导员"作用,市教科院要发挥中间"协调员"作用,各高中化学教师要发挥一线"参战员"作用,完善工作保障。黄石市-湖北师范大学高中化学教师教育共同体的创建,既是落实习近平总书记关于教育工作重要论述的政治任务[1,2],也是推动湖北师范大学教师共同体建设和黄石化学学科教育高质量发展的现实需要。为此,本课题组与黄石市教育科学研究院化学教研员联合组建黄石市-湖北师范大学高中化学教师教育共同体,并积极开展教研课题申报、同课异构、教育见习、教育研习、教育实习、课堂教学诊断与评价等教学研讨工作。现将我们组建黄石市-湖北师范大学高中化学教师教育共同体后开展校地深度融合的策略与路径总结如下。

一、推进实践教学改革,探索师范教育新模式

2023年12月28日,课题组受邀参与黄石教科院组织的2021年湖北省教育科学规划项目的结题鉴定会,其中由冯思燕主持承担的《新高考下基于"三位一体四维度"培养卓越中学化学教师的实践研究》课题研究实际上是与湖北师范大学化学化工学院联合开展职前教师新模式的探索,围绕优师计划师范生教学技能培训和教研能力提升来展开的。湖北师范大学化学专业从2021年招收优师计划学生,2021年底为每位优师计划学生安排校内和校外指导教师,采取双导师制培养优师计划学生,校外均邀请一线基础教育教师,为优师生开展教育见习和教育研习提供实践基地。

针对职前教师的培养针对性、实践性不强的问题,湖北师范大学创造性提出了职前教师"165"培养模式(见图1):以一名合格的基础教育教师为目标,开展同伴互助、案例教学、业余科研、经典名著阅读、教学诊断与评价和教师技能竞赛6项训练活动,达到完成一份教学设计、一节优课、一次说课、一套试卷、一次主题班会和一篇小论文的要求,提升成为一名特级教师必备的专业素养、教育素养、教研能力、竞赛意识和领导能力5大素养。

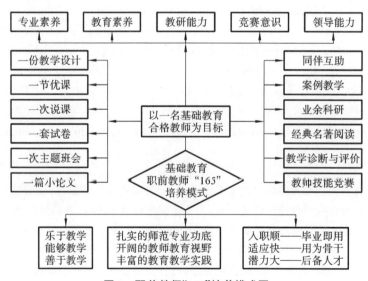

图1 职前教师"165"培养模式图

二、共建共享教育资源,建立协同育人新机制

2022年10月22日,在晨曦刚刚升起的时候,化学化工学院2101班第一小组的全体成员在杨水金老师的带领下,前往黄石三中进行第一次校外教育见习活动。

上课的时间是早上的第二节课,黄石三中的学生们穿着整齐的校服有序进入了教室。同学们看起来都精神满满,充满着活力。

本次课程由化学化工学院2101班第一小组校外指导教师——黄石三中陈杰老师授课,内容为"酸碱中和滴定"。在本次课程中,陈杰老师充分展示了作为资深教师的教学功底,让见习小组成员从中学到了很多知识。而且本次课程是一次真正的现场教学课程,学生们也是第一次接触到这些新的知识。这是非常宝贵的财富,需要参与见习优师班的学生们用心去体会,慢慢地吸收并化为己用。

课程结束后,召开了课后总结与反思的会议,会议由黄石三中谢劲松老师主持,黄石三中赵校长、秦业辉主任、吴顺红老师等一起参加。会议过程中,各位资深教师从各个方面对本次课程进行了评价与建议。三人行必有我师,聆听着各位专业老师的评课,参与教育见习的每一位同学都有所启发与进步。

活动的最后,化学化工学院2101第一小组和黄石三中的老师们一起合影(见图2),留下了深刻的记忆。

图2　湖北师范大学化学化工学院2101第一小组和黄石三中的老师们一起研讨并合影

三、促进教育教研融通,搭建资源建设新平台

教研论文的写作和教研项目的申报是成为名师的必由之路,必须予以重视。《教育部关于加强和改进新时代基础教育教研工作的意见》(教基〔2019〕14号文件)[2]中指出,加强关键环节研究,创新教研工作方式,提升教研工作的针对性、有效性和吸引力、创造力。教研的针对性和有效性首先取决于对研究的问题把握得是否准确。近年来,教育界提出了精准教研的理念,技术手段能够助力精准教研。

为提升黄石地区化学教研水平,黄石市-湖北师范大学高中化学教师教育共同体联合组织黄石地区化学教师开展青年教师讲课比赛、微课制作大赛和教研论文比赛。2023年10月16日杨水金受聘担任黄石市"十四·五"新课改专项课题指导专家(高中化学)(见图3)。

2022年11月8日,黄石市-湖北师范大学高中化学教师教育共同体联合发布2023年可供黄石地区基础教育化学教师申报的教研课题选题。

图3 杨水金教授受聘担任黄石市"十四·五"新课改专项课题指导专家(高中化学)聘书

(1)中学化学课程思政:审辨思维视域下中学化学课程思政教学的建模与实践研究。

(2)中学化学创新课开发:激发学生创造力——化学创新课教学设计的实践性循证研究。

(3)职后化学教师培养:教师关注视角下职后教师关键教学行为的改进研究;新时代提升职初教师专业素养的区域研修课程体系建构与实践。

(4)大概念引领化学教学:以大概念为支点的化学物质结构单元教学内容重构与实施策略研究。

2023年黄石市-湖北师范大学高中化学教师教育共同体联合申报2项黄石市教育科学"新课程改革"专项课题。

(1)杨彩云,周鑫,杨水金,杨赟,罗建斌,谢劲松,秦业辉,干存涛,柯婧婧,肖瑶,殷竹明,蔡一凡:以大概念为支点的《物质结构与性质》单元教学内容重构与实施策略研究,以黄石市教育科学"新课程改革"专项课题(2023KGZX282)立项。

(2)秦业辉,梅涛,柯芳,杨水金,周鑫:创新思维视域下中学化学创新课的教学设计与实践研究,以黄石市教育科学"新课程改革"专项课题(2023KGZX255)立项。

与此同时,由黄石教育科学研究院杨彩云教研员牵头成功申报湖北省2023年教育科学规划一般项目《深度学习视域下的"物质结构与性质"单元整体教学设计与实践研究》(2023JB573)立项。该项目于2024年1月4日邀请杨水金、姚菁、邱昌恩、张传萍四位担任评议专家,在黄石市教育科学研究院进行开题(见图4)。

为进一步推进高中化学课堂教学改革,全面提升教学质量,2024年4月24—25日,黄石三中化学教研组围绕省级课题《深度学习视域下的"物质结构与性质"单元整体教学设计与实践研究》[3,4]进行了为期两天的专项研讨。湖北师范大学杨水金教授莅临黄石三中指导,与会的还有黄石市教育科学研究院专家和课题组成员。黄石三中秦业辉(见图5)、阳新一中周顺顺、黄石二中肖瑶、大冶实验高中柯婧婧和湖北师范大学研究生周鑫分别主讲了同课异构教学展示课。

图 4　2023 年湖北省教育科学规划课题开题论证会

图 5　黄石三中秦业辉在展示"原子结构与元素周期表"的同课异构

课后,湖北师范大学杨水金教授和黄石市教育科学研究院杨彩云老师对老师们的展示课分别从课堂高效性、教学设计思路、知识的迁移应用、落实证据推理与模型认识化学核心素养等方面进行了点评(见图6)。此次同课异构活动对参加课题研讨的老师们具有很强的指导性,大家都对顺利完成课题研究,并将研究成果转化为教学实效充满信心。

四、助推人才成长对接,实现职前培养职后培训一体化

2019 年 3 月,化学课程与教学论 2020 届硕士研究生梅蕊到黄石二中春令营(二)班进行教育实习,黄石二中指导老师为高存勇,校内指导教师为杨水金教授。实习期间梅蕊讲了一堂公开课"离子反应及其发生的条件",杨水金教授、二中特级教师瞿佳廷、蔡千喜老师和指导老师高存勇一同听课并在课后进行点评。在上课之前,梅蕊按照高老师的建议做完《重难点手册》中的内容,然后在网上查阅相关资料,提前备课,做好 PPT。课后几位老师都给予了中肯到位的评价。评价如下。

图 6　开展四节"原子结构与性质"的同课异构后研讨现场

瞿佳廷老师：建议从旧知引入或者复习引入新知，开头导入部分比较牵强；课堂容量大，重点不太突出；整个教学过程需要循序渐进。

蔡千喜老师：讲台站位问题，不能只对着一边的学生；课堂过程中要了解学生状态；相关概念要把握准确。

高存勇老师：举出的例子很适合所要讲授的概念，但对例子没有进行全面分析，讲解不清晰。

杨水金老师：新手教师授课之前除备教材、备学情之外，还要对与授课相关的习题进行系统训练，才能确保授课时游刃有余。同时，教学设计前要确定好本节课传授的化学核心素养主线，围绕该主线和知识线，构建好策略线、兴趣线和评价线。

自评：准备比较充分，但是因为不了解学情，所以课程设计、整体结构不明晰，还需要继续学习改进。

2018年12月14日上午，陈慧媛、梅蕊、柯芳、李圳平、鲁瑶、尹明月6位化学课程与教学论方向在读硕士研究生到黄石三中听黄石三中陈杰老师讲授的"氢氧化铝"课程，听完课后组织6位研究生分别从教师、学生、师生关系、核心素养等角度开展教学评价，同时黄石三中副校长罗建斌、化学把关教师吴顺红、年级组组长秦业辉、大冶一中化学骨干教师周祖发等参与评课，给予此种评课方式高度评价，就下一步开展教师培训合作达成进一步合作协议。

整节课的教学设计在一定程度上实践了化学学科核心素养目标（主要是科学探究水平），但学生的化学核心素养不是一节课就能形成的，能在硬件（实验仪器）苛刻的条件下结合自身的教育智慧来引导学生体验科学探究的过程，促进学生化学核心素养的形成，这是很好的。

兴趣内容主要是氢氧化铝的生活应用——胃药和明矾净水剂以及氢氧化铝制备方法的科学探究，大多数学生对这些都表现出很高的关注和积极性，尤其是胃药那一块，这和刚开始上课以及合理引导、热情渲染有关。明矾净水这部分的内容响应程度较低，效果一般，但也可能是与学生进行了大半节课的科学探究，不习惯这种学习方式而产生了一定的倦怠有关。因此，建议将这种教学方式多推行或者改成学生习惯接受的教授方式。

本节课所涉及的主要素养目标是科学探究与创新意识,虽然学生对于探究式教学接触得较少,但在教师的热情引导下,大部分同学能够积极参与进来,教学目标大部分达成,但因时间关系还有部分实验没有完成,所以改成教师直接讲授,建议在后续改进过程中协调教学内容和课堂时间,使二者不冲突。

本节课的知识目标达成情况:通过学生试题反馈,教学过程中学生完成情况一般,后续需要对试题进行改进,以辅助学生在课堂上完成随堂练习。

(1)学生课堂表现方面。本节课最先对铝的氧化物相关知识做了简短的复习回顾,从学生们的反应来看,上节课的学习效果还是不错的,大部分人都能跟着老师的引导回答出来。然后以"胃痛怎么办?"引出药品胃舒平,再一步步引导学生写出胃舒平治胃酸的离子方程式。这时老师喊了一位同学在黑板上书写出胃舒平治胃酸的离子方程式,这位同学写出来后,老师让他说为什么是这样的,他也回答得有条有理。在这个过程中其他学生都在思考,但从整体而言没有这个同学快。那么,对于提高学生课堂表现以及学习投入,教师可以从以下几个方面来进行改进:注意理性意识培养,引导学生课堂行为;完善学生实验操作与规范保障,使课堂积极学习投入行为顺利实施;重视对学生课堂表现的引导与锻炼,使课堂学习投入得以积极表现。

(2)师生关系方面。整堂课中教师是采用以问题推进互动和以非言语推进互动的,没有体现出以评价推进互动这种方式。教师对学生的问题做出评价是很好的一种互动方式,该教师可以在这方面有更好的提升。怎样通过评价推进师生关系?评价语言应准确、有时效、有特色且规范;在教授课程的过程中要明确评价的知识取向和深化取向,且增强评价语言的规范性。

(3)化学课堂教学资源及教学方法方面。本节课是一堂探究性实验课程,从实验以及练习等方面都强调以学生为主体,教师起主导作用。在教学方法上,教师做到多种方法相结合,并且利用多种教学资源,相辅相成,形成了一堂较完美的课程。教师为了让学生更好地理解所讲授的知识内容,就必须懂得如何去不断开发及应用教学资源,达到最终的教学目标,这是高中化学教学当中至关重要的一环。就当前的实际教学情况来分析,许多教师并没有明确意识到教学资源的重要意义,思想受限,导致对学生的主体地位缺乏重视,在开发及应用教学资源时也并不会重视是否符合学生的实际学习需求。那么作为教师,应当养成资源收集的习惯,确保随取随用;灵活应用资源,拓展学生的认知;优化思维,尊重学生主体地位。

通过研讨,进一步明确本节课努力方向及途径:一是初步确定1~2种实用性强、可操作性强的教学理论,读原著,了解其来龙去脉,找到和课堂教学研究的结合点;二是缩小研究点,先从小处着手。先是多写,然后试着去投稿。总之,现在中学教学任务虽然有些重,但不能以此为借口,从而沦为"一支粉笔讲到底"的普通的知识传授者。要在如何提高教学水平及教学研究能力方面下功夫,做一点是一点,以少积多,量变引起质变。化学学科核心素养的培养,不需要花太多课堂时间,可以与化学知识教学相互渗透,重在改变观念。

总之,一个人的成长,需要不断反思,需要同学科同事甚至其他学科同事的帮助,也需要校内外专业老师的悉心指导。

经过指导学生到中学一线教育实习和带领研究生到中学化学课堂开展教学诊断与评价,运用理论分析与实证研究相结合的方法对"基于职前职后一体化基础教育化学教师培养"这一核心问题进行了立体审视,从教师专业化发展的视角对基础教育化学教师培养应具备适应终身发展和社会发展需要的关键能力和观念进行了阐释;职前教师入职以后,延续职前教师的培养,针对职后化学教师培训方法单一、缺乏合作等问题,采取以一名基础教育名师为目标,开展微课教学、联合开课、实景课堂、核心素养、国培计划、课题研究以及教研论文写作等七项培训,以一节优课为抓手,对选定公开课内容开展文献综述、学生学案、教学设计、教学课件、说课课件、微课课件、教研论文和一套试卷八个环节的职后教师"1718"培训模式(见图7)。

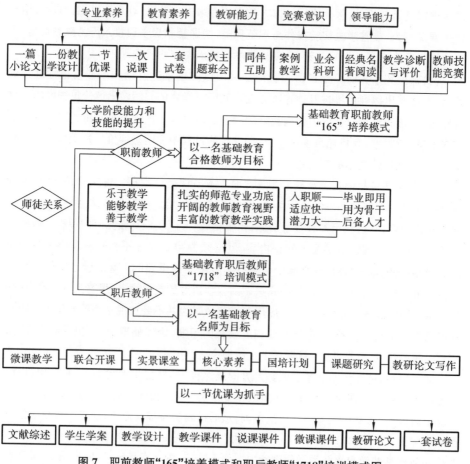

图7 职前教师"165"培养模式和职后教师"1718"培训模式图

其研究目的是为职前培育合格新教师,为职后培育教学名师,使职前职后化学教师得到一体化培养。职前培养与职后培训的一体化,解决的是基础教育化学教师培养过程的问题。

五、强化校地成果汇聚,服务基础教育高质量发展

杨水金课题组长期与黄石二中、黄石三中以及教育科学学院教师合作,服务于基础教育高质量发展,其合作的教研成果目录(2011—2024 年)如表 1 所示。

表 1　合作的教研成果目录表(2011—2024 年)

序号	类别	论文及项目名称	作者	发表刊物或项目批准单位	年份,卷(期),页码
1	论文	$H_3PW_6Mo_6O_{40}/SiO_2$ 催化合成苹果酯	杨水金,沈益忠,黄永葵,裴腾,王华,蔡千喜	《化工中间体》	2011,8(10):45-48
2	论文	课改前后高中化学 1 和 2 实验部分的比较研究	杨水金,李结,裴腾	《新课程学习(下)》	2011(30):56-57
3	教材	无机化学实验	杨水金主编(裴腾、罗建斌参编)	华中师范大学出版社	2012
4	论文	$H_3PW_6Mo_6O_{40}/SiO_2$ 催化合成丁醛 1,2-丙二醇缩醛	吕宝兰,王华,黄蓉,杨水金	《化工中间体》	2012,9(5):55-57
5	论文	新课改前后高中化学教材有关无机化学部分知识点变化的研究	杨水金,汪秋娟,王华,裴腾	《湖北师范大学学报(自然科学版)》	2012,32(3):78-83
6	论文	人教版高中化学新教材中的变化	吕宝兰,王华,吴冬燕,杨水金	《湖北师范大学学报(自然科学版)》	2012,32(4):97-100
7	项目	教师教育课程标准与师范生化学专业学生"专业知识与能力"提升策略研究	杨水金,余新武,吕宝兰,韩德艳,王华	湖北师范大学教育学省级重点学科 2013 2014 年度开放基金课题(编号:20130211)	
8	论文	中学化学教学中绿色化学理念的渗透	杨水金,侯倩,蔡千喜,徐明波	《湖北师范大学学报(自然科学版)》	2013,33(3):66-70
9	论文	全国高中化学竞赛(省级赛区)试题分析及培训策略	王华,徐俊,蔡千喜,吕宝兰,杨水金	《湖北师范大学学报(自然科学版)》	2013,33(3):71-76

续表

序号	类别	论文及项目名称	作者	发表刊物或项目批准单位	年份,卷(期),页码
10	论文	$H_3PW_{12}O_{40}/SiO_2$ 催化合成苹果酯-B	杨水金,徐玉林,喻苏,蔡千喜	《化学工业与工程技术》	2013,34(6):11-14
11	论文	$H_3PW_{12}O_{40}/ZrO_2-WO_3$ 催化合成乙酸异戊酯	杨水金,叶玉丹,段国滨,蔡千喜	《化工中间体》	2013,10(5):58-60
12	项目	基于中学课堂开放式培养未来优秀中学化学教师的模式研究	杨水金,吕宝兰,余新武,瞿佳廷,王华,胡艳军,吴顺红	中国化学会化学教育委员会——基础教育"十二五"规划2013年重点课题(编号:HJ2013-0005)	
13	教研项目	基于课程改革创新培养未来优秀化学教师模式的研究	吕宝兰,余新武,杨水金,王冬明,王华	2014年湖北省教育厅教学研究项目(编号:2014366)	
14	论文	高中化学教师教学研究现状的调查与解决策略	吕宝兰,余群丽,王华,张小菊,杨水金	《化学教学》	2014(7):23-25
15	教研项目	高一化学课堂教学研究现状的调查与提高课堂效率方法	杨水金,张小菊,吕宝兰,王华,罗建斌,朱翠红,于颖	中国化学会化学教育委员会——基础教育"十二五"规划2014年重点课题(编号:HJ2014-0006)	
16	论文	高中化学有关研究性学习的调查与分析	吕宝兰,刘蕾,王华,杨水金	《湖北师范大学学报(自然科学版)》	2015,35(1):110-114
17	教研项目	卓越中学化学教师培养模式的构建与实践	杨水金,瞿佳廷,余新武,吕宝兰,胡艳军	2015年湖北省教育厅教学研究项目(编号:2015383)	
18	成果鉴定	地方高师化学专业分类培养方案的构建和培养模式研究	杨水金,王冬明,吕宝兰,余新武,胡艳军,吕银华,瞿佳廷,罗四清	国内先进水平(鄂教高鉴字〔2016〕076号)	
19	课程建设	化学课程与教材研究	杨水金,郑勇,方向东,但世辉,王华	湖北师范大学2017年度"研究生案例教学课程"立项建设项目(项目编号:20170109)	

续表

序号	类别	论文及项目名称	作者	发表刊物或项目批准单位	年份,卷(期),页码
20	奖励	地方高师化学专业分类培养方案的构建和培养模式研究	杨水金,王冬明,吕宝兰,余新武,胡艳军,吕银华,瞿佳廷,罗四清	第八届湖北省高等学校教学成果二等奖(编号:8328)	
21	论文	化学三重表征的研究与展望——基于CiteSpace的可视化分析	王蕾,杨赟,郑雁方,杨水金,徐明波	《化学教育(中英文)》	2022,43(5):121-127
22	论文	基于新高考"素养为本"的高中化学教学实施探讨	吕宝兰,张晓明,杨水金	《湖北师范大学学报(自然科学版)》	2022,42(2):105-108
23	项目	课程思政背景下中学化学教学实施策略研究	程正喜,冯思燕,杨彩云,杨水金等	湖北省教育科学规划2022年度一般课题(项目编号:2022JB421)	
24	项目	深度学习视域下的物质结构与性质单元整体教学设计与实践研究	杨彩云,周鑫,杨赟,梅蕊,杨水金,罗建斌,谢劲松,秦业辉,干存涛,柯婧婧,肖瑶,殷竹明,蔡一凡	湖北省2023年教育科学规划一般项目(项目编号:2023JB573)	
25	项目	以大概念为支点的《物质结构与性质》单元教学内容重构与实施策略研究	杨彩云,周鑫,杨水金,杨赟,罗建斌,谢劲松,秦业辉,干存涛,柯婧婧,肖瑶,殷竹明,蔡一凡	黄石市教育科学"新课程改革"专项课题(2023KGZX282)	
26	项目	创新思维视域下中学化学创新课的教学设计与实践研究	秦业辉,梅涛,柯芳,杨水金,周鑫	黄石市教育科学"新课程改革"专项课题(2023KGZX255)	
27	奖励	基于"结构式名师工作室"的教师专业发展名师构建与实践	许新华,雷儒金,付光槐,孙维娇,涂玉霞,杨水金,童强	第九届湖北省高等学校教学成果二等奖(编号:2023319)	

备注:下划线加粗为黄石二中、黄石三中以及教育科学学院等基础一线合作教师姓名。

十八大后,湖北省在加快推进教育改革和教育现代化的道路上不断前进。发展新理念对湖北师范大学作为地方性师范大学在基础教育化学教师培养方面提出更加严格的要求。卓越化学教师培养计划是建设创新型国家和人力资源强国的战略部署,师范院校实施"卓越教师"计划也是顺应社会需求[5,6]。在当前转型时期,省内外各师范院校和其他承担基础教育师资培养和培训任务的高等院校及培训机构纷纷根据基础教育课程改革的目标与内容,积极开展办学思想大讨论和办学定位大思考,着手研究如何培养新时期下"高素质、研究型"的教师,把培养"高素质、复合型、创新性"的优秀中学骨干教师作为自己的目标定位。这些改革举措归纳起来,可总结为以下几点:①师范院校教师教育课程体系应面向中小学的课堂实际、学生实际和教师实际,突出实践环节;②师范院校和基础教育院校必须联手合作,开放式是培养卓越中学化学教师的模式;③卓越中学化学教师应具备较高的职业素养和过硬的职业能力和专业化发展,尤其是要突出教师职业技能考核。所以,在此教育转型时期,创新培养卓越基础教育化学教师职前职后培训模式的研究尤为重要。

2018 年 1 月,国家颁布《中共中央 国务院关于全面深化新时代教师队伍建设改革的意见》[7],该文件指出"兴国必先强师",教师"是教育发展的第一资源,是国家富强、民族振兴、人民幸福的重要基石"。

新时代中国教师教育改革与发展的方向和目标,应紧紧围绕高水平教师的培养来规划。高水平教师的培养,需要广大教育工作者通过系统研究,大胆地进行理论创新和实践探索,从而为新时代中国教师教育的改革与发展做出应有的贡献。

湖北师范大学化学专业 2004 年为湖北省品牌专业,2008 年入选教育部第二批特色专业,2019 年化学专业入选国家一流专业建设点,2020 年顺利通过普通高校师范类化学专业认证。学校为建设好化学国家级特色专业,科学应对国家政策变化(高校扩招、免费师范生、免推生政策、双减政策)对地方高师化学专业发展空间的影响,提高化学专业人才的培养质量,故组建黄石市-湖北师范大学高中化学教师教育共同体,无论是满足社会的需求、湖北省基础教育乃至经济的发展,还是推动湖北师范大学教育学一流学科的建设乃至专博点立项都是非常必要的。要强化国家战略科技力量,一定要重视化学学科的发展,重视化学教育。化学教育必须从基础教育抓起,尤其是基于职前职后一体化基础教育化学教师的培养和推进黄石市-湖北师范大学高中化学教师教育共同体的建设。

建构基于职前职后一体化化学师范专业本科生、化学课程与教学论方向硕士职前培养和宜昌、襄阳、黄石三个地区名师工作室、国培计划初中化学教师、华师大免费师范生教育硕士以及化学课程与教学论同等学力研究生职后培训模式与实践,共同推进黄石市-湖北师范大学高中化学教师教育共同体的建设,能有效解决现阶段面临的"优秀基础教育化学教师"资源紧缺问题。此外,这种将职前教育和职后教育、通识教育和专业教育结合在一起培养人才的模式,既能有效保证所培养人才的通识教育能力和有效促进人才今后的发展和进步,又能健全高等教育培养制度,为湖北未来经济社会的发展提供源源不断的动力。组建黄石市-湖北师范大学高中化学教师教育共同体,与2018 年《中共中央 国务院关于全面深化新时代教师队伍建设改革的意见》[7]和 2022

年教育部等八部门启动《新时代基础教育强师计划》[8]相契合,对促进化学教师专业发展,提高教育教学质量意义重大。

参考文献

[1] 赵凌云.加快建设教育强国、科技强国、人才强国[N].光明日报,2022-12-08(06).

[2] 中华人民共和国教育部.教育部关于加强和改进新时代基础教育教研工作的意见[EB/OL].(2019-11-20). http://www.moe.gov.cn/srcsite/A06/s3321/201911/t20191128_409950.html.

[3] 中华人民共和国教育部.普通高中化学课程标准(2017年版2020年修订)[M].北京:人民教育出版社,2020.

[4] 傅永超."物质结构与性质"认知发展框架建构及测评研究[D].上海:华东师范大学,2021.

[5] 林崇德.21世纪学生发展核心素养研究[M].北京:北京师范大学出版社,2021.

[6] 毕华林,万延岚.当前国际化学课程改革的发展动向及启示[J].比较教育研究,2015(9):79-84.

[7] 中华人民共和国国务院.中共中央 国务院关于全面深化新时代教师队伍建设改革的意见[EB/OL].(2018-01-31). https://www.gov.cn/zhengce/2018-01/31/content_5262659.htm.

[8] 中华人民共和国教育部,等.教育部等八部门关于印发《新时代基础教育强师计划》的通知[EB/OL].(2022-04-02). https://www.gov.cn/zhengce/zhengceku/2022-04/14/content_5685205.htm.

融创启航 和美共生
——黄石市沿湖路小学教联体"融·创"品牌探索

王玲[1]　曹淑琴[2]

1.黄石市沿湖路小学；2.黄石市沿湖路小学

作者简介：王玲，正高级教师，从事小学教育管理、语文教学研究；曹淑琴，黄石市沿湖路小学教联体副总书记、副总校长，从事小学教育管理工作。

摘　要：黄石市沿湖路小学是一所具有深厚教育情怀和文化底蕴的学校，学校始建于1907年，已有117年的历史。2022年，沿湖路小学教联体以"融创启航 和美共生"为核心理念，牢牢把握沿湖路小学百年老校的引领、传承、发展和创新这一强大动力，坚持以《湖北省教育厅关于推动县域教联体建设提升教育基本公共服务水平的指导意见》为指导，使黄厂街学校校区（薄弱学校）和河口中心学校校区（农村学校，包含闸口小学、牯牛洲小学和二港小学）逐步成长为新的优质学校和品牌学校，推进资源共享、文化共建、特色融合，创建互动共赢的学校发展共同体，打造"融·创"教联体品牌特色。

关键词："融·创"教联体建设；"融·创智"管理；"融·创享"教研；"融·创美"德育

2022年，湖北省第十二次党代会作出推进教联体（县域内基础教育协同发展共同体）建设的重大决策部署。沿湖路小学教联体创办的初心是构建各美其美、美美与共的协同共生组织，打开认知边界，实现思维迭代，建构自生长体系，通过洞察趋势、把握态势、寻找优势，形成教联体发展的可持续动能，打造推动教联体发展的"创造性张力"，带领教联体走向可持续发展。两年来，通过"融·创"品牌的教联体建设，充分发挥沿湖路小学在办学理念、教育教学、文化建设、课程改革等方面的优势，促进基础教育办学模式优化转型，优质资源融通共享，教育管理科学规范，教师交流常态有序，农村学校优质发展，发展中学校快速提升，城乡、校际差距逐步缩小，教育、教学质量全面提高，学生、家长、社会对教育的满意度明显提升。

一、实行"融·创智"管理，创建智慧教联体

（一）提炼理念，促进组织结构优化

开展教联体一体化办学，要有一元化的教联体核心理念和思想，在统一的指导思

想下,融合创建智慧教联体。根据黄石市沿湖路小学教联体多校区办学的现状及教联体级部管理的需求,黄石市沿湖路小学教联体"融·创智"管理理念应运而生。实施"以点带面,点面结合"的级部管理模式,实行各校区校长负责制,各校区一室三中心(党政办公室、教师发展中心、学生发展中心、后勤保障中心)垂直管理,各年级主任执行。

黄石市沿湖路小学教联体河口中心学校校区包含三所农村小学:闸口小学、牯牛洲小学和二港小学。教联体成立伊始,便将河口中心学校教育组搬至河口中心学校校区闸口小学,去掉过多层级管理,优化了组织结构,管理水平齐头并进。

(二)变革机制,加强管理团队建设

面对一校多区的现状,必须变革管理机制,突破教联体发展瓶颈。教联体成立之前,各校区形成了相对稳定的管理模式及管理习惯,因此需要转变观念,探索新的管理模式。教联体结合三校管理团队实际情况,实行管理干部聘任制,并进行层级考核:部门述职,群众民主测评,年级组与教研组评优。

教联体三校"一室三中心"实行走动式管理,近距离服务,低重心运行,高效率工作。同时,行政岗位进行"一对一"帮扶,沿湖路小学校区行政带教黄厂街学校校区和河口中心学校校区的行政,帮助其规范化管理,提高管理水平。

(三)顶层谋划,建立统一管理机制

教联体成立后,怎样运作,采取什么样的形式,这需要学校管理层的全局规划,着眼未来,通过五个"一体化"建立统一管理机制。

(1)一体化设计。坚持统一谋划,凝聚发展共识,明确发展路径,共谋发展愿景,制定管理规则指导和规范成员学校办学行为,明确成员学校的责和权。

(2)一体化培训。不定期召开全体教师大会、质量分析会、一年级全科培训会、一日常规培训行政办公会、干部培训会等,不断提高教联体内教师的教育教学水平和班级管理能力。

(3)一体化督导。通过随堂听课、查阅资料、师生座谈以及听取汇报等形式对三校区的教育教学工作进行全面了解并逐一检查。

(4)一体化评议。组织专班开展教联体建设工作视导、诊断、研究和指导,结合教联体的具体实际,从学生发展、教师发展、学校发展、社会认可和示范辐射等层面开展一体化评议。

(5)一体化检测。规范组织阶段性教学质量监测,教联体三校统一命题、统一时间、统一标准、统一阅卷、统一分析,通过质量监测帮助薄弱学校找差距、想措施、补短板,整体提高各校的教学质量。

二、实施"融·创享"教研,享受教育新人生

面对新形势,如何造就一支业务精湛、结构合理、充满活力的高素质教师队伍,让各校区教师专业发展的速度跟上教联体的发展速度呢?基于对这一重要问题的深入

思考，黄石市沿湖路小学教联体着力打造"融·创享"教研品牌，创建教研新样式，打造富有特色的教研文化，推动三校区教师队伍共同发展，享受教育新人生。

(1)校区联动。教联体全体语文教师每周"相约星期三"，数学教师每周"相约星期二"，英语教师每周"相约星期四"，集中开展"走研思绵绵"系列活动。教联体教师发展中心策划教研形式、确定教研内容，各校区教师发展中心统一部署，教联体教师共同探讨交流，提升校与校之间、教师与教师之间互相帮助、共同发展的意识，提高教师的反思力，并在反思中获得理性的升华和情感的愉悦，从而达到优化课堂的目的。

(2)联盟晒课。在总校长的策划下，教联体38位青年教师分学科分别在三个校区围绕自己的教学主张进行"晒课"活动，邀请名师、骨干教师现场评课。集中晒课后，举行主题沙龙等活动，增强青年教师对不同生源的体验，实施因材施教的策略，合力提高教联体课堂教学质量。

(3)创生课堂。教联体各校区开展"'创生课堂'教学练兵大比武"活动，50岁以下各学科教师人人参加。同时还开展了"大单元教学集体备课展示"活动，三个校区各自为一个主场，语文学科以沿湖路小学校区为主场，数学学科以黄厂街学校校区为主场，英语学科以河口中心学校校区为主场，活动以课堂教学展示和说课展示的方式开展。"一课五磨"的系列教学研讨活动，以团队集体磨课、备课、上课、评课形式进行，每一位上课的老师，从课前的教学设计、课上的教学操作、课后的教学反思，都认真对待。课堂诊断的专家组和评课专家组中肯的点评及听课的老师们激烈的讨论，也大大提高了各位教师对教育理念的认识水平及课堂的掌控能力。

(4)跟岗学习。以年级组为单位，河口中心学校校区、黄厂街学校校区每学期派出不少于50%的学科教师到沿湖路小学校区进行为期10天的跟岗学习，带教导师为年级主任、教研组长或教学能手，导师需为学员提供10节随堂课，辅导学员备一节研讨课，学员至少听课10节、磨课1节、回学校展示研讨课1次，实现三校大面积师资队伍融合。

(5)常态走教。为让教师在"新"校区、"新"课堂、"新"学生中形成归属感，教联体组织骨干教师、青年教师、专职教师开展"走教情悠悠"系列活动，三校区进行常态化走教。沿湖路小学校区专职信息技术教师走教至河口中心学校校区，帮其解决实际困难的同时，带去了优秀教学资源。同时，教联体三校间的优秀教师相互走教，以点带面，资源共享，辐射带动三校区的教学工作高质量开展。目前，沿湖路小学校区已有26位教师分别到河口中心学校校区和黄厂街学校校区进行常态化走教。

(6)引领帮扶。以"王玲名师工作室"为引领，极力打造"青年教师团队"，要求各校区至少帮扶4名青年教师，经常深入他们的课堂听课，并引导他们参加名师工作室组织的观摩课、评课等教研活动。以沿湖路小学校区"最强团队"为辐射，帮助河口中心学校校区和黄厂街学校校区打造各自的"最强团队"，通过团队磨课、个人展课、集体评议、分享交流，不断推动青年教师的专业成长。

(7)名师讲堂。为了解决各校区教师在教研过程中出现的共性问题，黄石市沿湖路小学教联体积极创设"名师讲堂",邀请在教研方面表现突出的教联体名师分享经验。这些名师所分享的内容满足各校区教师的实际需要,许多"土"方法拿来就能使用,解决了各校区教师面临的现实问题,深受各校区教师的青睐。

三、实现"融·创美"德育,培养美好少年

在深度整合的基础上,黄石市沿湖路小学教联体充分尊重各校区的发展特色,让不一样的学校一样地出彩,并在此基础上创设美好场域,培养美好少年。学校打造德育三合育人模式,即"德育生活驿馆+德育学习驿馆+德育活动驿馆"三合一。培养学生良好的生活态度,激发学生的学习兴趣和创新精神,促进学生成长。

(一)德育生活驿馆·启航——提升科学育人契合度

(1)养习篇。"习惯反复训,内外两个样。"一直以来,沿湖路小学校区非常重视学生的行为习惯养成和核心素养提升。经过多年的坚持与创新,沿湖路小学校区的一日常规训练已成为一项长效机制并卓有成效。过去河口中心学校校区和黄厂街学校校区的学生行为习惯较差,为此,教联体组成调研组,对三校的一日常规训练进行全过程跟踪;通过一日常规培训、中层干部培训会等,统一各校一日常规训练细则,进行全方位考评;以看、听、查、访谈、反馈等方式,将一日常规训练落实到每一个校区、每一个班级、每一位教师和每一名学生。坚持推进"展班级风采 树文明之风"一日常规展示活动;积极开展"红领巾争章""优秀少先队员"等评比活动,增加学生的榜样教育,实现荣誉激励体系纵向衔接,持续增强少先队员光荣感。

(2)生活篇。教联体按年级特点分别从自主管理、家务劳动、公益服务三个方面对学生的劳动实践提出了不同要求并组织开展活动。通过寒暑假的实践活动,平时的劳动学科个性化作业,抓住日常生活中的劳动实践机会,引导学生自觉参与、自觉动手,掌握必要的家务劳动技能。通过组织劳动技能比赛、"我是种植小能手"户外实践活动、"劳有所获 淘出精彩"云学乐淘淘活动,让学生在实践中弘扬劳动精神,在日常生活、点滴小事中体悟劳动实践的意义。

(3)卫生篇。教联体坚持开展"小手牵大手,文明一起走""烟头不落地,黄石更美丽"等专项行动,小燕子文明宣导队走进十五冶社区开展志愿服务活动,"垃圾分类我先行"爱国卫生系列活动,号召广大家长与孩子手牵手,共做文明市民。

(二)德育学习驿馆·启智——提升科学育人精准度

教联体非常重视德育课堂,用课程思维统领德育课堂,主要从单学科、跨学科、超学科入手,进一步提高教师的教学能力,带领学生走进奇妙的德育大课堂,掌握生活技能,探索生活奥秘,启迪学生智慧。

(1)思政篇。在教联体党总支的带领下,通过开展丰富的主题活动,深入学习贯彻落实习近平总书记对少年儿童的希望要求,举行"讲好红色故事 传承红色基因"思想教育活动;开展"缅怀先烈 致敬英雄"主题队会;少先队员走进市公安局、区法院、区检察院开展户外实践活动;开展"祭奠革命先烈 传承革命精神"清明节系列活动;开展

"学习二十大，争做好队员"主题大队会、入队仪式等主题活动，教育、引领全体少先队员打牢思想根基。

(2)健康篇。各校区积极开展身心健康教育活动，通过校区联动、资源共享，外请教育专家、校外辅导员开展国防、法治、劳动、卫生等成长教育；内开心理健康课、生命安全课，开展关爱特殊群体、地震消防演练、体质监测等关爱活动，教育学生自我保护、乐观向上、珍爱生命、学会生活。

(3)阅读篇。最是书香能致远，通过一年一度世界读书日活动，阅读的种子会在每个孩子的心中生根、发芽、茁壮成长。教联体持续推进"书香校园"建设，开展"书香引航'悦'读成长"活动，让校园处处充盈书香，让阅读陪伴学生成长。

(4)社会大课堂。教联体充分利用社会资源，结合黄石的地域环境、传统文化和历史发展开展主题教育活动。让学生与社会对话、与城市对话、与生活对话，将所学知识运用于实际生活，走遍黄石的各个角落，组织学生走进法治教育基地，学做懂法守法好少年；参观西塞山区消防中队，体验消防部队生活，学习消防知识，寻访身边榜样人物；前往区人民法院观摩"模拟法庭"普法教育活动，让学生接受生动的法治教育。同时还开展了"走近科学家""走进基地""走入科技馆"的实践活动，充分利用校内外资源，将孩子带出去，将科学家请进来，实现校内外资源整合。开展"我是种植小能手""体验科技魅力 放飞科学梦想""科技阅读"等科学活动，将学到的科学知识运用到现实生活中去，实现多学科融合，从而激发青少年的科学梦想和科学志向。这一系列的学习培养了学生对社会的基本认知、基本兴趣、基本能力，同时激发了学生热爱家乡、热爱国家的情怀。

(三)德育活动驿馆·启梦——提升科学育人时效度

播撒创新种子，点燃小小梦想，为提高学生素养，促进学生全面发展，学校开展了"走学乐淘淘""云学乐淘淘""留学乐淘淘"系列活动，每一个活动像一粒粒希望的种子，播种在孩子们心中，承载着每一个孩子的梦想。

1."走学乐淘淘"

(1)劳动篇。教联体充分利用学校资源，在各校区开展"走学乐淘淘"系列劳动教育活动，将本校区孩子带出去，将分校区孩子请进来，实现教联体学校资源整合，相互交流。沿湖路小学校区和黄厂街学校校区学生赴河口中心学校校区牯牛洲小学劳动实践基地，开展"走进种植基地 学习蔬菜栽培"劳动教育活动，让孩子在实践过程中享受种植活动的乐趣，分享收获的喜悦，积累生活经验。

(2)科技篇。黄厂街学校校区学生到沿湖路小学校区开展"走学乐淘淘"系列之"体验科技魅力 放飞科学梦想"科技社团开放日活动，亲身接触有趣的科技社团，了解并感受现代科技活动的魅力。

(3)艺术篇。组织开展"红星展风采 艺术润花开"等艺术节活动，三校区的师生共同参与，为学生提供了展现才艺的舞台，检阅了艺术教学成果，弘扬了传统文化，激发了学生对艺术的兴趣，充分发掘了学生的个性特长。

(4)体育篇。"跳"动健康,"跃"出精彩。作为教联体"融·创美"走进体育活动内容之一,黄厂街学校的花样跳绳在教联体内的全面铺开不仅丰富了学生的课外生活,增强了学生体质,同时也增进了同学之间的友谊和班级凝聚力,展现出教联体学子阳光、健康、向上的精神风貌,让运动之风常驻校园。

2."云学乐淘淘"

教联体三校组建了校区线上活动联盟,积极升级网络研修平台,创建一种动态、开放、互动的网络研学新模式,开展跨时空、跨学校的交流和研学。一条光缆,连接两个教室;一块屏幕,共育三校学生。"互联网+空中课堂"教学模式让德育课堂教学形式丰富多彩,进一步推动信息技术与教育教学的深度融合。沿湖路小学与河口中心学校校区、黄厂街学校校区线上共同学习植物种植方法,了解植物的生长过程。通过线上活动,打破了校际时空限制,最大限度实现资源共享、活动共育、城乡互动,进而提高学生的科学素养。

3."留学乐淘淘"

河口中心学校校区、黄厂街学校校区在本部校区开展科学教育开放周活动。短短一周时间,学生走进3D打印社团、机器人社团、七巧板社团,学习科学知识,亲身体验、探究各种科技展品,感受到了科技的无穷魅力。

黄石市沿湖路小学教联体从筹划到起步,摸着石头过河,探索办学的基本路径和方式。虽然不断面临新的困难,但在一个新的起点,也收获了一次向上的拔节。沿湖路小学校区自身在优化发展的同时,帮扶河口中心学校校区、黄厂街学校校区在理念、品牌、特色方面快速发展。开放行政会和"走研思绵绵"教研活动在"国培计划(2022)——农村小学优秀校长深度研修在线培训"中进行线上展示;沿湖路小学"成功阅读"和黄厂街学校"绳彩飞扬"在黄石市中小学教科研"四项成果"评选中被评为"优秀课程";沿湖路小学被评为省级"平安校园"、阅读示范基地、黄石市清廉学校。

顺应时代要求,遵循发展规律,方能实现共同发展。在黄石市西塞区推进教联体发展的格局下,黄石市沿湖路小学教联体推动深层次的融合创新,打造"融·创"个性化发展的教联体学校发展样态,培植教联体文化特色,塑造教联体文化品牌,必将为西塞山区新一轮的教育改革发展注入鲜活动力。

参考文献

[1] 中共中央办公厅,国务院办公厅.中共中央办公厅 国务院办公厅印发《关于构建优质均衡的基本公共教育服务体系的意见》[EB/OL].(2023-06-13).https://www.gov.cn/gongbao/2023/issue_10546/202306/content_6888957.html.

教学质量综合评价下课堂教学实践研究

胡飞跃

作者简介：胡飞跃，中学历史高级教师，黄石港区教育事业发展服务中心，主要研究义务教育课堂教学改革、初中历史课堂教学、教师专业能力提升和教师培训等项目，从事中小学教科研工作。

摘　要：为了贯彻落实党中央关于提升义务教育教学质量要求，推进以学科核心素养为评价要素的教学改革进程，立足于课堂教学主阵地，以课题研究为路径，推动区域全学科教师参与教改实践，着力在评价方式多元化、教学方式现代化、学法指导有效化等方面推进教改出成果，渗透以人为本的育人观念，重构民主自由的课堂生态，探索出基于学生视角的学习策略。三年的教改实践，区域教学改革取得了成果，教学质量稳步提升，教师专业得到了锤炼，大批教改新经验和新成果在省市层面得到了认可。

关键词：教学质量；评价；课堂教学；实践

一、紧扣质量核心落实时代育人重任

2017年后，以学科核心素养为主要内容的新一轮课程改革启动，意味着素质教育改革向纵深发展，关于什么是教育教学质量的概念也更加清楚，从知识转向能力、再向素养的方面发展，从物向人的教育质量转变思路不断清晰起来。

教育从来不是独立存在的，它是时代发展需要的产物。当人类走过农业文明、工业文明，进入信息时代、智能时代后，人的主观能动性和创造性被空前重视起来，原有的工业化和流水线被智能创新所替代，教育也从标准化走向个性化，促进人的全面发展成为核心素养的关键。这意味着对教育质量不仅要重新导向，还要求对培养人的主阵地——课堂教学要重新建构，传统的师生关系、授课方式都需要根据时代发展的变化重新思考。本课题的落脚点在课堂，就是紧扣时代发展的要求，培养出符合时代需要的社会主义建设者和接班人。

2021年7月，中共中央办公厅、国务院办公厅印发了《关于进一步减轻义务教育阶段学生作业负担和校外培训负担的意见》，文件明确学生的学习应回归学校，要切实让学生校外培训减负、作业减负、课堂提质，本质上要求重构教育生态，让教育有温度，真正体现出对学生的关爱，着眼于促进学生的健康成长。在双减政策的引领下，教育领域里破"五唯"（即唯分数、唯升学、唯文凭、唯论文、唯帽子），以五育并举为主要内容的综合素养开始树立起来。在教学中，以关键能力、必备品质和核心价值观为关键因素,如何开展质量评价逐渐摆在研究者的面前。如何引导教学、评价教学,成为当前最热门、最棘手的课题,也是广大教师最迫切需要解决的课题。

黄石港区基础教育教学质量一直以来在黄石地区保持领先地位,有深厚的教育文化积淀,具备开展课堂教学质量评价的条件,也有必要加强质量转型研究,以适应新时代建设教育强国、人才强国和科技强国的战略要求,需要打破故步自封的形态,抢占改革的发展机遇,继续保持高质量发展的常态。

二、通过科研课题引导全员参与教改实践

(一)侧重参与人员的广泛性

在区教育中心的组织下,黄石港区所有中小学校全员参与以本课题为牵引的教学改革实验,保证了课题研究接地气,课堂教学质量评价牵涉每一名教师,意味着全体教师都以不同角色、不同视角成为课题研究的参与者,广泛性和多样性成为本课题的突出特色。

课堂教学不仅只有教师的教,还包含了学生的学,学生既是课题研究的参与者和践行者,也是课改成果的受益者。在综合质量评价的指引下,学生在课堂教学的参与状况、学生学习成绩、学业进展都是衡量课堂改革能否取得实效的检测指标。

(二)侧重研究过程的实践性

围绕精品课程、民主课堂、智慧教师、健康发展四合一的教育质量评价体系,在课题研究中分别制定出不同的实践策略。

第一是在课程打造上,以校园文化为核心,以学校硬件建设、校园环境布置为主要项目做支撑,从而构建起课程体系,形成精品课程,打造特色课程。

第二是在课堂教学方式的构造中,以大单元、大概念为主题,开展学科课堂研讨,以师生关系重构为观察点,注重学生主动学习,积极深入参与课堂研究,把课堂研究落实在课堂教学实践中,总结提炼一批新的教学方式或教学模式,并注重这些经验的复制。

第三是重视教师的磨炼和培优,通过开展一系列的教师培训、教学竞赛、专业推优、好课展示等活动,以赛代训,以赛促研,一大批青年教师积极开展新课标、新教材研究,提升了对教学资源的开发利用能力,探索出数字技术赋能教育的新成果,在教学模式变革上成为教育创新的探索者,为大家提供了很多研究的示范案例。

第四是注重学生的学习成效。通过学法指导的研究,帮助具有特定困难的学生群体改善学习状态,习得学习方法,提升学习效率,改变厌学和辍学状态。在这类人群中,研究关注了个体的差异性和多样性,采用了因材施教的指导原则,侧重学情差异,进行分类分层教学探索并取得一定的成效。

(三)强调理论研究与实践的结合

以课堂教学推动研究过程落实,以质量评价检测研究成果是否有效,把研究与教师的发展相关联,这是本项课题能扎根于一线的原因。例如,在促进学生综合质量评价方面,沈家营小学就设计出以"沈小币"为媒介的学生积分成长评价系统,并不断完善评价体系,制作出"沈小币"1.0、2.0等不同版本,指导评价教学质量案例获全市好

评,在 2022 年全市双减工作会议上做典型经验交流。黄石市第八中学开展了"教学练评四合一"课堂教学模式改革,该改革是通过每位教师在课堂上的每一节课教学去推进的。

三、教学改革成果丰富,实践效果显著

(一)创新一批基于学科核心素养的教学模型

围绕创设民主课堂的思路,依据学科核心素养的教育教学目标,重新思考师生的课堂关系,落实学生的主体地位,要求各个学校开展课程、课堂、评价三结合的研究,积极探索出以学生主动学习为指导思想的新课堂模式,概括为育人为本、素养导向、学为中心。从本质上来说,就是回归到人的学习本质上来,把知识产生的方法和过程的价值挖掘出来,使教育赋能人的成长。项目式学习、探究式学习、启发式学习都是对学生主观个体的意义发挥。教学目标、教学流程、教学手段和师生活动都是在新思想的指导下,重构区域整体教学模式,并呈现出四个新特征:课堂目标、素养立意、学生主动学习活动、师生共同开发教学资源。在民主平等的氛围中推进深度学习。历经三年的探索实践后,各学校形成了自己的模式,建立了自己的教学模型,并多层次向省内外进行教改展示。区域收录了各个学校在教学方式变革上的成果,并进行了凝练,编辑成《黄石港区课堂教学方式创新成果集选》。

老虎头小学:333 灵动课堂。

黄石市第八中学:"教学练评四合一"目标·负担调控健康课堂。

黄石市第十四中学:德雅课堂。

磁湖中学:"CH"课堂。

黄石市第十八中学:问慧课堂。

中山小学:项目式学习。

市府路小学:阅读和善思课堂。

花湖小学:四有课堂。

中英文学校:伙伴学习。

广场路小学:"三维四段"教学模式(见图 1)。

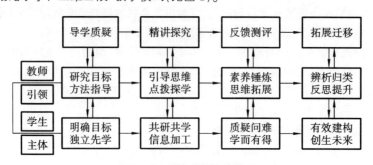

图 1 "三维四段"教学模式

(二)创设以课程建设为核心的综合质量评价模式

综合质量的核心是促进人的全面发展。人的发展是终身的,人本身又具有独特性和多元性,所以在评价人的发展质量时,要站在学科对人的发展作用、影响力和独特的价值角度来评价。因此,我们在评价方面的改革有两个方向。

一是立足学科核心素养来建立课堂教学质量评价标准。主要的思路是立足学科关键知识、核心知识,以学科活动为主要路径,以情境化的评价题型检测学生对知识迁移的能力,以开放性试题检测学生的思维发展和创新能力,把学生从对知识数量的学习中解放出来,注重培养学科的关键能力和核心要求。为此,区域制定出基于学科核心素养的课堂教学评价量表,例如中学历史学科(见表1)、小学语文学科课堂教学评价量表。在作业设计中,一批基于情景创设和实践活动的作业代替了原有的机械练习,形成了新的作业。

表1 黄石港区中学历史课堂教学评价量表

评价类别	评价项目	评价内容	分值	得分
教学目标	必备知识	准确定位课堂教学目标为史实性知识,并能依据课程标准对史实性知识按照识记、说明、概括等进行目标层级设定	5	
	关键能力	(1)掌握历史知识获取能力,通过学习过程和项目理解并掌握历史思维能力,提升历史表述能力 (2)能运用比较、解释、评价、建构、考证、探究等多种方法进行历史学习	10	
	核心品质	能从唯物史观、史料实证、时空观念、历史解释、家国情怀等方面形成必要的学科核心素养	5	
教学过程	教学方式	情境创设有助于培养学生历史情感,留有学生思考学习的时间和环境,增进历史理解和同情。教学方式具有体验特征,以启发式、合作式等创新方式进行,课堂能体现民主和平等的师生关系,有利于学生参与和表达	10	
	教学环节	环节清晰,简单明了,问题设计具有层级性,构思巧妙,符合历史发展逻辑关系,同时具有创新性,板书线索分明,前后内容保持一致性、整体性	15	
	教学内容	重点突出,难点突破	10	
教学效益	学生参与	学生学习兴趣高、参与面广;思维活跃,问题回答能彰显学习能力和品质;师生互动有效;未出现学生睡觉等现象	15	
	目标达成	重点知识记忆和表述清晰,能运用教师传授的学习方法对历史学习进行思考分析,能作出正确的历史价值判断	10	
	教学生成	能基于历史理性思考提出富有挑战性问题和认知,能对已有知识和结论进行批判性思考和争辩	5	

续表

评价类别	评价项目	评价内容	分值	得分
教师能力	资源开发	教学资源丰富,资源利用合理,信息化技术融合恰当	5	
	教学理念	以学生为本,理念突出,学科特色鲜明	5	
	教学风格	教师语言表达流畅生动,形象气质佳,精气神足,知识储备丰厚,擅长独特的教学方法	5	

二是立足于学生综合发展的质量评价方案,就是围绕德智体美劳五个方面开展五育并举,综合评价。很多学校在这方面也很有创举,例如市府路小学的"少先队争章活动"、中山小学的"中山少年"、广场路小学的"五真少年"等评价系统,其中比较系统和有特色的是沈家营小学的"沈小币"评价系统,其为主要依据青少年成长积分档案的模型。"沈小币"评价系统渗透的是过程评价与终结性评价相结合的思想,考评内容涵盖手工制作、五育并举、学科知识情境应用,以游戏、项目活动等评测方式代替传统纸笔评价。这套评价系统在全市"双减"工作中做典型经验交流,并在 2021 年被教育部评为综合质量评价的典型案例。

(三)创新出一批培养学生学习的指导经验

教学的真正意义在于让学生学会学习,教改的方向就是引导教师从关注教法转向关注学生知识的建构和能力的培养。我们本次研究的实践重点就在于研究学生学习方法的不同视角,探究最优化的体验,让全体教师积极参加,让广大学生能从课题研究中受益。学法指导研究内容包括:①视频网络、微课堂等现代教学技术的应用;②伙伴学习、项目学习、小组学习等新型合作学习方式;③课外阅读、美术等教学资源利用方法;④语文作文等学科难点痛点训练技巧;⑤小说阅读等学科学习方法心得。为了总结全区域教师的学法指导经验,我们辑录成《基于学科核心素养目标的学法分类指导实践研究》,供大家交流共享。

(四)推动区域教学质量迈上发展新高地

2024 年,黄石港区被湖北省教育厅授予湖北省义务教育与教学改革实验区。能够成为首批实验区,源于黄石港区长期以来推进基础教育课堂教学改革,大力提升教学质量,为打造区域教学质量高地而赢得的尊重。从 2021 年开始,黄石港区每年在全市初中教学质量评比中综合得分逐年提升,年年都位居全市首位。到 2023 年,黄石港区初中两个教联体(第八中学、第十四中学)均获得全市教学质量优秀奖单位,覆盖全体初中学校。在黄石人民心中,教育质量已经成为黄石港区的金字招牌,对外延伸辐射到鄂州、咸宁、黄冈等地。

从 2021 年教育部对黄石港区进行的 2021 年数学质量监测中看,小学四年级平均成绩 552 分,高于全省平均分 33 分,高于全国平均分 49 分,在全国所属的等级为 8 星,八年级学生数学成绩平均分为 516 分,低于全省平均分 3 分,高于全国平均分 12 分,在全国所处的等级为 7 星。2022 年四年级音乐测试成绩平均分为 512 分,高于全省平均分 20 分,高于全国平均分 12 分。八年级学生的音乐纸笔测试成绩平均分为 535 分,高于全省平均分 16 分,高于全国平均分 35 分,在全国所处等级为 8 星。

(五)推动区域课题研究涌现新高潮

在区域总课题的引领下,各学校结合质量评价的要求,立足于课堂教学改革主阵地,依据不同的校园课程理念和教学需要,分别选择不同的子课题进行研究,并将这些研究课题依次向市级、省级立项申报,由此形成了校校有课题、人人能参与、个个有话说的教科研格局,改变了多年来基层教师认为教科研课题是少数人纸上谈兵的局面。现将 2021—2024 年黄石港区中小学立足本课题立项推进的课题清单展示如下(见表2、表3)。

表2 2021年黄石港区子课题立项市级栏目表

序号	课题名称	主持人	单位	课题编号
1	以"保护江豚"为载体培养小学生美术"核心素养"的有效性研究	汪文静	广场路英才学校	QZKT2021037
2	小学研学旅行课程的建设与资源开发研究	叶丽青	广场路英才学校	QZKT2021038
3	"大观念统领"的小学数学单元教学实践研究	张晔	广场路英才学校	QZKT2021039
4	青少年地方文化特色历史校本课程研究	刘金林	黄石市第八中学	QZKT2021040
5	核心素养下的经典诵读研究	孙维娇	黄石市第八中学	QZKT2021041
6	现代信息技术指导大数据下个性化评价研究	云峰	黄石市第八中学	QZKT2021042
7	英语学科教学中的"五育融合"研究	詹莉	黄石市第八中学	QZKT2021043
8	中小学生心理健康预警及干预机制的家校协同模式研究	冯加强	黄石港教育局	QZKT2021044
9	基于学科核心素养的学法分类指导实践研究	胡飞跃	黄石港教育事业发展服务中心	QZKT2021045
10	小学美术教师评价范式研究——以发展学生学科核心素养的课堂教学为视角	石雁	黄石港教育事业发展服务中心	QZKT2021046
11	"德雅教育"校本课程建设的研究与实践	胡智全	黄石市第十四中学	QZKT2021047
12	黄石十四中沈家营校区家校合作育人途径研究	万文斌	黄石市第十四中学	QZKT2021048
13	语文综合实践活动课程探索研究	姚述	黄石市第十五中学	QZKT2021049
14	基于幼儿自主建构的园本化课程主题审议研究	柯娟	黄石市市委机关幼儿园	QZKT2021050

续表

序号	课题名称	主持人	单位	课题编号
15	主题区域活动中教师的指导策略研究	朱丽丹	黄石市政府机关幼儿园	QZKT2021051
16	少年军校特色课程的实践与研究	陈钢	楠竹林小学	QZKT2021052
17	基于作业评价的学情分析与阶梯导学实践研究	鲁琼	楠竹林小学	QZKT2021053
18	基于核心素养的"慧真课堂·阶梯导学"教学实施与评价研究	石志岩	楠竹林小学	QZKT2021054
19	基于核心素养的整本书阅读指导策略研究	曹竹	市府路小学	QZKT2021055
20	基于学习任务单下的小学数学计算教学研究	刘莉	市府路小学	QZKT2021056
21	探究家校合作促进学生健康成长的方法与途径研究	胡凌云	武黄路小学	QZKT2021057
22	小学矿冶文化美术校本课程的开发与教学实践研究	王志娟	中山小学	QZKT2021058
23	基于伙伴小组合作学习的学生核心素养发展的实践研究	汪文旭	中英文学校	QZKT2021059

表3 2021—2024年黄石港区子课题立项省级栏目表

序号	课题名称	主持人	级别	单位	时间
1	教育质量综合评价视域下的课堂教学改革研究	冯加强	省级	黄石港区教育局	2021
2	"德雅教育"校本课程建设的研究与实践	胡智全	省级	黄石市第十四中学	2021
3	核心素养视域下幼小双向互通的课程融合策略研究	朱丽丹	省级	黄石市政府机关幼儿园	2021
4	中小学生心理健康预警及干预机制的家校协同研究	李军梦	省级	黄石港区教育局	2021
5	基于学科核心素养目标的学法分类指导实践研究	胡飞跃	省级	黄石港教育事业发展服务中心	2021
6	以"点·趣"课程开发为依托的教师共生式发展的实践与研究	李国先	省级	武汉路小学	2022
7	新版课程标准视域下的小学英语MBA思政育人策略研究	宋溢青	省级	中山小学	2022

续表

序号	课题名称	主持人	级别	单位	时间
8	科学素养视域下"彩燕·田园"课程开发策略研究	熊章晖	省级	江北学校	2023
9	小学校园种植实践有效实施策略研究	汪文旭	省级	中英文学校	2023
10	县域义务教育教联体建设背景下主题教研活动效能提升研究——以黄石市第十四中学教联体为例	胡清华	省级	湖北师范大学附属磁湖中学	2023
11	"双减"背景下小学数学阅读资源的开发与运用研究	胡凌云	省级	武黄路小学	2023
12	小学阶段基于真实育人情景下健全人格培养策略研究	王志娟	省级	广场路小学	2023
13	教育质量综合评价视域下的课堂教学改革研究	冯加强	省级	黄石港区教育局	2023
14	"德雅教育"校本课程建设的研究与实践	胡智全	省级	黄石市第十四中学	2023
15	核心素养视域下幼小双向互通的课程融合策略研究	朱丽丹	省级	黄石市政府机关幼儿园	2023

(六) 打造了一批优秀的专业教师队伍

教师是课堂教学改革的关键推动者,是课题研究的直接参与者,在研究质量评价的课堂教学改革项目中,广大教师通过新课程标准的培训学习,提升了认识,通过课堂教学,获得研究的真实体验,通过不断创新评价方式,分析评价结果,感受到了课题研究产生的实践价值,在这个完整的链条中,教师实现了从经验总结到智慧生成的教学生涯蜕变。教师队伍在专业方面呈现的变化有以下两个方面。

一是教师的课堂教学竞赛获奖量质齐飞。对2021—2023年黄石港区中小学教师课堂教学竞赛(含精品课、好课堂等)成绩进行初步统计:获得国家级荣誉8人,省级荣誉183人,市级荣誉288人。在各级各类教学竞赛中黄石港区表现突出,例如2023年黄石市参加湖北省青教赛,黄石港区有5位教师获奖,其中一等奖1人,二等奖2人,三等奖2人。

二是教师撰写科研论文量质齐飞。仅本课题的子课题"学法指导",2024年我们就收集了全区108位教师的论文,编辑成《黄石港区学法指导实践研究成果集》,教师对指导学生学习、开展学科教学谈了很多有见地的思考,展现出学术百家争鸣的良好局面。此外,我们还开展了"作业创新设计"等多个主题项目研究,这些成果在省市都取得了优异的成绩,展现了教师的研究能力和研究水平。

教育教学评价是一项系统工程,课堂教学涉及要素繁多,我们选择二者的系统融合作为研究内容,虽然紧跟时代,但是点多面广,只能聚焦在一些局部领域,并且以课堂教学实践为主要推进方式,所以存在着理论研究不够深入、教学成果提炼不够精粹等问题,但立足课堂主阵地这一研究重心是坚定的,聚焦教学质量提升这一目标是坚定的,下一步我们将在推广应用方面多做努力,力争通过课堂教学改革探索出义务教育高质量发展的科研引擎,开创教育发展的新局面。

"本手"与"妙手"齐飞,助力教学改革

刘小玲[1]　李敏[2]

1.湖北省阳新县富川中学;2.湖北省阳新县富川中学

作者简介:刘小玲,女,中学高级教师,阳新县富川中学八年级数学教师,从事初中数学教学25年,获得国家级论文一等奖,省级课件制作二等奖,市级优质课二等奖,市级精品课二等奖,多次被评为县优秀教师;李敏,女,阳新县富川中学一级教师,曾获"优秀教师"荣誉称号,参与《中考映射》《乐学慧练》等校本教材的编写,以及省级课题研究,主讲的精品课获2023年省级三等级、市级一等奖,多次参与教学设计及作业设计等比赛并获奖。

摘　要:《义务教育数学课程标准(2022年版)》进一步强调"四基""四能",确立了"会用数学的眼光观察现实世界,会用数学的思维思考现实世界,会用数学的语言表达现实世界"(简称"三会")的数学学科核心素养,并作为课程总目标。课程标准强调,要处理好核心素养与"四基""四能"的关系。核心素养导向的教学目标是对"四基""四能"教学目标的继承和发展。"四基""四能"是发展学生核心素养的有效载体。数学教育应以培养"四基"、提高"四能"为抓手,促进学生数学学科核心素养的发展。教学最优化理论的倡导者巴班斯基认为:教学最优化就是以最少的教学投入,产出最佳的教学效果。

关键词:课程标准;核心素养;语言;习惯;转变;思维

一、培养习惯

(一)专心倾听的习惯

专心倾听是学生主动参与学习、积极思考的基础,也是提高课堂学习效率的前提。孩子毕竟是孩子,往往课堂上注意力不集中。所以老师要强调,讲课时全班同学必须坐端正,抬头看黑板。对坐得端正或坐姿有进步的学生适时给予表扬;要求学生认真倾听其他同学回答的问题,仔细思考他们回答得是否正确、全面,可以发表自己的观点。长期保持这样的状态,倾听的习惯自然慢慢就养成了。

(二)认真书写和规范答题的习惯

中高考对书写和规范答题越来越重视。特别是解答题,要求提供合理的推演和论证过程,所以平时要求学生养成先想好再动手的习惯,尽量少用或者不用修正带、涂改液。

"小题大做,大题小做"就是很好的做法。

"小题大做"有两层意思：一是选择题和填空题当大题做，在题目旁边备注主要知识点或者主要过程，以小见大，以小题引领知识点的复习，抓基础，拓思维；二是小型解答题，不少学生没有重视书写和规范解答，常常"会而不对""对而不全"，导致与高分无缘。

"大题小做"也包含两层意思，一是大题都是由小题巧妙组成，把大题分解成几个小题，"小处着手"，运用基本技能解题，从而实现突破；二是大题包含的知识点比较多，过程也比较繁杂，不需要面面俱到，要有侧重点，主要考查内容重点写，有的则点到为止。

（三）针对性指导学生的预习

学生预习没弄透就做题，一旦对这个知识点理解有误，那通过做题后又使得这个错误知识在脑海里根深蒂固，后期想要纠正非常困难，相信所有的老师都有这样的感受，纠错比灌输新知识难得多。所以学生预习时，我们要给予适当的提示，确保知识点掌握无误再巩固练习。

二、转变意识

（一）学生层面的转变

七年级第一学期要完成符号意识、方程意识和几何意识的转变。

符号意识：主要是指能够感悟符号的数学功能。符号意识是形成抽象能力和推理能力的经验基础。这里说的是实数的性质符号，即让学生意识到实数由两部分组成，先是符号，再是绝对值，这也为后面学习加法法则做了铺垫。数学老师都深有体会，每次考试最让人痛心的就是原本会做的题学生算错了，常常不是少数，而且很多就是没注意符号和括号。学数学要过好计算关，符号意识必须来保驾护航。

方程意识：方程思想是解决数学问题的重要思想，贯穿整个中学学习阶段，不仅仅体现在代数中，在几何中也能快速解决问题。

几何意识：小学几何是直观得到的，到了初中要重视逻辑推理，所以初一要帮助学生做好直观形象思维向逻辑推理思维的转变。

数学教育的根本目的在于培养数学能力，能运用数学认识世界、解决实际问题，数学思想是对数学概念、方法和理论的本质认识，它是学好数学的魂。

初中数学主要有四大思想：数形结合思想、转化思想、分类讨论思想和整体思想。数学数形结合思想是利用图像的形式帮助学生打破空间和想象的局限，根据题意画图，把题目的条件、问题在图上标明，借助分析图、线段图、表格图、思路图或实物图把抽象的数学问题具体化，化繁为简，化难为易，从而找到解决问题的方法。它不仅可以使学生的数学理解能力更上一层楼，而且很大程度丰富了学生的解题方法和思路。它是学生打开解决难题大门的一把"金钥匙"。比如作为数字和形状结合的具体表现——数轴，就具有不可低估的地位，学好了它，后面的平面直角坐标系、不等式(组)就相对上手快，学好了平面直角坐标系，我们的函数学习才能够得心应手，学生就容易理解函数与方程、不等式(组)的关系。函数的很多题,有时我们只需要把简图画出来,就可以直观得到答案。

(二)教师层面的转变

1. 精讲

所谓精讲,就是在全面把握知识的前提下,注意详略得当,突出重点、突破难点,充分调动学生的积极性。数学是一门独立思考的学科,教师应积极引导学生参与知识的发生过程,让学生在独立的思维活动中探求知识。

例如理解反比例函数的意义:形如 $y=\dfrac{k}{x}$ ($k\neq 0$,k 为常数)的函数叫反比例函数。教师在讲解此概念时要抓住几点:①$k\neq 0$;②自变量 $x\neq 0$;③函数 $y\neq 0$;④几种不同表达形式,如 $y=\dfrac{k}{x}$ 或 $y=kx^{-1}$ 或 $xy=k(k\neq 0)$。只有这样才能让学生更透彻地理解其意义,也为后面讲"k"的几何意义作铺垫。又如:讲解一元二次方程概念时,教师要善于抓住几个关键点——"只有一个未知数""未知数的最高次数是 2 次""整式方程",这样学生就能快速准确分辨何为一元二次方程。讲二次函数概念时,先回顾一元二次方程一般形式,然后把等号右边的"0"改写成"y",再交换等号两边位置,就是二次函数一般形式。这样,既复习了一元二次方程,又讲清楚了二次函数概念,同时渗透了类比思想。因此要实现讲解最优效果就必须精讲,而精讲又必须求同存异,存主干去枝叶,独具慧眼,看透问题的实质。

2. 精练

学习数学,归根到底是思维的活动,而发展学生数学思维最有效的方法是解决问题。一名好教师应该帮助学生从培养数学思维能力着手。

所谓精炼,就是积极引导学生理解掌握概念的内涵、外延和定理的题设结论,以及它们的变形和应用;积极引导学生挖掘知识中隐含的数学思想,针对学生的知识水平和能力水平,精心设计教学目标,兼顾不同层次的学习要求,设计不同的巩固练习,"对标"找差距。针对问题,集中每次突破一两个的策略,做到有力度,有深度,每次小步快走。不仅要让学生想明白,更要练通透。

(1)变式训练。

以课本例题或习题为原型,进行适当的变化引申,这样不仅培养了学生的兴趣,让学生在学习过程中感到有层次性,还有利于培养学生的思维变通性,同时让学生思维变得深刻流畅。

例1(母题:人教版八下 $P_{47}T_4$):如图1(a)平行四边形 $ABCD$ 中,$AE\perp BD$ 于点 E,$CF\perp BD$ 于点 F,则 AE、CF 满足的数量关系是_____。

变式①:如图1(b),P 为线段 AD 边上任一点,过 A、C、D 三点分别作 BP 的垂线段,垂足分别为 E、F、G,判断 AE、CF、DG 之间的数量关系是_____。

变式②:如图1(c),P 为线段 AD 延长线上任一点,过 A、C、D 三点分别作 BP 的垂线段,垂足分别为 E、F、G,判断 AE、CF、DG 之间的数量关系是_____。

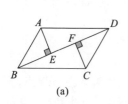 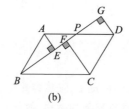 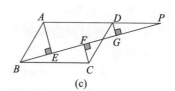

图 1　例 1 图

一道题把条件、图形作适当的变化,其难度由小到大,通过变题无疑可以使学生思维更灵活,并潜移默化提高学生解题综合能力。

(2)一题多解。

在练习中引导学生采用一题多解,培养学生的思维发散性,尽可能地调动学生综合运用所学的知识解决问题。

例 2(母题:人教版八上 $P_{62}T_2$):已知,如图 2,$AB=AC,BD=DC$,求证:$BE=CE$。

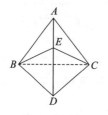

图 2　例 2 图

分析:此题属于证明线段相等问题,学生一般习惯通过全等三角形证明,此时教师应予以肯定,并让学生写出全过程,再提问有没有不用全等的方法。引导他们连接 BC,得到线段 BC,由 $AB=AC,BD=CD$,得到 AD 为 BC 的垂直平分线,E 点在 AD 上,所以 $BE=CE$。把学生从一贯的通过全等证明线段相等的思维中解放出来,让他们有种海阔天空的感觉。

(3)举一反三。

①问题提出。

我们把两个面积相等但不全等的三角形叫作偏等积三角形,如图 3,△ABC 中,$AC=7,BC=9,AB=10$,P 为 AC 上一点,当 $AP=$_____时,△ABP 与△CBP 是偏等积三角形。

②问题探究。

如图 4,△ABD 与△ACD 是偏等积三角形,$AB=2,AC=6$,且线段 AD 的长度为正整数,则 AD 的长度为_____。

 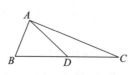

图 3　问题提出图　　　图 4　问题探究图

③问题解决。

如图 5,四边形 $ABED$ 是一片绿色花园,$CA=CB,CD=CE,\angle ACB=\angle DCE=90°(0°<\angle BCE<90°)$,△$ACD$ 与△BCE 是偏等积三角形吗?请说明理由。

④问题拓展。

如图 6,将△ABC 分别以 AB,BC,AC 为边向外做正方形 ABDE、正方形 BCFG、正方形 ACMN,连接 DG,FM,NE,请直接写出图中有多少组偏等积三角形。

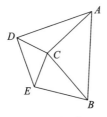
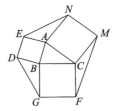

图 5　问题解决图　　　　　图 6　问题拓展图

对"③问题解决"中的案例进行精炼:涉及面积,学生多数通过作高法解决问题。

引导1:当题目有多问时,问题之间往往关系密切,前面小问总是为后面提供思路或结论,联想"①问题提出"中的案例利用中点解决问题,"②问题探究"中的案例使用倍长中线法,你们还能想到其他证明方法吗?

陈同学:我用倍长法解决问题:如图7,延长 DC 使 CG=DC,连接 AG,可证 CG=CE,再证 △ACG ≌ △BCE 解决问题。

引导2:观察△ABC 与△CDE,它们各是什么图形? 位置有什么特征? 你们得到什么启发?

杜同学:我看到了手拉手模型,不过使用手拉手模型解决不了本题,所以我通过截长补短构造全等:如图8,过点 A 作 AG⊥DC 于 G,在 CE 上取点 F,使 CF=CG,通过证明 △ACG ≌ △BCF,类似作高法,得到 AG=BF 解决问题。

引导3:∠ACB=∠DCE=90°,∠BCE 与∠ACD 有怎样的数量关系? 你们联想到了什么知识点?

叶同学:∠BCE+∠ACD = 180°,所以我想到把 △BCE 绕点 C 顺时针旋转90°,得到 △GCD,则 △GCD ≌ △BCE,可证点 C 是 AG 中点,类似前面"①问题提出"和"②问题探究"中的案例,利用中点解决问题(见图9)。

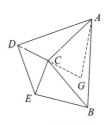
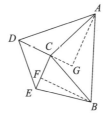
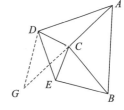

图 7　陈同学图　　　　图 8　杜同学图　　　　图 9　叶同学图

引导4:你们的表现太棒了! 我们再接再厉。如图10,已知四边形 ABCD 和 DEGF 为正方形,△AFD 的面积为 S_1,△DCE 的面积为 S_2,则 S_1 和 S_2 大小关系如何? 你们联想到了什么模型? 有什么解题思路?

熊同学马上脱口而出:这不就是婆罗摩笈多模型嘛!

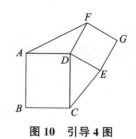

图10 引导4图

教师及时出示模型,如图11。

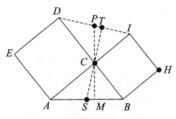

图11 婆罗摩笈多模型图

同学们恍然大悟:是哦!"作垂直证中点,取中点证垂直",证面积相等原来这么简单!

把证偏等积三角形联系到婆罗摩笈多模型,让学生体会知识的连通与模型的魅力。有了第三问作基础,第四问自然迎刃而解。

通过"一题多解,一题多变,多题归一",设置合理坡度,层层递进,突破重难点,以点带面,激发兴趣,激活课堂,开阔学生的思维,加深各方面的知识联系,能引导学生多渠道、多角度寻求解决问题的方法,达到精讲一道题让学生会做一类题的目的。授人以鱼不如授人以渔。

3. 精评

精评是教学的重要环节。好的评讲有画龙点睛之妙,一般力求做到三点。

(1)评讲错因挖病根。

评讲错题,仅订正是不够的,最主要的是找出错误所在,如果学生不清楚自己错误的原因到底是什么,他的改错就是无效的,下一次碰到同类问题还会犯同样的错误。比如:已知 a_1,a_2,a_3,a_4,a_5 的平均数是 a,则 $0,a_1,a_2,a_3,a_4,a_5$ 的平均数是_____。此题前后数据总和是没变,但是数据个数发生了变化,所以平均数是"$\frac{5}{6}a$",不少同学填"a",说明他们没弄通透,不管是算术平均数还是加权平均数,总是一个总量比上它对应的另一个总量。所以讲错题一定要指明出错的根本原因并及时更正,力争当天错当天纠。

(2)评讲思路善点拨。

教学生做题并不难,难的是如何指导学生走正确的解题之路,从"领路人"角色向

"指路人"角色转变,这对教师点拨思路的技巧水平和评讲能力提出了更高的要求。

如:题目"已知$|x-y+2|+(y+2x-1)^2=0$",求x、y的值。该题对刚接触这种题型的学生有一定难度。充当"指路人"的教师要指出三个要点:①绝对值为非负数;②平方式为非负数;③两非负数之和为零,则两个非负数均为零。还可以把绝对值、平方式、二次根式三者结合起来训练,初中三处非负性知识点就都兼顾了,费时少、效果佳。

(3)评讲时重激励。

各种巧解是学生创造性思维的结晶,若学生出现好的解法,教师应认真倾听,并给予肯定和表扬。懂评讲艺术的教师会把重心放在评议巧解上,畅谈如何突破定势,激励学生勇于开拓、发展求异思维。

好习惯是数学的"本手",数学思维是数学的"妙手"。

学生如果从小就养成细致、扎实、严谨、高效的学习习惯,每一堂课,师生都用心准备,双向努力,体验学习的乐趣,品尝成功的快乐,那么,学生一定会用数学的思维思考现实世界,会用数学的语言表达现实世界。

参考文献

[1] 中华人民共和国教育部.义务教育数学课程标准(2022年版)[M].北京:北京师范大学出版社,2022.

[2] 陈刚.小题大做 思路尽显——初中数学一道几何题的多种解题方法[J].中学生数理化(教与学),2020(2):83+85.

[3] 仲兆香."一题多解"与"一题多变"在初中数学教学中的应用——以《人教版九年级上册第二十四章圆中两道习题》为例[J].读与写(教育教学刊),2018(4):2.

服务与引领鄂东南地区基础教育"文化·课程·教学"改革的实践研究

邓李梅[1]　黄娅[2]　柴霞[3]

1.湖北师范大学教育科学学院;2.湖北师范大学教育科学学院;3.湖北师范大学教育科学学院

作者简介:邓李梅(1969—),女,湖北松滋人,湖北师范大学教授,教育学硕士,硕士生导师,主要从事基础教育课程与教学研究;黄娅(1975—),女,湖北黄石人,湖北师范大学副教授,主要从事基础教育课程与教学研究;柴霞(1983—),女,湖北十堰人,湖北师范大学教师,主要从事基础教育课程与教学研究。

摘　要:师范院校服务社会是其三大职能之一。本研究践行学校"服务、引领、研究、扎根基础教育"的发展宗旨,遵循基础教育发展的主线和回应中小学校发展的诉求,通过组建服务与引领地方基础教育课程改革发展团队,探索形成了以"校地协同·双向赋能"为特征,以"文化引动、课程带动、教学推动"的"三轮驱动"为重点的深度助力基础教育发展的新型模式,实现了教育链、创新链、创业链的有机衔接,受到《学习强国》《光明日报》《中国教育报》和地方媒体广泛报道。

关键词:服务与引领;基础教育;课程改革;实践研究

Serving and Leading the "Culture · Curriculum · Teaching" Reform of Basic Education Curriculum in Southeast Hubei Province Practical research

Abstract: Serving society is one of the three major functions of normal universities. This study adheres to the development purpose of "serving, leading, researching, and rooting in basic education" in schools, following the main line of basic education development and responding to the demands of primary and secondary school development. By forming a service and leading local basic education curriculum reform and development team, it explores the formation of a new model that deeply supports the development of basic education with the characteristics of "school local collaboration and two-way empowerment" and the focus on "three wheel drive" of "culture driven, curriculum driven, and teaching driven". It realizes the organic connection of the education chain, innovation chain, and entrepreneurship chain, and has been widely reported by the "Learning Power", "Guangming Daily", "China Education News" and local media.

Key words: Service and leadership; Basic education; Curriculum reform; Practical research

湖北师范大学践行"面向、研究、服务、引领基础教育"的宗旨,2010 年成立了服务与引领地方基础教育课程改革发展团队,探索师范院校与地方中小学校合作开展"文化·课程·教学"三位一体改革的实践路径。团队长期深耕于优秀文化浸润的鄂东南这片沃土,与黄石市、大冶市、阳新县及蕲春县、英山县等地教育机构签署横向合作研究 20 余项,争取经费百余万元,在师范院校与基础教育界搭建了稳固有效的协同合作机制。近二十年来,该团队指导市域、县域、镇域学校,开展文化培育、课程开发、教学研究、教师培训、学习指导等多方面整体化改革,成功打造了具有湖北特色的中小学"文化课堂"。如提炼出"尚真教育""和雅教育""弘善教育""动感教育""生长教育"等特色学校文化理念体系;构建并成功实施了"三维四段""和雅课堂""弘善课堂""动感课堂""生长课堂"等特色教学模式;编制了学校文化教育手册和校本教材,发表了系列教学研究论文,受到"学习强国"《光明日报》《中国教育报》和地方媒体广泛报道。基于此,本文旨在总结学校服务与引领地方基础教育"文化·课程·教学"改革的实践研究过程与成果,以期抛砖引玉,雀去凤归,对后继者有所启迪。

一、实践研究的目标与价值

(一)实践研究的目标

本研究围绕湖北省教育发展目标,引领、组织、协调政府、社会和市场等各方资源和力量"一起做",构建多渠道、立体化、多层次的服务网络,为鄂东南地区合作学校可持续发展提供切实的帮扶,主要达到以下目标。

1. 实施"服务·引领·研究"基础教育发展举措,赋予中小学发展活力

本研究开发了系统诊断工具,指导合作学校开展文化培育、课程开发、教学研究、教师培训、学习指导等多方面整体化改革及师资培养,深化合作学校在培养目标、学校文化、课程体系、教学改革、综合管理与质量评价等方面的全方位改革,并赋予合作学校发展新内涵。

2. 打造"共建·同享·双赢"的教师队伍共同体,实现全方位协同育人

为促进本校教师教育类专业和合作学校人才培养质量、教师综合素质的提升与专业发展,实现政府、高校、教研和行业的共建、同享、双赢,着力打造师范院校理论导师、政府机构管理导师、教研机构教研导师、合作学校实践导师等"U-G-R-S"四方合作的教师队伍。四方导师分工明确、取长补短、协同育人,探索构建"协同教研""双向互聘""岗位互换"的教师发展新机制,充分发挥各自优势,实现互惠共赢。

3. 强化"文化·课程·教学"的社会服务特色,形成发展性课程资源库

本研究研发了"××学校文化现状调查问卷""××学校办学理念的教师觉知力访谈提纲""××学校课程体系和教学改革的现状调查""××学校整体工作效能的教师评价访谈提纲"等诊断工具,开展合作学校文化培育、课程与教学改革的现状调研,撰写诊断性评估报告,寻找服务切入点。跟进指导合作学校凝练出特色学校文化、课程体系和教学模式,这些成果将作为案例应用于"基础教育教学改革范例述评""课程与教学论"及其他教师教育实践类课程中,促进教师教育培养质量大幅提高。

(二)实践研究的意义

"建设教育强国,基点在基础教育。"而突破基础教育发展瓶颈,促进中小学人才培养质量提升,是师范院校义不容辞的责任。本研究立足于 2024 年全国教育工作会议的精神和 2023 年 1 月 19 日教育部等十三部门联合印发的《关于健全学校家庭社会协同育人机制的意见》,中共中央办公厅、国务院办公厅印发的《关于构建优质均衡的基本公共服务体系的意见》,以及教育部、国家发展改革委、财政部印发的《关于实施新时代基础教育扩优提质行动计划的意见》,以本单位附属合作学校作为服务基础教育发展试点,举全校之力融入发展要素,探索形成了以"校地协同·双向赋能"为特征,深度助力基础教育发展的新型模式。本实践研究的价值在于以下几点。

1. 有助于提升合作学校教育培养质量

中小学校校园文化、课程体系和教学模式改革,以及教师综合素质提升是影响基础教育质量、开发人力资源、助力教育发展的重要因素。进一步推进地方教育融入本地经济建设行动,以高质量教师教育赋能教育发展,构建教育高质量发展新格局,在此背景下,本研究的推进成为提升合作学校教育培养质量的重要途径。

2. 有助于推进湖北省基础教育综合改革

本研究对接基础教育需求,赋能合作学校,精准帮扶与对接服务基础教育,力求培育若干所质量较高、有一定示范作用的区域性高水平合作学校。因此,本研究可成为推进合作学校教育综合改革的持续动力。

3. 有助于实现区域基础教育均衡发展

本研究秉持师范院校办学初心使命,坚持为基础教育服务不动摇,旨在探索发现、分析与破解基础教育的困惑与问题,切实帮扶基础薄弱学校开展学校文化、课程体系和教学模式的改革,以实现基础教育均衡发展。

二、实践研究的实施

(一)实践研究的内容

本研究遵循基础教育发展的主线,确立"文化引领、课教融合、多元协同"的改革思路,针对基础教育发展如何有效贯通、深度融入教师教育人才培养全过程及教育教学改革全环节,实现地方教育发展意识与能力内化于心、外化于行,坚持把地方教育发展与合作学校"文化·课程·教学"三位一体改革实践相融合,聚焦思想认识、文化浸润、课程体系、教学改革、孵化转化等要素,创设"文化引动、课程带动、教学推动"的"三轮驱动"基础教育发展模式,实现教育链、创新链、创业链有机衔接。

(1)打造"一体两翼"的学校文化育人体系。全面结合鄂东南地区中华优秀传统文化、红色文化、区域文化等,打造"扎根基层、教育报国"的基础教育文化,强化以文化人、以文育人。积极将鄂东南文化研究优势转化为人才培养优势,彰显以基础教育学校文化为主体、课程体系与课堂教学为两翼的改革体系。

(2)构建突出地方教育主题的融合型课程体系。重点建设地方教育主题、地方文化理论与实践、地方思想政治教育等特色课程,将地方教育主题贯穿中小学九年义务教育培养全过程,在"学校文化—课程体系—课堂教学"改革的循环往复中,助力地方教育校本课程的实施。

(3)实施注重良好习惯培养的过程性教学改革。践行学生发展为本的理念,尊重教育规律和合作学校学生成长规律,把教育教学过程转变为学生良好习惯养成和思维培养过程,推动合作学校学生主动获得知识和终身学习能力的发展,从而助力中小学生走向成长、成才、成功。

(二)实践研究解决的主要问题

(1)解决如何突破基础教育发展的瓶颈问题。以帮扶的合作学校为"点",定位专业引领服务,采取广泛调研论证、建立对接平台、开展诊断评估、结对强校帮扶、提升学校文化、引领课程改革、强化教学指导、支持课题研究、组织靶向培训、加快校园建设等措施进行重点突破;以黄石市、黄冈市及阳新县、大冶市县域教育发展为"面",进行全局整体指导。"以点带面、点面结合",发挥师范大学功能优势,突破教师队伍建设和优质教育资源稀缺瓶颈,使合作学校成为师范院校助力地方教育发展、带动薄弱学校发展的典范。

(2)解决师范院校发展基础教育的路径问题。以校地共建为抓手,地方师范院校主动融入人才、智慧、研究等要素,通过"共谋教育发展、共创试验新区、共建培训基地、共引优质人才、共树教育品牌、共促基础发展"这6个协同的路径举措,全面助力基础教育发展。

(3)解决校地协同共建运行不畅的机制问题。践行"服务、引领、研究、扎根基础教育"的发展宗旨,坚持协同帮扶,通过发展战略分析、地方需求调研、顶层策略设计、组织方案实施、合作过程控制、发展效果评价等过程方法,搭建高位对接平台,构建校地协同合作体系,以提升合作双方教育教学质量和人才培养为核心,畅通校地协同共建运行机制。

(4)解决师范院校附属学校建设的模式问题。坚持扎根中国大地办社会主义"新师范",帮助合作学校"破茧蝶变",倾心助力市域、县域、镇域附属学校发展,消解合作中小学办学性质和方向的疑虑,构建附属学校建设的新型模式。

(三)实践研究的主要方法

(1)问题诊断,以合作学校诉求为重点,探索建立教师共同体发展新机制。采取广泛调研论证、建立对接平台、开展诊断评估、提升学校文化、引领课程改革、强化教学指导、支持课题研究、组织靶向培训等措施,回应合作学校诉求,加快构建"协同教研""双向互聘""岗位互换"等教师发展新机制,促进"双师型"教学团队发展。

(2)教情会诊,以教育综合改革为试验,组建引领与服务合作学校教师团队。发挥地方师范院校"地方性""师范性"功能优势,举全校之力帮扶,创建黄石市教师教育综合改革试验区。教师带领教育学硕士研究生参与地方教育调查研究,全面深入走进基础教育、研究基础教育。首先,基于中小学校的人才培养目标,打造理论型和实践型教师协同培养团队,囊括教育心理学、学科课程与教学论、教育管理学等多学科教学领域。其次,建立基础教育名师驻高校工作站、师范院校名师驻合作学校工作站,通过聘请基础教育知名学者、优秀基础教师和优秀校友作为指导教师,构建以高校为主体、政府为主导、教研机构为伙伴、中小学校为主阵地的促进合作学校和学生发展的培养团队。最后,在师范教育专业教育研习、见习、实习阶段,聘请一线教师、教研员为实践导师,从多个维度推动师资队伍建设。

(3)路径把脉,以合作学校发展为核心,构建师范院校服务区域教育新模式。以合作学校文化建设为抓手,坚持社会主义办学方向,通过"共谋教育发展、共创试验新区、共建培训基地、共引优质人才、共树教育品牌、共促基础发展"这6个协同举措,构建"倾力帮扶、专业引领、试点先行、以点带面"发展模式。将教育理论与教学实践、教育教学思想和教师职业能力融合,以高校为主体、政府为主导、教研机构为伙伴、中小学校为主阵地的职前职后一体化的 U-G-R-S 协同培养为途径,实施"全程·融合·协同"的人才培养模式。在路径上实现基础教育发展和师范院校发展"双轮驱动",实现高校事业发展和基础教育发展"双向赋能"。

(4)策略践行,以合作学校发展为导向,凸显学生主体和教师主导发展理念。以问卷、访谈诊断改进为导向,立足高校教师与合作学校教师发展等主体自觉,体现全程、全面、全体诊断,对培养目标、课程、教学、管理及效果监控进行系统化实施。以合作学校发展为导向,以诊断改进为手段,进行在校问题解决能力微格评价、场景胜任能力角色评价、职前角色适应评价、职后课堂创新评价,凸显专业自觉,做到以学生为中心的中小学教师与高校教师两个教育教学主体相互促进。

三、实践研究的成果

近二十年来,学校服务与引领地方基础教育课程改革发展团队长期深入鄂东南地区中小学校,开展了学校文化设计、教学有效性提升和教师专业发展指导的师范院校服务,引领基础教育课程改革并促进师范生专业发展的新型模式(简称为CTP模式)。

(一)设计了系统学校文化理念体系

学校服务与引领地方基础教育课程改革发展团队所开展的深度合作探究工作,成功打造了具有湖北特色的中小学"文化课堂",如提炼并固化了黄石市广场路小学"尚真"文化、黄石市市府路小学"弘善"文化、黄石市花湖小学"生长教育"文化、蕲春县蕲州镇实验小学"动感教育"文化、蕲州镇第三小学"活教育"文化、大冶保安镇实验小学的"三元教育"文化、黄梅县"真文化"、英山县长冲中学"和雅教育"文化等特色学校文化理念体系。

(二)成功实施了特色课堂教学模式

本研究构建并成功实施了特色课堂教学模式,如黄石市广场路小学"三维四段"、黄石市花湖小学"生长课堂"、蕲州镇实验小学"动感课堂"、蕲州镇第三小学的"活课堂"、大冶市保安镇实验小学的"元趣课堂"、黄石市第十四中学"慧教巧学"、英山县长冲中学"和雅课堂"等特色教学模式。研制了一套中小学教师课堂高效教学行为评鉴的模式和实施标准,探索出了依托课例的中小学教师高效教学行为的"五步十环节"的"提练"模式,发表了系列教学研究论文。

(三)编制了校本课程和校本教材

本研究为合作学校编制了校本课程和教材,如《黄石市广场路小学教学与管理效能诊断报告》,指导一线教师编写了《尚真文化教育手册(教师版)》《尚真文化教育手册(学生版)》《李时珍中草药文化》等校本教材和黄石市广场路小学"1235 尚真"课程体系、湖北师范大学附属磁湖中学亲子阅读课程体系。

以上成果构建了高校与基础教育界协同教研的平台,丰富了师范院校教师教育课程资源,有效促进了学校转型发展、专业综合改革和卓越教师协同培养工程的实施,提升了师范生的实践教学能力,为师范生的专业发展提供了有效路径。这对于促进师范院校教师教育人才培养、提高教育教学质量和履行服务社会功能有着重大作用和意义。

四、实践研究的推广

(一)研究的特色

(1)强化"文化·课程·教学"的社会服务特色,形成发展性课程资源。教师团队带领教育学硕士研究生,指导合作学校凝练特色学校文化、课程体系和教学模式。研发学校管理人员素质调查问卷、学校办学理念的教师觉知力调查表、学校整体工作效能的教师评价调查表、学校中层管理部门工作效能的教师评价调查表、学校管理效能调查问卷等诊断改进工具,开展学校现状调研,作诊断性评估报告,寻找服务切入点。本教学团队指导合作学校凝练出"尚真""动感""三元"等文化体系,以及"三维四段""动感课堂""元趣课堂"等教学模式。这些成果作为案例应用于省级精品资源公开课"基础教育教学改革范例述评"、省级一流本科课程"数学教学思想与方法""课程与教学论"、校级课程思政示范课"课程与教学论"及其他教师教育实践类课程中,促进了小学全科教师培养质量大幅提高。

(2)实施"自主·融合·联动"的课程教学改革,构建学生中心培养体系。开发针对学生自主发展的融合校本课程,促进文化、课程、教改的联动。从人才培养的基本规律出发,强调学生的专业自主发展,开发了合作学校的课程体系,允许学生基于自身兴趣特长和职业志向,订制符合自身发展需要的课程菜单。采用小组研讨、案例教学、合作学习、参观学习、模拟教学等多种方式,激活课堂生命力。建立课程实践、小学期实践、社团实践、第二课堂实践、教育见习、教育研习和教育实习等"七类联动"的全程化实践教学体系。

(3)打造"共建·同享·双赢"的教师发展共同体,实现全方位协同育人。师范院校与合作学校共同打造一支教育理论界与实践界全方位协同育人的教师队伍。为促进地方中小学校人才培养质量提高、教师综合素质提升与专业发展,形成"U-G-R-S"协同育人机制,实现政府、高校、教研和行业的共建、共享、共赢,着力打造高校理论导师、政府机构管理导师、教研机构教研导师、小学全科实践导师等"四方合作"的教师队伍。四方导师分工明确、取长补短、协同育人,探索建立了"协同教研""双向互聘""岗位互换"的教师发展新机制,充分发挥高校教师科研优势、政府官员管理优势、教研员教研优势及一线教师的实践优势,实现互惠共赢,服务地方基础教育。

(二)研究的创新点

(1)协同共建合作学校的模式创新。通过"倾力帮扶、专业引领、试点先行、以点带面"的做法,构建了以"校地协同·双向赋能"为特征,以"文化引动、课程带动、教学推动"的"三轮驱动"为重点的深度助力基础教育发展的新型模式。

(2)双向赋能教育发展的路径创新。实现振兴地方基础教育和地方高师教师教育共同发展,高校事业发展和基础教育发展"双向赋能"路径。

(3)师范引领教育发展的价值创新。延伸服务半径,拓展服务功能,师范专业引领合作学校实现"蝶变",为扎根地方教育、服务基础教育提供价值典范。

(三)研究的应用价值及推广

(1)受益面广,成效显著。推进多所中小学攀层次、上水平,建成若干所质量较高,有一定示范作用的区域性高水平小学。截至2023年底,以鄂东南地区为中心,推进黄石市广场路小学、黄石市市府路小学、黄石市花湖小学、黄石市新港工业园实验小学、蕲春县蕲州实验小学、蕲州镇第三小学、大冶保安镇实验小学、阳新县富川小学,以及大冶还地桥学校、湖北师范大学附属磁湖中学、黄石市第十四中学、黄石市第十八中学、英山县长冲中学等中小学校发展,成为覆盖全省、辐射全国的区域性高水平学校。

(2)辐射面大,示范带动。以专业引领鄂东南合作学校教育,提升发展的水平和格局,催生发展新生态。本团队指导有市域、县域、镇域的合作学校,开展了不同典型性小学的教学研究、课程开发、文化培育、教师培训、学习指导等多方面整体化改革及师资培养。本成果应用的合作学校有一个单位获国家级教学成果奖,四个单位获湖北省优秀基础教育教学成果奖,多个单位成为全国课改案例;主持承办农村骨干教师、校长国培计划16项。

(3)关注度高,影响广泛。研究成果受到教育部、湖北省政府、省教育厅以及社会的高度认可与普遍关注。学校服务与引领鄂东南地区基础教育课程改革的实践研究已实施近二十年,得到了湖北科技学院等 7 所兄弟院校小学教育专业的认同和借鉴。该服务范式和合作特色在 2015 年湖北省基础教育改革与发展研讨会、2016 年湖北省首届"鄂派名师"教育思想研讨会、2018 年湖北省小教联盟年会、2019 年及 2020 年荆楚小学卓越教师协同培养研讨会,以及教育学会教育学专业委员会、中青年教育理论工作者委员会 2020 年学术年会上进行了推广。

综上所述,学校服务与引领地方基础教育课程改革发展团队的事业方兴未艾,我们将继续保持探索的热情和冷静的头脑,为促进鄂东南地区基础教育"文化·课程·教学"改革的实践研究不遗余力。

参考文献

[1] 崔保师,曾天山,刘芳,等.基础教育服务对象满意度实证研究[J].教育研究,2019,40(3):80-89.

[2] 王李金,王一然.地方高等学校的挑战与出路[J].教育研究,2011(11):48-52.

[3] 张燕.政府购买基础教育服务的实践困境与推进对策[J].中国教育学刊,2016(9):6-10.

[4] 黄娅,田澜,邓李梅.地方高师院校服务和引领基础教育的"三位一体"模式[J].高等工程教育研究,2016(5):117-121.

[5] 徐文娜,于月萍.公共服务理念下基础教育发展的价值选择与路径探索[J].现代教育管理,2015(7):14-19.

[6] 邵光华,袁舒雯.高校服务地方基础教育的思考与行动[J].当代教育文化,2012(1):70-74.

[7] 陈明选,来智玲,蔡慧英.我国基础教育数字资源及服务:现状、问题与对策[J].中国远程教育,2022(6):11-20+76.

[8] 赵英.协同创新:教师教育改革有效推进的必然路径[J].贵州师范大学学报(社会科学版),2012(3):143-147.

[9] Missy M. Bennett,陈佑清.大学与中小学伙伴协作:美国教师教育中的实践[J].当代教师教育,2008(4):6-11.

[10] 钟英.高师院校服务基础教育的理论与实践[J].黑龙江高教研究,2010(3):55-56.

[11] 王红芳.高师院校服务于基础教育的现状、问题及对策[J].中国成人教育,2009(21):12-13.

[12] 邓李梅.教师同伴观课议课及其诊断[J].教育研究与实验,2013(2):73-77.

中华优秀传统文化融入小学英语思政育人的策略

王倩

黄石市中山小学

作者简介:王倩,本科学历,黄石市中山小学英语骨干教师,湖北省宋溢青名师工作室核心成员,黄石市优秀共青团员,主要研究领域为小学英语,曾获得湖北省基础教育精品课省级一等奖、黄石市教师信息素养提升实践活动应用教学案例一等奖、黄石市中小学教师教学基本功竞赛英语口语一等奖、黄石港区好课堂竞赛一等奖。

摘 要: 在小学英语课堂中融入中华优秀传统文化,培养学生对中华优秀传统文化的热爱与认同,是对英语学科育人目标的有效落实。本文将从课前师生初步了解、课中多角度渗透及课后拓展延伸中华优秀传统文化三个方面进行探究,从而坚定学生的文化自信,提高学生的文化素养。

关键词: 小学英语;中华优秀传统文化;策略

《义务教育英语课程标准(2022年版)》指出,在教学中应培育学生的文化意识,学生能够比较中外文化的异同,发展跨文化沟通与交流的能力,形成健康向上的审美情趣和正确的价值观,加深对中华文化的理解和认同,树立国际视野,坚定文化自信。因此,教师在课堂上不仅要引导学生学习西方文化,也应该适当融入中国文化,培养学生对中华优秀传统文化的了解与热爱。

为有效在小学英语课堂融入中华优秀传统文化,教师应引导学生在课前了解与文本相关的中国文化,课中整合各类资源并采用形式多样的方法进行文化渗透,课后结合生活实际进行有效拓展与实践,从而促进学生文化意识的提升。

一、课前了解中华优秀传统文化

在解读教材时教师应主动增加相关的知识储备,运用多种渠道了解本课程涉及的文化知识,与此同时也要引导学生对本课程的文化知识作初步查阅与了解,从而激发其对中华优秀传统文化的兴趣,教师也能更好地开展课堂教学。例如,在执教人教版PEP小学英语五年级下册"Unit 4 When is the art show? Part B Let's talk"时,笔者制定了如下教学目标:学生能了解并有传承中国传统庆生文化意识,在课堂中能简单对比中西方庆生文化,根据不同年龄层次的家人,合理安排生日活动。在课前笔者让学生做了如下思考:"What do you know about the birthday culture in China?""What do Chinese people usually do on birthdays?""What do westerners often do on birthdays?"大多数学生能够说出"eat a cake""have a party""send birthday gifts""make a card""have a big meal"等常见的西方庆祝生日的活动,可是对于中国传统的庆生词汇"抓周""成人礼""做寿"却不知如何用英语来表达,这时便可以利用课前时间进行相关的查阅,使学生对中国的庆生文化有进一步了解的同时也有效地提高了课堂效率。又如,在执教人教版PEP小学英语五年级上册"Unit 4 What can you do? Part A Let's talk"时,笔者为了更好地让学生运用核心句型"What can you do for the party? I can…"和他人交流英语时展示中国传统文娱活动,提前让学生了解各种中国优秀传统文娱活动,在课堂上学生说出了"make paper-cutting""play the erhu"等丰富的表达,对中国传统文娱活动有了更深一步的理解。

二、课中融入中华优秀传统文化

1. 深入挖掘单词,了解文化内涵

教师在教学时不能拘泥于课本,可以补充一些相关的传统文化内容,分析文化现象,将其作为课堂教学或教材的组成部分或附加部分,促进学生对传统文化理解能力的发展(鲁子问,2018)。当下的小学英语词汇中有一部分和中国传统文化息息相关,然而大部分英语教师都只是教授单词的发音及其用法,这样的讲解往往停留在表面,对于学生而言也是枯燥而乏味。例如在PEP小学英语五年级上册"Unit 3 What would you like?"这一单元中就涉及了"tea"这个单词,笔者就拓展了红茶"black tea"、绿茶"green tea"等中国名茶的英语表达,学生们积极性被调动的同时也对中国的茶文化有了进一步的了解。又如PEP小学英语五年级上册"Unit 4 What can you do?"这一单元中出现了"pipa""guzheng"等中国传统乐器类词汇,笔者当时播放了几段用琵琶及古筝演奏的音乐,学生们沉浸其中,笔者随后追问"What other Chinese instruments do you know?"很多孩子还答出了二胡、笛子、箫等传统乐器,有效地激活了学生的词汇库。

2. 巧借文本图片,探究文化内涵

处于认知阶段的小学生逻辑思维能力还不完善,在一定程度上还需要借助直观的图片进行思考。教材中的配图往往能比文字更易吸引学生的注意力及兴趣,进而在传承中华优秀传统文化上起到关键的作用。在PEP人教版小学英语四年级上册"Unit 5 Dinner's ready"这一单元中涉及餐具的学习和使用,教材配图中的Wu Binbin拿着筷子食用米饭,而John放着面前的筷子不使用,指着桌子上的刀和叉,笔者提问学生"Can John use chopsticks?"学生们纷纷答出John是外国人,不同于中国人用筷子的习惯,外国人用餐都习惯使用刀叉。笔者随即提问学生还了解哪些中西方的餐桌文化,学生们给出了很多精彩的回答,比如"不可在餐桌上玩弄筷子,不可以用筷子向人指指点点,不可把筷子插在米饭中,不可用筷子在一碟菜里不停翻动,要等到所有人到

齐后方可开始进餐,西方人通常会使用刀叉进食,用餐时左手拿叉右手拿刀"等。通过对比讨论,学生对中国优秀的传统餐桌文化有了进一步的了解。

3. 运用信息技术,优化文化体验

在小学英语教学中,教师可借助于信息技术,充分利用视频、音频或网络搜集的图文等素材,结合学生生活经验和实际,充实学生背景知识,拓展学生的知识储备,优化其文化体验。笔者在执教人教版 PEP 小学英语五年级下册"Unit 4 When is the art show? Part B Let's talk"时,运用信息技术剪辑了一段婴儿周岁礼的视频,通过视频学生们了解到了"滚灾""净手""冠衣""梳头""食福""印足"等英文的表达,加深了学生对中国优秀传统庆生文化的了解。在人教版 PEP 小学英语五年级上册"Unit 4 What can you do?"中的对话课中涉及"kung fu"这种中国传统文化活动,教师播放了一段外国孩子学习功夫的视频,并追问"Why do they learn Chinese kung fu?"学生们提及了"Chinese kung fu is cool. They love Chinese culture."教师继续播放更多中国传统文娱活动的视频,并追问"What other Chinese cultural activities do you want to learn?"学生们给出了"Shadow play""Chinese opera""Chinese drum"等回答,有效地增强了学生对中华优秀传统文化的认同感。

三、课后实践中华优秀传统文化

一部分英语教师能够做到在课堂中渗透中华优秀传统文化,却忽视了实践性文化知识作业的布置对于巩固课堂教学的重要性。比如,在 PEP 人教版小学英语六年级上册"Unit 3 My weekend plan"的读写课中涉及中秋节这一中国传统节日,教师则可以组织学生课后了解中国的更多传统节日比如春节、端午节、重阳节等,制作节日文化的小书并在课堂上展示,使学生不仅学会用英语来介绍中国传统文化,也树立其对民族文化的认同感和自豪感。

参考文献

[1] 中华人民共和国教育部. 义务教育英语课程标准(2022年版)[M]. 北京:北京师范大学出版社,2022.

第二篇 教师队伍建设

中小学教师职业幸福感影响因素及其提升策略

林芳荃

黄石市中山小学

作者简介：林芳荃，二级教师，教育学学士学位，目前担任黄石市中山小学心理健康教师，主要研究方向为中小学心理健康。

摘　要：教师职业幸福感是教育事业发展的重要保障，也是提高教育质量的关键因素之一。本文从多个角度探讨了中小学教师职业幸福感的影响因素，并提出了相应的提升策略，旨在为提高中小学教师的职业幸福感提供参考依据。

关键词：中小学教师；职业幸福感；影响因素；提升策略

The Influencing Factors of Primary and Secondary School Teachers' Occupational Well-being and Their Promotion Strategies

Lin Fangquan[1]

(1. Zhongshan primary school, Huangshi, Hubei province, 435000)

Abstract: The sense of career happiness of teachers is an important guarantee for the development of education and also a key factor in improving the quality of education. This paper explores the influencing factors of the sense of career happiness of primary and secondary school teachers from multiple perspectives, and puts forward corresponding improvement strategies, aiming to provide reference for improving the sense of career happiness of primary and secondary school teachers.

Key words: Primary and secondary school teachers; Sense of career happiness; Influencing factors; Improvement strategies

　　教师作为社会的楷模，肩负着培养下一代的重要责任。作为国家培养人才的重要力量，教师的职业幸福感对于教育质量和学生发展具有重要意义。近年来，随着社会竞争的加剧和教育压力的增大,中小学教师面临着越来越大的工作压力。关于教师职业幸福感的研究逐渐受到学术界的关注。然而,目前对于中小学教师职业幸福感的影响因素和提升策略的研究尚存在一定的争议和不足。本文通过文献综述法、访谈法等方法,从多个角度探讨了中小学教师职业幸福感的影响因素,并提出了相应的提升策略,旨在为提高中小学教师的职业幸福感提供参考依据。

一、教师职业幸福感的概念和内涵

职业幸福感,是指主体在从事某一职业时基于需要得到满足、潜能得到发挥、力量得以增长所获得的持续快乐体验。追求并享有职业幸福,既能有效促进教师专业发展,也有助于教育事业的进步。2018年,《中共中央 国务院关于全面深化新时代教师队伍建设改革的意见》明确指出:"到2035年,教师综合素质、专业化水平和创新能力大幅提升,培养造就数以百万计的骨干教师、数以十万计的卓越教师、数以万计的教育家型教师。教师管理体制机制科学高效,实现教师队伍治理体系和治理能力现代化。教师主动适应信息化、人工智能等新技术变革,积极有效开展教育教学。尊师重教蔚然成风,广大教师在岗位上有幸福感、事业上有成就感、社会上有荣誉感,教师成为让人羡慕的职业。"2020年,经济合作与发展组织(organization for economic co-operation and development)发布《教师职业幸福感:数据收集与分析框架》(*Teachers' Well-being: A Framework for Data Collection and Analysis*),将教师职业幸福感测评作为国际学生评估项目(programme for international student assessment)的重要内容。[1]

提高教师职业幸福感对于国家的发展具有重要的战略意义。持续提升教师职业幸福感可以保证教育事业的可持续发展,吸引更多优秀人才加入教育行业,为我国教育事业的发展注入新的活力。增强社会对教育事业的信心和支持,促进社会的和谐稳定。

二、中小学教师职业幸福感影响因素分析

(一)教师自身

(1)教师的基本情况特别是家庭情况对其职业幸福感有较大影响。大体上,教师的职业幸福感随着教师年龄增长呈现出两头高、中间低的"U"字形态[2],研究显示,教龄在11~20年的教师职业幸福感水平最低,教龄在1~5年、31~40年的教师职业幸福感水平最高[3]。随着年龄的增长,教师对于教学内容越发熟练,也将进入婚姻的殿堂,拥有自己的孩子,此时,教师不再是单纯的个体,在学校中,他(她)是教师,教授学生知识,立德树人;在家庭中,他(她)是父亲、母亲,承担起整个家庭的重任;而在父母面前,他(她)也不再是能随意撒娇的孩子,突增的压力对于教师是一个巨大的挑战。

(2)教师职业幸福感也受到教师的个人素质和能力水平的影响。个人素质和能力水平是影响教师职业幸福感的重要因素之一。具备较高的素质和能力水平的教师更容易获得职业满足感和成就感,从而提高职业幸福感。教师的专业素养、教学技能以

及教育教学理论知识等因素都与教师的职业幸福感密切相关。随着教龄的增加,教师教学功底愈发深厚,也将面临职称评选这件大事,教师的职称越高,其职业幸福感越强,但职称评选不是一件容易的事,即使教师进行认真的准备,也有可能落选,这无疑对于教师的职业幸福感影响甚大。

(3)教师职业幸福感也与教师本人的个性特征和兴趣爱好密切相关。教师的个性特征、情绪智力和自我效能感等与职业幸福感密切相关。具有较高情绪智力的教师更容易应对工作中的压力,从而获得更高的职业幸福感,如性格开朗、乐观的教师更容易产生职业幸福感。以职称评选落选为例,教师如果性格乐观豁达,善于从积极的方面思考,将会在后期的工作中继续努力,积极上进,争取下次机会,顺利地完成各项工作。若教师产生了消极的主观判断,钻了牛角尖,则容易产生消极怠工的心理状态,不仅不利于教学任务的完成,更不利于教师的身心健康发展,对于职业幸福感有不良影响。

(二)工作环境

(1)学校管理体制和工作任务对教师职业幸福感有较大影响。学校作为教师教育教学的场所,人性化的管理制度可以提高教师的工作效率和工作状态,增强职业认同感。如果学校管理唯成绩论,过分追求各项检查、考核成果,忽视对教师的人性关怀,使得教师的职业认可度不断降低,将会对其身心健康产生负面影响。适当的教学任务有助于教师专业能力的提升,若教师所教班级众多,教学压力过大,教师容易产生职业倦怠。除了教学任务,若教师常需要在下班时间完成学校安排的其他工作任务,无法分辨工作与生活的边界,教师将体会到无尽的疲惫,从而对工作的满意度降低。

(2)教学资源和设施条件也与教师职业幸福感有关。良好的工作条件和资源配置能够提高教师的教学效率和质量,同时也能够增强教师的职业认同感和自豪感,设施条件的改善可以提高教师的工作舒适度和工作效率。

(3)师生关系和互动方式对教师的职业幸福感也有重要影响。师者,传道授业解惑者也。教师面向的对象大部分是学生,老师和学生在教学上是授受关系,在人格上是平等的关系,在社会道德上是互相促进的关系。良好的师生关系可以为教师提供更好的支持和帮助,增强其归属感和认同感,灵活多样的教学互动方式可以激发学生的学习兴趣和积极性,也有助于教师更好地发挥自己的专业能力。

(三)社会支持

(1)组织支持程度影响教师职业幸福感。组织支持包括领导对教师的支持、同事之间的合作、学生的评价和反馈、教师家庭内部的支持等方面。学校是教师施展专业技能的主阵地,学校领导支持教师在学校进行各项教育工作和教学任务,给予辛苦工作的教师鼓励和支持。这将促使教师愈发投入地工作。在学校,教师间常常需要教研、沟通,教师和学生家长间也需掌握平衡,良好的同事关系、师生关系有利于教师对集体产生归属感。

(2)政策制度影响教师的职业幸福感。近年来,"双减"政策的落地和实施,对教师的能力提出更高的要求。全面减轻孩子作业负担,并不意味着没有作业,反之,教师需要花更多的心思进行备课和思考,分层次教学,构思有特色的作业,课后服务与托管的出现无形中延长了教师的工作时间。如果教师承受诸多压力后无法通过合适方式发泄,没有良好的兴趣爱好作为生活调剂,则容易出现身心健康问题。

(3)社会认可度对教师的职业幸福感也有重要影响。社会认可度是指社会对教师职业的尊重和认可程度。目前,随着互联网技术的发展,网络侵入我们的生活,一些偶然发生的不良教师事件一经上传,容易引发诸多网络舆情,社会对于教师的职业期待过高,可教师的社会地位和认可度却相对较低。

(四)职业发展

(1)岗位晋升和专业发展与教师职业幸福感相关。专业发展是指教师在教育教学过程中不断提高自己的专业素养和技能。有效的专业发展有助于提高教师的职业幸福感。例如,定期的教育培训、学术交流和教学研讨等都有利于提高教师的教学能力和满意度。

(2)薪资待遇和福利影响教师职业幸福感。物质条件的改善可以提高教师的工作舒适度和工作效率,从而促进其职业幸福感的提升。随着国家对于教师的重视,教师的薪资待遇和福利也在进一步规范和提升。

三、中小学教师职业幸福感提升策略

(一)加强教师队伍建设,提高教师素质

(1)加强教师培训,提高各方面能力。加强教师培训是提高教师职业幸福感的重要途径。学校可定期组织各类教育培训活动,帮助教师提高教育教学水平和专业素养,有意识地让正确的信念占领思想高地。

(2)建立科学的考核机制,激发教师积极性。在实际工作中,学校可以通过建立完善的管理制度来提高教师的工作效率和满意度。例如,加强师资培训和管理,优化教学资源配置,完善考核评价机制等,这些措施都可以有效地提高教师的工作积极性和满意度。

(3)提高教师待遇,增加职业吸引力。提高教师的待遇是提高职业幸福感的有效途径。政府和学校应加大对教师的投入,切实提高教师待遇保障水平,明确教师的重要地位,确保教师的基本生活保障。吸引优秀人才,不断提高待遇,真正让教师成为令人羡慕的职业。此外,还可以拓宽教师培训和职称晋升的渠道,多方面鼓励教师。

(二)改善工作环境,为教师提供舒适的工作条件

(1)加强学校管理,营造良好的工作氛围。学校应关注教师的工作环境,创造一个和谐、宽松的氛围,使教师在工作中得到尊重和认可。为教师制定个性化的支持计划,包括提供更多的培训机会、鼓励其参加一些社交活动等,帮助教师提高职业幸福感。

(2)提供先进的设备和资源,提高教学质量。在实际工作中,学校可以通过提供优质的资源来提高教师的教学水平和满意度。例如,加强教师社团建设,提供先进的教学设备和软件等,有效地提高教师的教学水平和满意度。

(3)加强师生沟通,建立和谐的师生关系。教师要以平等的态度对待每一个学生,不歧视任何一个学生。在课堂上,教师可以采用互动式的教学方式,鼓励学生发表自己的观点和看法,让课堂更加生动有趣。同时,教师也应该尊重学生的人格尊严,保护他们的隐私权,让他们感受到被尊重和关爱,比如对于性格内向的学生,可以给予更多的关心和支持,帮助他们逐渐融入集体。

(三)提高教师的社会地位,让教师得到更多的尊重和认可

(1)加强社会宣传,增强公众对教师的认知度和尊重程度。教育事业的发展离不开广大师生的支持和参与,而教师作为教育事业的中坚力量,其社会地位和尊重程度也直接关系到教育事业的发展。因此,需要加强社会宣传,让更多的人了解教师的工作内容、工作压力以及所做出的贡献,从而增强公众对教师的认知度和尊重程度。可以通过多种形式进行宣传,如新闻媒体、社交媒体、学校网站等,让社会各界更加关注教师的工作和生活。

(2)建立完善的教师保障制度,提高教师的社会地位和待遇水平。完善教师的福利保障,提供更好的职业发展机会,让教师感受到社会的关爱和支持,从而对工作更加投入。

(3)加强教师职业道德建设,树立良好的师德形象。教师是学生的榜样和引路人,他们的言传身教对学生的成长和发展有着至关重要的作用。加强教师职业道德建设,树立良好的师德形象也是非常必要的。这需要从多个方面入手,如从加强师德教育、建立师德考核机制、严格惩处不良行为等方面来促进教师职业道德的建设,让教师真正成为学生的良师益友。

(四)加强教师培训,提高教师的专业素养和教育教学能力

(1)增加继续教育和培训机会,提高教师专业水平和知识储备。加强教师培训是提高职业幸福感的重要手段。通过定期组织各类培训活动,帮助教师提高自身的教育教学能力,增强职业成就感。随着社会的发展和教育的变革,教师需要不断更新自己的知识和技能,以适应新时代的需求。学校可以通过多种形式对教师进行培训,如短期集中培训、远程在线培训、学术讲座等,让教师在不同的领域得到更全面的知识储备和专业技能的提升。

(2)推动教育信息化建设,提高教师信息素养和技术应用能力。随着信息技术的不断发展,教育信息化已经成为教育改革的重要方向之一。为了适应这一趋势,我们需要推动教育信息化建设,提高教师的信息素养和技术应用能力。学校可以加强对教师的信息技术培训和指导,让他们更好地掌握现代信息技术的使用方法和技巧,从而更好地服务于学生的学习和发展。

(3)加强课程改革和创新,促进教育教学改革和发展。课程改革和创新是教育事业不断进步和发展的重要动力之一。为了适应新时代的需求,我们需要加强课程改革和创新,促进教育教学改革和发展。可以通过引入新的教学理念、设计更加丰富多样的教学内容、采用多元化的教学方法等方式来推进课程改革和创新,让学生获得更好

的学习体验和成长发展。

综上所述,提高教师的职业幸福感,让教师得到更多的尊重和认可是一个长期的过程,需要教师自身、家庭、学校、社会共同努力。

参考文献

［1］ 李广,盖阔.中小学教师职业幸福感调查[J].教育研究,2022(2):13-28.

［2］ 刘鲁曼,王秀玲.中小学教师职业幸福感现状调查及提升策略研究——基于S省8地市调查数据的实证分析[J].中国成人教育,2021(6):23-29.

［3］ 杨静.教师职业幸福感的现实画像、影响因素与提升建议——基于G市9136份中小学教师问卷的调查研究[J].教育导刊,2024(3):82-90.

筑牢师德品质,诠释桃李情怀

詹丹丹

大冶师范附属小学

作者简介:詹丹丹,二级教师,小学英语教师。

摘　要:中国教育,任重道远;教育之责,在于师者。教师如何,学生便如何;教育如何,国家便如何。学生是教育的主体,也是社会中最有希望、最具潜力的群体,学生们的道德形成尤为重要。这便要求新时代教师以立德树人为基石,培养德才兼备的新时代接班人。而师者,欲以德育人,必先以德自立。立师德,助学生成长;施恩德,为学生传扬;守公德,做学生榜样。一个民族源源不断地涌现出一批又一批优秀教师,那么,这个民族就是一个有希望的民族,因为一批批青少年会在优良的教育之下茁壮成长,成为栋梁。

关键词:立师德;施恩德;守公德;立德树人;教育力量

桃李不言,下自成蹊。习近平总书记勉励我们说:"一个人遇到好老师是人生的幸运,一个学校拥有好老师是学校的光荣,一个民族源源不断涌现出一批又一批好老师则是民族的希望。"这是总书记对每一位奋战在教育战线上的工作者的殷切厚望。

百年大计,教育为本;教育大计,教师为本;教师大计,师德为本。师德是为师之魂,师风是为师之本。西汉扬雄说:"师者,人之模范也。"教师除了向学生传授知识,还通过自己的言行潜移默化地影响学生如何做人、做事。因此,我们要弘扬高尚师德,要做有理想信念、有道德情操、有扎实学识、有仁爱之心的"四有"好老师。

古有孔子名言"德不孤,必有邻",今有习近平总书记金句"国无德不兴,人无德不立"。"德"是一个人、一个家、一个社会,乃至一个民族的"根基",其重要性不言而喻。国家之德在于社会,社会之德在于个人。想要社会稳步发展,想要国家阔步向前,我们每一个人都不是旁观者,而是同心协力、以德立世的参与者。

创建人人有德的健康社会,便离不开教育的力量。十年树木,百年树人。教育乃百年大计,其价值和影响便是百年千年、千秋万代。那么,何以"树人"? 知识与技能、品德与心智。前者是生活的能力,后者才是为人的根本。"无德无才是蠢材,无德有才是害才,有德有才是人才。"这就足以见出"德"对于每一个人来说,确实是必备的一种品性。教育的力量就是将这种品性激发,或是进行补给。

"立德",是教师发挥教育力量的先决条件;"树人",则是教师培育国家栋梁的必备能力。先立厚德,后树贤人。教师的榜样作用和传递作用不可或缺。欲以德育人,必先以德自立。

一、教师，应立师德，助学生成长

风雨兼程是人生常态。尽管如此，老师们依旧保持着奋进的姿态，怀揣着积极的心态。正所谓"忧道不忧贫，谋道不谋食"，身为教育工作者，"不戚戚于贫贱，不汲汲于富贵"，这早已被老师们视为毕生准则。"前一秒劈柴生火，下一秒执鞭上课"的张玉滚，"不惧碾作尘，无意苦争春"的张桂梅，"三十六年，绚烂了两代人的童年"的支月英，"走过半个地球，最后在小山村驻足"的朱敏才、孙丽娜……这些感动着亿万中国人民的老师们，激励我们做不问房有几间，地有几垄，但求仰不愧于天，俯不怍于人，万事不离初心的有道德情操的好老师。

习近平总书记在党的二十大报告中明确指出："培养什么人、怎样培养人、为谁培养人是教育的根本问题。育人的根本在于立德。全面贯彻党的教育方针，落实立德树人根本任务，培养德智体美劳全面发展的社会主义建设者和接班人。"

《中华人民共和国教师法》规定："教师是履行教育教学职责的专业人员，承担教书育人，培养社会主义事业建设者和接班人、提高民族素质的使命。教师应当忠诚于人民的教育事业。"

中华民族是最重视师德的民族。师德，是教师在从事教育活动中必须遵守的道德规范和行为准则，更是与之相适应的道德观念、情操和品质。师德是一个外延很广的概念。它包括教师的职业道德和教师的个人素养和心性品质，是爱国守法，是爱岗敬业，是爱护学生。而这些师德之中的"爱"具体表现在教师平时的教育教学工作之中。

"学高为师，身正为范。"教师在教学行为和教学思想上必须明确自己的教育使命，不能仅仅将工作当成一种谋生的方式，更应该将教育看作一项神圣的事业。教师在教育教学工作中，除了授予学生们知识，提升他们读文和做题的能力，更应注重传授他们为人之德礼，给予他们精神上的力量，让他们才学和品性并长。

在课堂教学中，我敏锐地提取出文章的情感因素，通过阅读和写作等方式，带着学生去领悟文中人物的情绪和精神，去感受作者的情怀和品质，通过阅读他人的人生，来感悟自己的人生。情感，便是拓宽视野、叩击灵魂的鼓槌。在课外活动中，我创造性地设计了很多活动，如演讲、朗诵、辩论、读书汇报会、素材展示会等。在这些活动中重抓情绪感染、价值引领，让学生们在活动中寻找自己、认识自己。而情感，便是释放激情、激发智慧的试剂。在平常生活中，我细心地寻找学生成长的跳板，在最关键的时候助他们一臂之力。当他们取得成绩时，我和他们一起享受成功的喜悦，同时嘱咐他们总结经验，再接再厉；当他们遭遇挫折时，我和他们一起面对，鼓励他们坚强勇敢，引导他们正确解决。而情感，便是直达心灵、有效沟通的桥梁。

所以，我在任何时候都不会放弃情感教学。合理地、正确地利用一切情感因素，让他们放眼世界的同时，反观自我，审视自我，提升自我。这样的教学，既是对教育事业的热爱，又是对学生成长的最诚挚的关爱。这何尝不是师德在教育教学活动中的具体体现呢?

二、教师,应施恩德,为学生传扬

有教育家曾说过,教育不能没有情感,没有爱就如同池塘没有水。没有水就没有池塘,没有爱就没有教育。教育的本质要求就是关爱学生,教育最重要的任务,是塑造美好的人性,培养美好的人格,使学生拥有美好的人生。苏霍姆林斯基说过:"教育技巧的全部奥秘在于教师如何爱孩子。"教书育人是爱的事业,关爱每一位学生是教师的责任。

教师的爱与众不同,它是严与爱的有机体现,是理智与热情的巧妙结合。这种爱包含崇高的使命感和责任感。陶行知先生曾对教师说过这样一句话:"你的教鞭下有瓦特,你的冷眼里有牛顿,你的讥笑中有爱迪生。"教师只有充满爱,才能真正从内心去关爱学生,培养学生。关爱学生是师德表现的最高境界,是否关爱学生是衡量我们师德水平高低的重要标尺。关心和热爱学生是教师的天职,是高尚的师德情感,是教育获得成功的基础。同时,坚持"一切为了学生,为了学生的一切",与每一位学生建立平等、和谐、融洽、相互尊重的关系,关心每一位学生,尊重每一位学生的人格,努力发现和开发每一个学生的潜在优秀品质。

"师爱为魂","师爱"是教师对学生无私的爱,它是师德的核心,即"师魂"。热爱学生,应是教师工作的感情基调。从爱学生的角度讲,教师应做学生的良师益友,既有"闻道有先后"的师生情谊,又不乏"弟子不必不如师,师不必贤于弟子"的益友胸怀。教师要起引领示范作用,但不必高高在上,颐指气使;学生应尊师重道,但也要努力拓展,青胜于蓝。教师和学生互帮互助,共同成长,才是最为和谐和平衡的格局。在这样的平衡中,教师起着决定性作用。但是教育不是一剂猛药,一帖见效,而是像水一样,无声浸润学生的心灵。教育是一个漫长艰辛的过程,不是哪一件事就能让学生顿悟,而是每天每件事的累积。

所以,在教育教学中,师爱显得尤为重要。作为老师,在严肃的教学之外,应该还有温暖的爱。记得在一次值日巡查中,我发现一位男生在教室外的走廊上独坐着,情绪低沉,还不时地用头撞击墙壁,情况很反常。上前了解情况后,我拉着他的手走出教学楼来到操场上,然后默默地陪他坐在球场上,直到他将心中的情绪发泄出来。在他声嘶力竭地吼出来的那一刻,拉着颤抖着的他,我更加感受到了一个学生在面对一时无法解决的问题时的无助和痛苦。那时,我便暗暗下定决心,我要尽可能地去帮助每一个学生,让他们在需要我的每一刻,都能得到一丝温暖。

比起严师出高徒,我更认可"爱心出高徒"。教育是一场向美而行的遇见,是一场温暖人心的坚持,是心守一抹暖阳,静待一树花开。教育是用一颗心去温暖另一颗心,是有温度的艺术。学海茫茫,众人皆是苦舟行者。我经常发现,同事们的办公桌抽屉里,总是特意放些饱腹的饼干和牛奶,留给没吃饭的学生。这样的小事往往不起眼,可就是这样不起眼的小事,老师们做了一年又一年。也正是这群平凡得不能再平凡的人,他们用爱心送走了一批又一批学子,让这些可能没出过大冶这座小城市的孩子,可以走进大都市的高楼殿宇,能走向祖国的湖海山川,能参与"蛟龙入海",也可尝试"九天揽月"。正是这一群带着仁爱之心的老师,让孩子们想一切不敢想,让不可能成为可能。

成长之路,需要以爱相伴;教育之路,需要以德相随。孔子云:"其身正,不令而行;其身不正,虽令不从。"身为当代教育工作者,我们深知"学高为师,身正为范"的重量。"操千曲而后晓声,观千剑而后识器",观其师而后成其才。为人师者,要想学生学有所成,便要事必躬行;要想学生成才立德,便要修言修德。给人以星光者,必然心怀炬火。"为众人抱薪者,不可使其冻毙于风雪;为苍生治水者,不可使其沉溺于湖海。"作为教师,我们承担了"为往圣继绝学"的使命,我们愿做新时代教育事业的"抱薪者"和"治水者",甘心"毙于风雪",甘心"溺于湖海",只求不负众望,不愧于心。

爱是相互的,爱生、护生,为生着想,传爱于学生,学生自然也能以爱回馈。在我的教学生涯中,我的学生经常会在我的办公桌上留下一些温暖的文字,既贴心又有爱。在我嗓子难受的时候,有学生帮我找来润喉片;在我忙得没有吃饭时,有学生在我办公桌上放了牛奶和面包;在我心情低沉时,有学生给我递来一张鼓励的留言条,或是一个温暖的微笑和拥抱……就这样,我在繁重的工作中享受着幸福。我时常感叹自己的幸福,我想,也许这就是付出与收获吧!

当教师以爱的名义施以恩德,把学生记挂在心上,那学生也定会把他奉在心上。

三、教师,应守公德,做学生榜样

"身正为范",教师就应该是学生的榜样,不管是在学识技巧上,还是在言行举止上,教师都应是正面的积极的形象。所谓"近人而学之"便是如此。所以,作为一名人民教师,除了在个人品德上要有高度,还应在社会公德方面高尚。这一点直接影响学生个人之德的树立。学生是教育的主体,也是社会中最有希望、最具潜力的群体,学生们的道德形成尤为重要。

教师之德引领学生之德。一个教师除了要修炼自身品德,还要在繁杂的诱惑面前锻炼自己的品性。面对诱惑,要理智,要睿智,拒绝诱惑,保持清正。这样的品性,也是学生学习的榜样和标杆。教师就应该以自己的美好形象去塑造学生的美好形象。身正为范,教师应以一身师德,去影响一生的学生。

中国教育,任重道远;教育之责,在于师者。教师如何,学生便如何;教育如何,国家便如何。所谓"百年大计,教育为本;教育大计,教师为本"。一个民族源源不断地涌现出一批又一批优秀教师,那么,这个民族就是一个有希望的民族。因为她最有希望的一批批青少年会在优良的教育之下茁壮成长,成为栋梁。"少年强,则国强;少年兴,则国兴。"那么,少年有德,则国之有德;国之有德,那么,复兴之梦、强国之梦便不再遥远。

正在接受教育的孩子们在他们的成长之路上,需要用知识和能力来强大自己,需要用仁爱之心来升华自己,需要用道德品质来成就自己。这一路上的指路标,更多的是教师。所以,作为一名教师,我深知教育意义的重要性,更明确自身所肩负的责任,哪怕仅能够帮助到一位学生,为他的人生之路明确方向,让他德才兼备,成就自己,成为栋梁,那么我也会闪着微光,照亮他的前路。

习近平总书记曾说过,高尚的师德,是对学生最生动、最具体、最深远的教育。如果每一位教师都能自觉约束自己,克服知与行的脱节,把良好的愿望转化为坚定的决心,把"知、行、情、意"紧紧结合起来,把培养"四有新人"的任务真正落实到位,那么"爱国守法、爱岗敬业、关爱学生、教书育人、为人师表、终身学习"的师德标准将不再只是规范,而是教师们在献身教育事业中众多自觉行为中的一部分。因此,"教书必须育人,育人必须教书"。

参考文献

[1] 武东生,宋怡如,刘巍.立德树人是新时代中国特色社会主义教育发展的根本任务[J].思想理论教育导刊,2019(1):66-70.

[2] 马学玲.又逢一年教师节,谁是习近平眼中的"大先生"?[EB/OL].(2019-09-10). https://www.chinanews.com.cn/gn/2019/09-10/8952407.shtml.

[3] 新华网.习近平这样阐释教育的根本任务[EB/OL].(2019-03-18). https://www.xinhuanet.com/politics/xxjxs/2019-03/18/c_1124247058.htm.

[4] 中国教育报.十年育人楷模,百年尊师风尚[EB/OL].(2019-09-11). https://baijiahao.baidu.com/s?id=1644376461110912866&wfr=spider&for=pc.

"县管校聘"教师交流背景下农村小学教师专业发展困境及建议
——基于 H 市的调查

李营

黄石市教育科学研究院

作者简介:李营,黄石市教育科学研究院研训中心主任,硕士,中学高级教师,研究方向为教师教育。

摘 要:"县管校聘"教师交流制度有利于实现义务教育均衡发展,提高农村地区师资水平。对 H 市 187 所农村小学的 1171 名教师进行抽样调查显示,存在教师学习团队建设、骨干教师专业引领、城乡教师互助交流、政府组织的在职培训等方面的困难。建议从管理机制、学习环境、专业学习路径等方面进行探索,纾解农村小学教师专业发展的困境。

关键词:农村小学;教师交流;县管校聘;教师;专业发展

Predicament and Improvement of Teachers' Professional Development in Rural Elementary Schools under the Background of "Job Rotation Policy"
——Based on the Investigation and Analysis of H City

Li Ying

Huangshi Education Science Research Institute, Huangshi, 435000, China

Abstract: In order to keep the balanced development of compulsory education in the region, many local governments promote job rotation policy as teacher management system. The data from a sample survey of 1171 teachers from 187 rural elementary schools in H city shows that, there are many plights to rural small schools, such as forming teachers' professional learning teams, communication and cooperation between urban and rural teachers, professional leading of key teachers, in-service training for rural elementary school teachers. It is suggested to explore from the management mechanism, learning environment and professional learning path to improve the predicament of teachers' professional development in rural elementary schools.

Key words: Rural; Job rotation policy; Elementary school; Teachers; Professional development

随着 2001 年《国务院关于基础教育改革与发展的决定》、2004 年《教育部、财政部关于进一步加强农村地区"两基"巩固提高工作的意见》等文件的出台,我国的农村小学发展经历了拆并和纠偏的起伏。2023 年《关于构建优质均衡的基本公共教育服务体系的意见》指出:"推进县域内义务教育优质均衡发展,提升农村学校办学水平。"为推进教育质量提升,实现义务教育均衡发展,围绕农村学校师资建设,教育部先后提出"教师交流轮岗""乡村教师支持计划"等措施。通过教师人事管理体制改革,打通学校间教师流动的壁垒,实现"农村学校、薄弱学校校长教师补充配备,破解择校难题,促进教育公平,推进义务教育均衡发展"[1]。

一、研究设计

2015 年国家首推义务教育教师队伍"县管校聘"管理改革示范区工作,2018 年《中共中央 国务院关于全面深化新时代乡村教师队伍建设改革的意见》正式提出"优化义务教育教师资源配置。实行义务教育教师'县管校聘'。深入推进县域内义务教育学校教师、校长交流轮岗,实行教师聘期制、校长任期制管理,推动城镇优秀教师、校长向乡村学校、薄弱学校流动"[2]。2020 年《中共中央 国务院关于抓好"三农"领域重点工作确保如期实现全面小康的意见》又强调:"加强乡村教师队伍建设,全面推行义务教育阶段教师'县管校聘'。"[3] 截至目前,我国主要省份均开展了义务教育教师队伍"县管校聘"管理改革。

在此背景下,了解 H 市"县管校聘"教师交流过程中,农村小学教师专业发展产生了哪些变化,存在哪些困难,对提高本地区农村小学校师资质量、实现城乡教育均衡发展有着重要参考意义。

本次调研采取的形式有访谈、听课、问卷等。随机发放问卷 1200 份,回收有效问卷 1171 份,回收率 97.6%。受调查教师中,男教师占比 64.14%,女教师占比 35.86%。初级职称教师占比 71.9%,中级职称教师占比 48.76%,副高级职称教师占比 6.4%,无正高级教师。

二、"县管校聘"背景下农村小学教师专业发展困境调查

(一)学校教师学习型团队发展艰难

教师学习型团队将有着共同职业愿景和理想的教师结合起来,通过有效互动、相互合作,促进大家的终身学习。同时,"互联网+教育""基础教育领域综合改革"也为

教师的职业发展提供了更多便利,但农村小学教师的学习型团队建设依旧存在校本教研建设困难、学习方式落后、团队合作乏力、骨干引领缺位等问题。

1. 农村小学校本教研建设困难

学校是教师专业发展的第一场所,直接关系教师专业成长。校本教研以校为本,根植于学校,围绕"为了教学""在教学中""通过教学"开展研究,使众多教师实现专业发展。

本次调研的农村小学校本教研环境包括校本教研文化、校本教研制度和校本教研物质建设三个基本点。调查显示,认为现有的校本教研环境能够有利于和非常有利于个人专业成长需求的教师仅为16.82%和2.65%,大部分教师认为校本教研对自己的推动不大,其中认为没有任何作用的教师占比14.09%,认为有少部分作用的教师约66.44%。

教师对校本教研环境三方面建设满意度从高到低依次为物质保障、教研制度和教研文化。约65.58%的教师对物质保障表示满意(见图1)。随着义务教育均衡发展达标检查、城乡教育一体化等教育建设目标的阶段性推进,政府部门加大了对农村校园环境的投入力度,教师学习研究所必需的网络设备、备课室、书籍等条件得以改善。

校本教研在农村小学中已经获得认可,本次参与调查的187所农村小学基本建立了教研制度。但不少农村小学教研制度老化,学校对制度的改进落后于课改的进程,校本教研制度无法有效指导教师参与校本学习和研究。

此外,由于教师较少,一人兼任多个学科等问题,教师们开展校本教研活动时往往孤军奋战,很难组成有效的互助团队。农村小学教师存在年龄结构断层问题,即50岁以上教师多,近5年来通过"新机制""县聘"等政策补充的毕业生多,而中间层教师少。本次调查中50岁以上教师占比40.31%,41~50岁教师占比19.47%,31~40岁教师占比16.14%,20~30岁教师占比24.08%,工作15年左右,有经验、有经历的教师比例低,学校很难形成梯队合理的教师学习团队。农村小学教师工作繁重,在承担教学任务的同时,还必须管理留守儿童、住宿学生的生活,个人学习时间受到挤压。农村小学校本教研活动仅限于传统的备、教、辅、改、考,基于教育改革的前沿研究涉及较少,导致教师专业发展窄化。综合以上原因,多数农村小学没有形成校本教研文化,这成为制约教师专业发展的主要障碍。

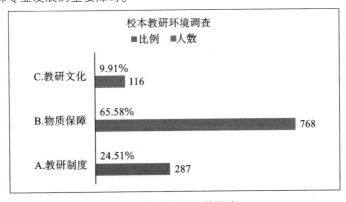

图1 校本教研环境调查

2. 教师交流中专业引领的缺位

教师专业发展既需要显性知识的习得,也需要隐性知识的感悟,而围绕校本研究开展的专业引领无疑可将两种知识进行有机结合。有研究者将专业引领理解为"具有教育研究专长的人员通过他们的先进理念、思想方法和先进经验引导和带动一线教育工作者开展教育实践探索和研究,促进教师专业发展,促进学校内涵发展的活动形态"[3] 不无道理。

"县管校聘"教师交流制度背景下,政府通过师资调配,将其他地方(学校)的骨干教师调往农村小学任教,希望通过骨干教师引领,调动受援学校的校本研究氛围,促进教师专业成长。调查发现,教师们对外校骨干教师的引领作用并不认可,觉得起到作用和起到很大作用的人仅为18.7%和1.54%,大部分的教师认为其作用一般(见图2)。

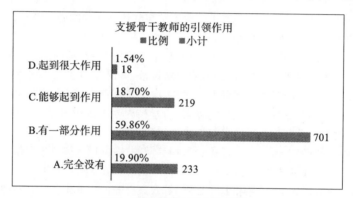

图2 骨干教师引领作用调查

阻碍支援骨干教师引领作用的主要原因(见图3)如下。

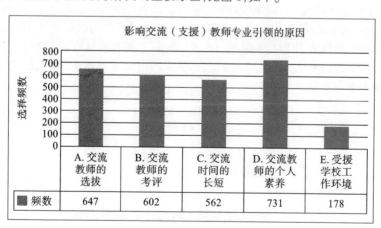

图3 影响交流教师专业引领的原因

(1)城镇骨干教师支援人数偏少,辐射面积有限。虽然不少地方政府做出了"城镇学校、优质学校每学年教师交流轮岗的比例不低于符合交流条件教师总数的10%,其中骨干教师交流轮岗的比例应不低于符合交流条件教师总数的20%"的规定,但基于我国城市、农村两极分化发展的现实,能够前往农村小学,特别是边远小学任教的骨干教师凤毛麟角。参与本次调查的教师中,共有110名为交流教师,其中来自城市的骨干教师3名,来自其他乡镇的骨干教师有29名,其余的教师均来自农村周边学校,小学之间教师的"走教"仍是学校之间开展教师交流的主要形式。省、市级骨干教师前往农村小学支援的比例远低于政府规定的骨干教师交流比例,城镇骨干教师支援人数偏少,使农村小学再次沦落到师资支援的最底层。

(2)一部分前往农村小学交流的教师并不能发挥既有的引领目标。"县管校聘"教师轮岗交流制度,希望调动城镇骨干教师到农村任教,引领农村校本教研,带动教师们成长。

调查显示,在影响城镇骨干教师在农村小学发挥作用的原因中,交流教师的个人素养、交流教师的选拔、交流教师的考评、交流时间的长短和受援学校工作环境排名前五位。①作为起引领作用的骨干教师,奉献精神、活动组织能力是必要素质,但在部分地区骨干教师评价标准中,个人专业成就占有较大比例,引领作用基本不予评价或分值较少,导致不少骨干教师仅个人专业发展较好,但作为领头雁的带动性不足。②学校对交流教师的约束有限。"县管校聘"教师交流制度下,支援教师的选拔权集中在上级人事主管部门,学校选择余地不大。受援的农村学校虽然可以评价交流教师,但奖惩权力集中在上级人事主管部门或派出学校。③前往支援的教师留教时间短,多数为一年几次的定期"送教",少数教师留下任教的时间以1~2年为周期,骨干教师很难扎根带动受援学校的教研工作。④外来的骨干教师不能适应农村学校文化。不少农村小学教师没有形成学习的习惯,支援教师在开展教研活动的时候得不到响应,积极性受挫。骨干引领的缺位,使农村小学教师的专业成长受到制约。

(二)学校间教师专业互助失衡

为实现教师专业成长,"县管校聘"教师交流制度应从师资的流动入手,促进教师相互学习,互通有无,目前教师交流方式呈现以下特点。

(1)城乡间的互助以城镇师资流向农村的支援型为主。为鼓励农村学校教师扎根农村,激励乡镇教师支援农村教育,地方教育行政机构在推行"县管校聘"教师交流的同时,出台相关配套文件,例如"评高级职称要有农村学校或薄弱学校工作经历""评市级名师和骨干教师必须到农村学校工作1~2年""设立教师补贴制度,按义务教育学校边远程度,每人每月发放不等的补贴,对农村边远学校进行每年专项补贴"等。笔者调查的187所农村小学,近5年来都接受过城镇学校"送教""支教""对口支援"等形式的帮扶。农村小学教师中表示曾经交流、"跟岗"到城镇学校工作和学习达三个月以上的仅有89名。"城乡教师交流"以城镇向农村支援的向下流动为主,没有给予农村学校教师更多到城镇学校学习和任教的机会,忽视城乡间教师双向流动的需求,教师间的互助关系不太平衡。

(2)校际的互助以"联片教研"、组建"教联体"为主要形式。"联片教研",即通过联合地理位置较近的几所小学,定期在某所学校或在学校间轮换开展教研活动,通过学校间的互助,弥补单个学校师资少,难以开展教研活动的不足。"教联体"是指几所学校通过组成联盟,整合资源,捆绑发展。"教联体"涵盖的内容不仅包括"联片教研"的教研范畴,还包括师资、物资、管理等多方面的组合。但农村小学抱团发展存在缺少核心团队、缺少梯队建设、缺少规范等关键保障问题,教师的互助团队组织较为松散,难以支撑农村教师内生发展的需要。

(三)行政部门组织的教师在职培训有待调整

"县管校聘"教师交流还承担提高农村师资水平的任务。在此背景下,县级教育行政部门不仅将教师轮岗交流的调配集中到县级部门,同时还统筹城乡教师培训工作。师训权力的上移,在一定程度上增加了农村教师外出学习的机会,提高了培训的档次,但也存在不少问题。

(1)培训方式有所丰富,但针对性不强。调查显示农村小学教师认可的学习培训形式(见图4)依次为跟岗学习、集中培训、校本研修、网络培训、自学和其他,而行政部门常使用集中培训、网络培训、外出观摩等培训方式,与教师认可的培训方式有出入。

选项	排序平均综合得分
C.跟岗学习	4.67
B.集中培训	4.57
A.校本研修	3.68
E.网络培训	3.26
D.自学	3.06
F.其他	0.71

图4 教师认为较为有效的培训形式

跟岗学习作为教师们较为认可的"边做边学"的典型方式,在一定程度上能够加快学习者理论知识的转化以及默会知识的领悟。集中培训可以让农村小学教师从繁杂的工作中解放出来,较为集中地学习教育理论,解决日常学习时间割裂、学习内容碎片化的问题,因此得到教师的普遍认可。但跟岗学习和集中培训均要求脱岗学习并保持一定时间。农村小学教师工作量普遍较大,多学科教学、跨学段教学是常态,不少寄宿学校的老师还承担学生生活管理的任务。调查显示1171名农村小学教师中,表示工作非常繁重的教师有132人,占比11.27%,表示工作比较繁重的有725人,占比61.1%,表示工作量合适的有258人,占比22.03%,表示比较轻松和非常轻松的人占比仅为4.61%和0.17%。繁重的工作使农村小学教师很难集中精力从事专业学习,加之培训路途遥远,脱岗培训后学校难找代课教师,农村小学教师对占用工作时间的培训热情有所减少。

(2)培训机会总量增加,但培训内容笼统且培训机会分布不均。一是培训内容笼统,对培训对象的认知基础和工作环境等因素的考虑不够充分。将农村教师和城镇教师作为统一体进行培训,忽视了农村小学教师和城市小学老师不同的学习需求。二是培训机会分布不均。调查中约21.25%的农村小学教师表示,近3年来自己从来没有参加过外出培训,表示参加过1~5次的教师占比66.27%,表示参加过6~10次的教师占比7.94%,而表示参加10次以上外出培训的教师占比4.44%。外出培训机会少于5次的教师多集中在临近退休教师和入职5年左右的教师。值得注意的是,入职5年左右的教师是其专业发展的第一个关键期,调查中,不少教师表示自己在参加新教师入职培训后,外出学习的机会就明显减少,直到成为校领导、骨干教师后,参加培训的机会才有可能增加。根据对湖北省教育厅网站公布的"湖北省中小学教师素质提高工程"项目的统计,农村教师培训项目主要包括农村骨干教师置换脱产学习、省外高端研修、特级教师巡回讲学、农村紧缺学科教师短期集中培训、农村中小学教师远程培训、乡村种子教师培训、新招录教师培训、班主任(教务主任、校长、全科教师)培训、乡村教师访名校、中心校校长和乡镇初中校长挂职培训等,这些项目主要针对校领导、班主任、骨干教师和新入职教师,对事业发展初期的教师帮扶项目明显不足。总之,通过政府培训项目和问卷数据的对比发现,专项培训还不能满足教师需要,教师分类别、分层培训发展不均。

(四)教师专业发展缺少自我规划

教师的专业发展规划是教师实现自我发展的必要途径,更是教师专业自觉的发端。农村小学由于地理位置等客观原因,环境较之城镇学校更为封闭,即使在城乡教师交流背景下,仍然有不少教师对个人的专业发展没有系统规划。问卷显示,受调查的农村小学教师中仅1.54%的教师表示对自己的专业发展做了详细规划,表示做过专业发展规划的教师约19.13%,思考过专业发展规划的教师约66.61%,完全没有考虑专业规划的有12.72%,具体表现为以下几点。

(1)理论学习缺少计划。老师们的专业学习基本以外部推动式学习为主,主动学习者较少。信息来源渠道有所丰富,但内容呈碎片化,不能形成体系,导致教师对新理念、新方法等理解不透。在与外校交流的过程中能够获得部分新的教育信息,但多为感性认知,将理论学习和实践感知融合的系统化学习较少。

(2)课堂教学钻研不够。课堂教学可以集中反映教师的个人素质和学习成果。笔者随堂听课发现,除部分教师教法陈旧、照本宣科之外,也存在教师对课堂教学改革不得要领,生搬硬套,机械模仿某一教学模式的现象。教师对新课改关键环节、问题设计等没有深度思考,往往从个人角度设计教学,忽视学生的理解和认知水平。

(3)对个人职业发展目标定位模糊。部分中青年教师对未来职业发展比较迷茫,认为农村教师评职称难、机会少,没有为自己制定近期或中长期的发展目标。

三、"县管校聘"教师交流背景下改善农村小学教师专业发展的思考

(一)改进管理机制,探索以教师为本的生态化管理

(1)建立责任明晰的执行机制。教师交流制度是"县管校聘"教育改革的下位制度,"县管校聘"是教师交流制度的基础。地方政府对"县管校聘"的管理存在差别。以H市为例,县(市、区)教育部门有的专门建立"教师发展中心"来管理教师交流与培训等事务;有的地方没有单列相关机构,仅是在权责上进行了新的划分,将原教师管理机构的权限扩大;还有的地方仍然由县级教育行政部门通过文件规定,号召学校每年按比例和指标分派教师参与交流轮岗……无论何种方式,均体现了"县管校聘"教师管理行政执行的差异。因此,县级及以上教育行政部门有必要厘清相关概念,划分相应权责,为"县管校聘"教师交流的执行扫清制度障碍,为农村教师专业发展创造良好的制度环境。

(2)落实部门联动的运行机制。教师交流制度是"县管校聘"教师管理制度的一部分,并非孤立的教育改革,地方政府在执行相关规定时,需要从顶层设计,全面修订配套制度,例如农村教师招聘、支援教师选拔以及教师交流轮岗要求等。县级教育主管部门要从全局出发,通过"县管校聘"使全区教师队伍在年龄、学科、学历、职称等各方面形成比例科学、梯队发展的合理结构。严控教师队伍入门底线,破除"新毕业教师到农村小学或薄弱小学任教,工作多年后中心学校或周边大学校择优选用"的惯例,通过选派优秀教师团队到农村小学任教,为教师队伍整体提升奠定基础。此外,为保障义务教育的公平性,在一定时期内对农村小学教师提供专门制度支持,例如教师津补贴、教师编制核定、教师培训等,通过外部激励和支持,优化教师队伍,促进教师良性流动,通过学校改革和学习团队建设,促进农村小学教师自主专业发展。最后,对于直接关系农村小学管理和支持农村教师专业发展的农村中心校,县级教育行政部门有必要在"县管校聘"教师交流制度背景下对其地位进行重新定义,避免教师管理上的冲突、教师交流执行上的"走空"等问题,真正实现农村小学教师专业发展管理上的通畅。总之,建立服务农村小学教师发展的协调运行机制,是落实"县管校聘"教师交流、促进农村小学教师发展的重要保障。

(3)探索共同改进的发展机制。"县管校聘"教师交流制度的建立,源于社会对教师专业发展和学校教育质量提升等基本需求。农村小学教师通过"县管校聘"实现个人专业的进步。农村小学"教联体建设""片区走教""联片教研""定点支援",都是尝试打破学校壁垒,学习外校管理经验的模式。此外,作为"县管校聘"教师交流制度的主导,行政部门要树立教育治理理念,在推行制度落实时注意信息的反馈,不断调整制度和改进工作方法。总之,教师、学校、行政机构都要以共同改进的思维实现良好发展。

(4)鼓励开放多元化的支持机制。目前我国各地执行以政府支持为主的农村教师培训机制,是农村小学教师培训的首要保障。令人欣喜的是,H市部分县(市、区)鼓励企业投入资源,协助农村教师专业发展。有部分县(市、区)政府出资,返聘退休的地

方特级教师作为"青蓝工程"的导师,指导农村青年教师和边远小学教师的课堂教学。以上都是地方引入更多资源支持农村教师专业发展,打造政府主导、社会参与的开放式多元化的教师专业发展平台,服务农村小学教师专业成长的有益尝试。

(二)改善"教联体"建设,提升农村小学教师学习环境

"教联体"可以中心校为核心,组织周边小学教师定期开展学习研究活动,也可以某一所稍大规模的学校为中心开展定期教研活动,摆脱单个小学因教师人数少,互助团队难以建立的困境,为农村小学教师专业发展提供更为广阔的合作交流和学习平台。

(1)落实制度建设,实现教研和学习活动的规范管理。重新认识中心校的组织与管理作用,落实"教联体"监督与考核。发挥中心校联合辖区教学点、村小等小学的传统优势,定期对"教联体"的学校进行考核,奖励骨干教师及其团队,规范教研活动和学习研究的开展。

(2)紧抓团队建设,打造农村小学骨干教师队伍。选拔骨干教师组成学科核心团队,负责"教联体"的本土化实施。发挥"县管校聘"教师资源调配的宏观调控作用,分层、分批派出农村小学的骨干教师到城镇学校进行不少于3个月的"跟岗学习"和"实践学习",逐步改变城市学校支援乡村学校的单一流动格局。

(3)扩充专业引领,吸引优势队伍支持教师专业发展。依托教师交流和对口支援,请进城市骨干教师资源参与片区教研,将"支教""名师示范""名师讲团"的引领辐射从单一学校扩大到片区,使更多教师受益。整合专家资源,统筹县域内专业引领的示范工作,将地方教研机构、名师工作室、外聘高校专家引入农村小学师资培养体系,通过开展有针对性的学习研究活动,如现场指导、课堂诊断、课题研究、网络研修、学习沙龙等,从实践感悟和理论学习两方面促进农村小学教师的专业发展。

(三)从整合入手,调整农村小学教师专业学习路径

(1)加强多种学习方式融合的农村小学教师主题性学习。

尊重教师学习的特殊性,将教师基于教育真实场景的集体备课、校本教研、评课议课、学习研讨、网络研讨等正式学习与非正式学习有机结合。围绕贴近教师工作生活的教学改革、教学改进等,鼓励教师开展以问题为导向的主体性教学研究。农村小学教师可以选择感兴趣或教育教学中亟待解决的问题,例如农村学校分层教学、农村学校寄宿学生管理、留守学生心理辅导、项目化学习设计等研究主题,和校内外教师组成研究团队开展草根性的"小研究",通过主题性的研讨活动促进研究、反思和学习。

(2)关注教师专业发展阶段的农村小学教师持续性学习。

一是关注教师群体特点,因地制宜优化资源,开展农村小学教师分类研训。鉴于农村教师队伍构成的复杂性,以行政为主的集中式教师培训不能满足农村小学教师队伍专业学习的需求。可以区别各地情况,探索多种形式的教师分类学习。如根据教师专业发展周期开展跟踪指导,根据教师既有教学水平开展提升学习,根据教师专长开展定点培训等。

二是关注教师发展各阶段特点,开展有针对性的交流合作项目。如针对新入职教师开展农村小学岗前培训,针对成长期教师开展"提升工程",指导骨干教师开展教育研究方法的实践学习等。鼓励地方开展农村小学教师专业发展的跟踪服务,体现"县管校聘"的"县管"优势,发挥师训地方特色,如鼓励探索农村小学联盟、农村中心校引领、支援学校对口帮扶等灵活多样的地方性学习项目。

三是关注教师专业学习的连续性,激发教师专业发展的自主意识。"县管校聘"教师交流制度背景下,无论是"跟岗学习""结对帮扶",还是"定期轮岗""协作交流",教育行政部门、学校以及教师个人都应该注重个人的专业成长档案建设。有条件的县(市、区),应该由政府主导,建立农村教师专业发展数据库,与教师职称评审、教师轮岗交流、教师培训、师资调配等结合起来,整体把握教师队伍发展情况,针对性地开展农村小学师资建设,实现县域内农村小学师资的可持续发展和整体提升,推动农村小学从"外援"到"内生"质量提升的转变。

总之"县管校聘"教师交流需要系统性把握农村教育的特点,发挥"县管"优势,发挥"校聘"专长,才能为农村小学教师专业发展创造更好的外部环境,激发教师自身专业意识。希望更多地区能够关注农村小学教师专业发展,开展更多有意义的实践研究,服务教师群体,服务农村教育。

参考文献

[1] 教育部,财政部,人力资源和社会保障部.教育部 财政部 人力资源和社会保障部关于推进县(区)域内义务教育学校校长教师交流轮岗的意见[EB/OL].(2014-08-15). http://www.moe.gov.cn/srcsite/A10/s7151/201408/t20140815_174493.html.

[2] 教育部,中央组织部,中央编办,等.教育部等六部门关于加强新时代乡村教师队伍建设的意见[EB/OL].(2020-08-28). http://www.moe.gov.cn/srcsite/A10/s3735/202009/t20200903_484941.html.

[3] 中共中央 国务院关于抓好"三农"领域重点工作确保如期实现全面小康的意见[EB/OL].(2020-01-02). http://www.gov.cn/gongbao/content/2020/content_5480477.htm.

[4] 潘国青.学校教育科研中的专业引领[J].教育发展研究,2004(10):79-83.

微讲座在中小学教师培训中运用的有效路径探析

严娜

黄石市教师发展中心

摘　要：微讲座是一种短小精悍、针对性强的讲座形式，通常时间控制在10～30分钟，针对某一特定主题或问题进行深入探讨，内容精炼、重点突出，有助于教师深入理解和掌握知识。本文探讨了微讲座在中小学教师培训中运用的有效路径。通过深入分析微讲座的特点，结合中小学教师培训的实际需求，本文提出了微讲座在培训中的具体应用策略，并探讨了其在提升教师培训效果方面的作用，旨在为中小学教师培训的创新和发展提供参考和借鉴，提升整体的培训效果。

关键词：微讲座；中小学教师培训；有效路径；应用策略；培训效果

伴随着教育信息化进一步推进，教师培训模式不断革新。微讲座这一新兴培训方式因其针对性和灵活性等优势在中小学教师培训领域逐渐引起重视。微讲座以较短的时间集中反映某一话题或对议题进行深度解析，能有效地促进教师专业素养与教学能力的提高。因此探讨微讲座应用于中小学教师培训的有效途径，对提升教师培训效果和促进教师专业发展有着十分重要的意义。

一、微讲座应用于中小学教师培训的特点与优势

（一）特点

在中小学教师培训实践过程中，微讲座这一新兴培训形式显示出独特鲜明的应用特点。一是微讲座以"微"为"精"。与传统的长时讲座相比，微讲座的时长通常被严格限制在30分钟到1小时之间，这使得培训内容变得更加集中和简洁，能快速关注特定教育教学问题或者技巧。这一"微"特征既顺应了现代教师工作生活的快节奏，又方便了教师在短期内获得优质信息与知识[1]。二是微讲座注重互动性与参与性。与传统的"导师讲述，教师倾听"的模式不同，微讲座通常更加注重参与者的互动和讨论。授课时，主讲教师通过设问、设案或者实践活动等方式引导教师思考与探讨，以调动教师学习的积极性与主动性。这种互动性与参与性既能促进教师学习效果的提高，又有利于形成一种较为积极、主动的培训氛围。三是微讲座还具有灵活性、多样性等特点，在

培训内容选择方面,微讲座可根据教师需求与兴趣灵活调节,以适应不同水平与学科教师培训的需要。从培训形式看,微讲座可采取线上线下相结合的形式开展,方便教师按时间、地点安排。同时,微讲座还可以结合其他培训形式开展,如工作坊、研讨会等,形成多元化的培训体系。四是微讲座强调实践性与应用性。培训期间,微讲座既重视理论知识的教学,又重视实践技能的训练与应用能力的提高。微讲座通过案例分析和实际操作等多种手段,能有效地协助教师将他们所掌握的知识应用到教学实践中,从而提升他们在教育和教学方面的能力与水平。

(二)应用优势

微讲座对中小学教师的培训显示出了许多优点,最突出的就是它的高效性。微讲座因其短暂的时间和高质量的内容,能在有限的时间里传递众多有价值的信息,从而提升培训的效果。这对工作忙碌的中小学教师而言显得格外重要,教师们能够在限定的时间里获得最新教育理念、教学方法以及教学资源。

另外,微讲座通过对讲座内容与形式的精心设计,能根据教师的实际需要与疑问做出准确的回答与引导。这种有针对性的培训方式更能满足教师个性化的需求,增强培训效果。微讲座还有互动性和参与性等优点。通过互动讨论和实践操作,可以激发教师学习兴趣与主动性,增强教师学习积极性与参与度。这种互动性与参与性既有利于促进培训效果的提高,也有利于形成一种更活跃、更公开的学习氛围。微讲座有灵活多样的优点,从培训内容与形式来看,微讲座可根据教师的需要与兴趣灵活调整,以形成多样化的培训体系。这种灵活性与多样性可以适应不同教师对培训的需要,增强培训的针对性与实效性。

二、微讲座运用于中小学教师培训的策略

(一)选择培训主题

培训主题选择直接影响微讲座开展的针对性与实效性,也是保证培训效果至关重要的一环。一是选择培训主题要从教师的实际需要出发。教师培训以促进教师教育教学能力提高为目标,所以培训主题选择一定要紧紧围绕教师实际需要,通过深入调查研究和与教师交流,了解教师教育教学中存在的困惑和问题及其发展需要。选择培训主题要凸显教育热点与前沿,教育这一领域在不断地发展,各种新型的教育理念、教学方法与技巧层出不穷。在培训主题的选择上,要聚焦于当下教育领域中核心素养培养、教育信息化、课程改革等热点与前沿问题。通过对这些热点、前沿问题的介绍,激发教师学习兴趣、开阔教育视野、提高专业素养。二是所选择的培训主题要突出实践性与应用性。培训旨在促进教师教育教学能力的发展,所以培训主题一定要重视实践性与应用性[3]。选择培训主题时,应优先选择与教学实践密切相关并有实际应用价值的内容。比如,可根据目前课堂教学中出现的一些问题设计出相应的培训主题,来帮助教师掌握高效的课堂教学方法与策略。

(二)灵活多样地展示培训内容

受微讲座时间的限制,培训内容如何在限定时间内有效地展现出来就成为值得探

究的课题。方法如下。①培训内容灵活多样地展示应借助于各种教学手段。在传统讲授方式之外,培训内容可通过案例分析、角色扮演和小组讨论等教学手段进行展示。这些教学手段能激发教师学习兴趣,提高教师参与度,使教师对知识有更深刻的理解与把握。②灵活呈现培训内容,须关注其逻辑性与条理性。微讲座的设计要充分考虑到内容的逻辑性与条理性,保证内容间的连贯性与层次性。可利用思维导图、流程图等工具对内容结构进行梳理,以帮助教师掌握培训内容中的要点与难点。③培训内容灵活多样地呈现应充分利用多媒体资源。可利用 PPT、视频、音频等多媒体资源将培训内容展现出来,让内容变得更生动、更形象。为使培训内容灵活多样地展现出来,组织者可通过各种手段,比如提前备好丰富的教学材料,开发多媒体资源;邀请教学经验丰富的教师担任主讲人,保证内容权威专业;培训中设互动环节,引导教师参与研讨、交流经验,增强培训互动性、实践性。

(三)重视互动交流

互动交流是增强培训效果至关重要的一环,是调动教师学习兴趣与主动性的重要手段,可通过以下措施进行。一是设计高效的互动环节。可设置提问环节、小组讨论、角色扮演等,以激励教师主动参与讨论与交流。这些互动环节可以引发教师思考与表达,提高教师参与度与学习效果。二是建立完善的沟通机制。培训期间,组织者要与教师形成良好的沟通机制,对教师提出的问题、困惑要及时回答,并搜集教师的反馈意见。同时搭建微信群、QQ 群等交流平台,便于教师课下不断交流经验。三是营造活跃的学习氛围。组织者可采取各种手段营造积极向上的学习氛围,比如采取激励措施,对优秀学员进行奖励,成功案例分享等。这些举措可以调动教师学习的积极性与热情,增强学习效果。

(四)设定模块化的内容

模块化内容设置是科学系统的手段,可以保证培训内容有序且针对性强。方法如下。一是把培训内容按某种逻辑关系进行划分,构成多个相对独立而又互相联系的教学单元。这一划分方式可以帮助教师明确各教学单元的教学目标、教学内容及教学要求,以便更好地学习与吸收。设置模块化内容时应遵循教育教学规律与教师培训需求相结合,保证每一个单元有鲜明的主题、目标与内容。二是为保证模块化内容科学实用,可采用如下具体做法。①分析需求,以调查、访谈的形式了解教师实际需求及教学中存在的问题,以明确模块化内容及要点。②要制订周密的教学计划,确定各单元教学目标、教学内容、教学方法及评估方式等,以保证教学内容的系统性与完整性。③设计多样化教学活动,例如案例分析、角色扮演、小组讨论来激发教师学习兴趣,增加参与度。④利用多媒体资源和技术手段,如 PPT、视频、音频等,使教学内容更加生动形象,提高教学效果。

模块化内容的设定应注意如下几点。①模块间衔接要紧密,保证不同模块间内容的相互联系和相辅相成,构成一个整体培训体系。②模块内容在深度与广度上要根据教师实际需要与教学水平做适当的调整,以保证内容不过于简单或复杂。③模块内容需要不断地更新与改进,以满足新的教学需求与挑战。

(五)体现教学问题

(1)深刻认识教师在实际教学过程中存在的问题。具体可采取的方式有:组织座谈会、问卷调查和个别访谈。通过这些途径,搜集教师们所反映出的各种教学问题,例如教学方法失当、课堂管理难度大以及学生参与度低等。为了解决上述问题,可设计出相关微讲座,并给出具体解决措施与策略。

(2)微讲座对体现教学问题的解释与引导要注意实用性与可操作性。可请教学经验丰富的教师或者专家作为主讲人进行授课,并根据具体案例,向教师们提供具体操作方法与技巧。同时也可设置互动环节,鼓励老师们提出各自的疑问与疑惑,并与主讲人沟通探讨。另外,为保证微讲座的针对性、实效性,可以事先搜集老师们反映出来的教学问题,并加以分类整理与分析,从而做出针对性的解释与引导。

(3)建立问题反馈机制以激励教师持续提问,并建言献策,从而持续改进与完善微讲座的内容和方式。加强与其他培训形式的结合,如案例分析、课堂观摩等,形成多样化的培训体系,全面提升教师的教学能力。

(六)跟进反馈

通过跟进反馈可及时掌握教师培训效果及学习情况,以便于后续改进与完善。方法如下。①建立高效的跟进反馈机制。具体可采取的方式有很多,比如问卷调查、个别访谈和教学观摩。通过这些途径,能够搜集教师对微讲座所给予的评价、看法与建议及其训练之后的教学实践与思考。这些反馈信息对评价微讲座效果、完善微讲座的内容与方法都有很大的意义。②注重教师的实践应用。培训结束时,可请老师提交教学反思和教学案例,了解其实际运用成效。同时也可举办教学观摩活动,请其他教师对受训教师的教学实践进行考察与评估,并向其反馈意见。③为保证跟进反馈有效、及时,需要制定一个详尽的反馈跟进计划,明确反馈的具体时间、方法、内容以及目标。④加强与其他培训方式和教育资源的融合,创建多途径的反馈路径,以确保反馈信息的精确性和完整性。要及时对反馈信息进行处理与分析,并对出现的问题与不足及时加以改进与提高,以保证微讲座工作的不断优化与推进。

参考文献

[1] 彭学明,李霞.新时代中小学教师培训的路径探究[J].教育科学论坛,2024(08):23-27.

[2] 黄澄辉.中小学教师培训精准评估的逻辑演进与路径建构[J].福建教育学院学报,2023,24(11):116-118.

[3] 李威.区域性中小学骨干教师培训的有效性探究[J].吉林省教育学院学报,2023,39(11):23-27.

中小学音乐教师职后专业发展探究

吴扬

黄石市第十七中学

作者简介：吴扬，黄石市第十七中学一级教师，华中师范大学教育系硕士研究生。

摘 要：音乐教师是音乐教育的实施者，促进音乐教育的不断发展需要重视音乐教师的职后专业发展问题。在现今音乐教育背景下，众多优秀的音乐教育师范生进入工作岗位，但在实际的音乐教学中，其上岗前的理论知识完全不足以支撑工作需要。

关键词：音乐教师；职后专业发展；中小学教师

A Study of In-Service Professional Development of Music Teacher inPrimary and Secondary Schools

Wu Yang

(Huangshi No.17 Middle School, Huangshi, 435000, China)

Abstract: Music teachers are the implementers of music education, and it is necessary to pay attention to the post-service professional development of music teachers to promote the continuous development of music education. In the context of music education today, many outstanding music education normal students have entered the workplace, but in the actual music teaching, the theoretical knowledge before taking up the job is completely insufficient to support the needs of the work.

Key words: Music teacher; In-service professional development; Primary and secondary school teachers

教师专业发展是现代教育发展的必然产物。教育担负着为国家培养栋梁的重要任务，因此教师的专业发展也是迫在眉睫。然而长久以来，教师的职前职后专业发展是脱节的。[1]职前的音乐教师在高校中学习的是音乐专业知识，实践知识明显欠缺。书本上的理论知识对于职后的专业发展远远不够，作为一名合格的教师，更加需要的是实践与理论知识相结合。且音乐教师的工作不仅仅是上课,还需要组织学生举行各种文艺活动,所需要的能力是全方位的。职后的教师专业发展涉及多个方面,因此教师要树立终身学习的思想理念,不断精进自身的教学能力、专业能力,了解教育规律,提高教科研能力,在教学中不断地进行反思和创新,不断地向他人学习,促进自身职后的专业发展。

一、理论依据

(一)教师专业发展理论

教师专业发展是教师作为专业人员从专业思想到专业知识、专业能力、专业心理品质等由不成熟到成熟的发展过程,即由一个成长型教师发展成为专业型教师或者教育家型教师的过程。伯利纳提出了教师发展的五阶段理论。第一阶段是新手阶段,教师刚刚走上工作岗位,处理问题刻板,这一阶段主要是了解与教学相关的实际情况,积累教学经验。第二阶段是熟练新手阶段,即具有两到三年教学经验的教师,学会了将实际情况与理论知识相结合,但还不能很好地区分教学情境中的信息。第三阶段是具有三到四年教学经验的教师,经过教学实践以及职业培训后,能够明确教学目标,对教学更有责任心,但教学行为还不够流畅。第四阶段是业务精干阶段,教师积累了丰富的知识和教学经验,教师技能达到认知自动化水平,教学行为流畅。第五阶段是专家阶段,仅有少部分教师可以达到,此时教师能够做到教学技能自动化以及教学方法多样化。因此教师专业的发展离不开系统的理论学习、完善的技能训练、科学的自我反思以及自觉的科学研究,其中重要的是不断通过实践训练,提高教师的专业素养及能力。

(二)生态系统理论

生态系统理论是美国学者尤里·布朗芬布伦纳(Urie Bronfenbrenner,1917—2005年)提出的,他认为个体发展受到其他直接或者间接联系的生态环境的制约,这种生态环境是由若干个相互镶嵌在一起的系统所组成的。这给职后音乐教师的专业发展提供了新的思路,即职后音乐教师不要将音乐教育教学仅仅局限于课堂中,要将其融入学校、家庭、社会中。在学校,与相同或者不同学科的教师交流,可增加教学经验;在家庭中,音乐教师与家长沟通学生学习音乐的情况,可促进孩子的音乐学习,同时邀请家长来学校参加音乐活动,增进老师与家长之间的沟通;在社会中,策划与社会相关的音乐活动,激发学生学习音乐的兴趣以及提高学生们的社会责任感,邀请社会成员加入学生的音乐课堂,丰富教学资源。因此,个体的发展不仅受到与其直接相关的个体影响,还受到社会环境相互作用的影响。[2]

(三)终身学习理论

终身学习即指一个人从出生到老死都要持续不断学习的一个过程。在当今这个信息化高速发展的社会,不学习就会被社会淘汰。教师作为为祖国培养人才的人,更需要跟随时代的进步与发展,学习先进的信息技术手段,丰富教学课堂,崇尚科学精神,在行动上自觉继续学习。《中小学教师职业道德规范》也提出了教师终身学习的目标。终身学习是时代发展的要求,也是教师职业特点所决定的。教师必须树立终身学习理念,拓宽知识视野,更新知识结构,潜心钻研业务,勇于探索创新,不断提高专业素养和教育教学水平。[3]

二、中小学音乐教师专业发展问题及原因分析

(一)学校因素

1. 音乐教师教学呈现分散趋势

由于学校音乐课的设置为中学每周一节,小学每周两节,为保证每位教师的工作量饱和,一般的中小学仅有两到三名音乐教师,规模小的学校甚至仅有一名音乐教师。由此看出,音乐教师的音乐教学跨度大,学生的差异性大,每周的备课量也比其他科目教师的备课量大,这对于年轻的音乐教师的确是不小的挑战,从备课到上课,最后到反思,每一步他们都要认真准备,容不得半点马虎。对于有经验、年龄较大的教师,他们也表示身体会吃不消。这种跨度大的音乐教学并不适合教师们的专业发展。

2. 课时待遇以及评定职称与其他科目教师差距大

由于音乐学科不属于中考科目,因此音乐学科的课时待遇与其他学科的课时待遇相差较多。且在评定职称方面,学校更多是向中考科目以及小学语数学科倾斜。因此,音乐教师的整体发展环境并不理想。

3. 学校可提供外出培训机会少,成效有限

通过与中小学老师们的沟通得知,由于音乐并不是中考学科,因此学校较少让音乐教师外出培训学习,仅有一些区、市近距离的培训才会允许音乐教师们外出参加。并且外出培训后各学校老师们之间的交流不够,在教学上的成效有限。

(二)教师因素

1. 自身专业知识不足

从调查以及访问中了解到,有部分教师并没有专门的音乐院校学习以及培训背景。一堂优质的音乐课不仅是让学生学习到这堂课上的音乐知识,更需要激起学生学习音乐的热情,在课下可以运用到所学习到的音乐知识去分析作品,同时自己可以去创造音乐作品以及学习新的音乐作品。而囿于教师的水平,这一点很难实现。

(1)忽略学生音乐基本知识的教授。

教授小学中高年级音乐课程的音乐教师反映,很多学生到了小学四、五年级仍然不会识谱、唱谱,对待节奏也是完全不会。与教授小学一、二、三年级的教师交流得知,学生年龄太小,一周仅有两节音乐课,课堂上太闹腾,学生很难静下来。因此,上课基本以教唱为主,学生会被教师弹的琴声吸引,跟着教师学唱,教师唱的音高和节奏怎样就是怎样,只知道作品这么长,却不知道其中的奥秘。对于基本的乐理知识,教师也仅是提一提,学生记住了就记住了,学生没记住教师也不会过多强调。

(2)课堂教学不够灵活,缺乏趣味性。

在学校的音乐课堂上,仅在公开课中才会看到教师丰富的教学手段,在平时的音乐课堂中,教师仅会口头简单地传授乐理知识,并没有想办法利用学生感兴趣的方式让学生对音符有更加深刻的认识,对音乐有更加浓厚的兴趣,从而导致学生认为音乐就是一门无关紧要的课程,学不学对他们来说没有多大影响,他们并没有认识到音乐在他们的一生中同样也是不可或缺的。

(3)缺乏对音乐文化的了解

在学习一个国家的音乐时,当教师向学生介绍这个国家的文化时,学生会有更多的兴趣,从而提高学习积极性。然而在学校的音乐课堂上,我们很少听到教师会给学生讲国外的文化是怎样的,每个国家的音乐风格各不相同的原因。通过与教师们交流得知,有些音乐教师自己对其他国家的音乐文化也不是很了解,再加上平时的工作以及家庭生活较忙,也几乎很少去查资料知晓这些内容。

2. 自身专业教学技能欠缺

21世纪是一个信息技术高速发展的时代,多媒体走进了每位老师的课堂,然而对于一些年龄较大的音乐教师而言,重新学习如何运用多媒体做出高质量的课件无疑是一件难事,他们更倾向于一台录音机、一架琴以及粉笔和黑板的课堂。但是对于年轻的教师而言,他们没有老教师们全面发展的专业技能,由于职前在学校的培养有限,有些教师不会舞蹈,有些教师不会钢琴、排练合唱,等等。这些专业技能都需要他们在职后的专业发展中不断地学习成长。

3. 年轻教师缺乏职业认同感

通过与教师们交流得知,基本上年轻教师都有跳槽辞职的想法,甚至有些年轻音乐教师是因为家里的强烈要求才进学校当老师的。出现这种现象的原因一方面是音乐教师在学校的地位较低,平时上课如果有其他教师占课,音乐教师基本都要让,因为音乐课是不参加考试的课程,并且有些教师占课不上课,让音乐教师照看学生做其他科目的作业;另一方面是音乐教师的待遇问题,音乐教师的课时津贴较低以及他们在评职称时处于弱势地位,这种现象长时间以来一直没有任何改变。总之,整个学校的大环境对于音乐教师来说并不是那么友好,因此音乐教师的职业认同感较低。

(三)社会因素

从现在的大环境来看,音乐在社会上的关注度并不高,体育被纳入中考已经有十余年的历史,而音乐至今也没有受到一定的重视。近些年,人们的物质生活水平飞速发展,有些家长开始注重孩子的艺体素质培养,学习音乐的孩子日趋增加,一是家长认为别的孩子也在学,我的孩子不能不会;二是家长对于孩子学习艺术的态度就是会一些东西总比不会好,至于学得好不好就不考虑了,并且到了初中有的甚至只学了几年就会放弃不学,原因是浪费时间,要为其他的学科让路。甚至有些孩子向家长抱怨学习音乐太难,家长认为自己的孩子也不一定要当音乐家,学着玩玩就行了,于是转头就让孩子去学习画画或者其他项目。因此,家长对于音乐兴趣班的态度也是敷衍,并未想让孩子安心认真学习音乐。由此看出,社会对于音乐教育并没有重视。学校的音乐教育未被社会考核,艺术教育的氛围也并不浓厚,这些对于职后的音乐教师的专业发展都甚为不利。

三、中小学音乐教师职后专业发展策略分析

(一)学校方面

1. 减轻教师教学负担,使教学精细化

学校在进行常规教学检查时可侧重检查教师的备课以及教学课件。教师们每一年在所带年级中找到一个年级的内容作为侧重点,每一课都做详细的教案以及多媒体课件,找到尽可能多的资料来补充本课的内容,课后及时进行反思。教师的发展更重要的是实践的知识,而这些知识并不是仅通过课堂完成,还需通过不断吸收音乐教研新成果和探索有效的教学方法,结合自身经验,不断进行课堂上的反思和改进。[4]反思可小到上课时的一个小细节,同时也可以是对某一类课型的教学总结,对于新手教师而言,反思是必不可少的。另外,其余年级的内容可向有经验的教师请教,与他们及时沟通、交流,以弥补自己教学上的短板,对于重要但自己不懂的问题也可以多利用互联网来寻求答案。

2. 积极与校长们沟通,得到理解和支持

校长是学校各项制度的制定者和实施者,是学校管理的主要决策者,学校的办学质量以及教师的专业发展都与校长息息相关。[5]但是校长并不一定对每个学科都有详细的了解,因此,也很难制定出让所有教师都满意的津贴待遇制度。为了让学校领导以及校长对音乐学科有一个新的了解,音乐教师可邀请校级领导来听公开课,让校长亲身感受音乐教师的课堂,了解真正的音乐课堂。

3. 均衡支出,获得学校支持

从调查了解到,大部分教师并不排斥外出学习,相反中青年教师乐意外出学习来不断提高自己的教学能力和专业水平。然而,学校有时会因为经费原因而让音乐教师放弃这些学习机会。通过了解,有些教师认为外出所接受的培训对自己的帮助很大,让自己学习到了新的教育理念以及教学方法,并且看到了优秀教师的课堂实战的风采,感受到自己与他人的不足,以帮助自己在后面的教学中不断地精进个人能力和水平。因此,教师可以与领导进行协商,外出培训的费用可以与学校商量决定,得到学校方面的支持。教师通过培训,上课能力得到提升,自身的专业能力在不断地进步发展,这些让领导们一步步看到,才能让他们开始逐步关注音乐学科的教学情况。

(二)教师自身方面

1. 利用信息技术提高教师专业水平以及丰富课堂教学

当今时代是高速发展的信息化时代,互联网极大地方便了我们的生活,人们坐在家中就可以了解世界之事。同样,教师们可以利用互联网在网上看到其他优秀教师的教学案例,观摩其教学过程,找寻课堂亮点并转化运用至自己的课堂教学之中。时代是在不断进步发展的,音乐教学同样如此,很多老教师表示自己在教学中也经常"啃老

本",一方面是很少外出学习,另一方面是想学习却没有途径。通过互联网,教师可以在网上找寻自己需要的课程内容进行学习,可对自己的专业知识以及专业技能进行多方面的提升,年轻教师可以学习自己所缺失的合唱培训技能、舞蹈编排技能以及更多的教学技能,老教师同时也可以学习课件的制作、教学方法以及新的教学理念。教师的专业发展已经不仅仅局限于向学校内的教师请教与学习。互联网的运用,拓宽了教师的专业发展途径,让教师们的专业发展更加全面且便捷,并且近几年来,黄石市也在逐步推行网络培训,使培训的受众面更广,受益的教师日趋增多。

2. 向其他学科教师学习,形成综合性发展

义务教育艺术课程标准的课程理念提出突出课程综合。[6]课程综合是现代化教育的发展趋势,音乐课的综合可以是音乐教学自身的综合,例如将乐器创作、欣赏、表演等形式融入课堂教学,也可以是与其他艺术课程的综合,例如舞蹈和美术以及体育,音乐与简单的舞蹈律动融合,音乐与简单的美术融合。音乐可以与语文、环保、英语等一系列非艺术类学科进行综合,例如语文的诗朗诵、以爱护环境为主题开办艺术晚会以及表演音乐剧。[7]以上可以看出音乐课并不仅仅只是我们课堂中所见到的唱歌教学,音乐课程的内容可以丰富多彩,与其他课程进行综合,不断形成一个"大艺术"的教学理念。有了这些综合元素的应用,才能真正激发学生全面学习音乐的想法。音乐教育是素质教育的一种,它反映了人们的思想、情感并且渗透在每个人的生活之中。因此,音乐教师的专业发展不能仅局限于自己专业上的发展,同时也要向其他学科教师学习,提升自己教学的专业性和趣味性。

除了可以向其他教师学习学科上的知识,还可以向他们学习上课技巧以及课堂管理能力,更多地了解学生们的性格以及优点,激发他们学习音乐的激情,进行因材施教。

3. 做教学的研究者和创新者,享受教书育人的快乐

教书的过程实际是一个不会上课的新手成长为专业型教学研究者的过程。这个过程是漫长的,它需要教师不断地学习,建立科学的教育理念、新的教育模式以及先进的教学手段。《中小学教师职业道德规范》也提出教师要树立终身学习理念,崇尚科学、扩宽知识视野、钻研业务,不断提高专业素养和教学水平。[3]终身学习贯穿人的一生,突破了时间、空间的限制,让教师在职后可以继续学习。作为教师,应看到教师的本质是教书育人,内在的核心力是不断地提高自己的教学水平、教学能力以及专业素养水平,在自己的工作岗位上发光发热,让更多学生感受到音乐的魅力。教师应在职业生涯中树立目标,不断地去追逐实现,向身边优秀的教师学习经验,以自己的教学特色和高尚的师德赢得学生和家长们的尊重,为音乐教育事业的发展贡献出属于自己的一份力量。

同时,中小学学生心理和身体发展也有很大差异,作为音乐教师要深刻了解不同年龄段学生的发展特点,根据学生的特点进行因材施教。音乐教师不仅要熟练掌握音乐的基本知识和技能,还要掌握心理学和教育学专业理论,并且后者对音乐教师专业技能的提高有着重要作用。[8]因此,想要成为教学研究者不仅仅只是增长知识,还应该逐渐掌握学生心理规律以及教育发展规律。当成为教学研究者的时候,教师的内心一定是满满的成就感,同时也是对自己的教育事业交了一份满意的答卷。

(三)社会方面

1. 与高校进行合作,教师进行在职继续教育

教师的专业发展实际包含职前以及职后的专业发展,但教师职后的专业发展基本都是以短期培训及自身课堂教学实践为主,大部分教师缺乏先进的教科研能力及教育理念。职前的教师缺乏实践经验,但是职后,由于远离校园,长期未接受正规的、连续性的培训,音乐教师的专业发展逐渐与社会教育产生脱节。音乐教师的教科研培训基本处于缺失状态。黄石市本地有湖北师范大学,这所大学也是以培养师范类人才为主的大学。学校可以与高校进行合作,大学研究人员掌握着最新的理论和研究成果,可以根据音乐教师专业发展的需要,对职后教师进行一系列有针对性、实用性的培训。但是由于教师"在职性"的特点,培训要以在岗自学自练为主,离岗集中为辅;要研训一体,坚持研修院校与任职学校相结合。[9]同时,学校也可为职前教师提供实践场地,为职前教师的专业发展提供一些实践性的指导,可使职前和职后的教师相互学习、共同成长。

2. 邀请社会优秀演出团体与学校合作

学校的音乐教育仅仅是音乐教育的冰山一角,音乐来源于社会,是现实生活的反映。音乐作为一种社会文化现象,其本身具备某种潜在的教育价值。因此,学校作为一个小的音乐教育场所,要吸收社会上的优秀演出团体进入校园,不断壮大校园的音乐教育文化,扩展学生的音乐知识面,同时音乐教师与演出团体的团员们交流,可以得到更多的音乐资源,促进专业发展。

3. 用音乐形式参加社会活动

音乐教育的场所不仅仅只在学校,同样也可以走进人们的社会生活。让学生用学习到的音乐为社会服务,不仅可以培养学生的社会责任感,也可以激发学生的学习乐趣。音乐走进社会能够大大丰富人们的日常生活,丰富人们的内心世界,同时让学生感受到学习音乐同样可以满足社会的需要,音乐不仅仅只是个人的行为,同样也可以与社会相联系。

四、结语

随着社会的进步、时代的发展、办学规模的扩大及教学质量的提高,音乐教师的专业发展有了更高的要求。如何上好每一堂音乐课,如何让学生在音乐课上学习到知识并促进学生音乐素养的提升都是音乐教师所要思考的问题。但是这些都离不开教师自身的专业发展水平。本篇内容在学校方面、教师自身、社会方面找寻教师专业发展受限的原因,并根据问题提出了一些结合实际的策略和办法。实际上,音乐教师职后专业发展途径远远不止这些,只有全社会所有人的努力才能促进音乐教师在职后的专业发展中越来越好,让音乐教师有更好的环境并在教育道路上不断砥砺前行。

参考文献

[1] 许梅华.新课程背景下音乐教师专业发展[J].现代经济信息.2009(10):298.

[2] 刘畅.生态系统理论:一个中小学音乐教师职后专业发展的新思路[J].黄钟(武汉音乐学院学报),2010(2):159-164.

[3] 教育部,中国教科文卫体工会全国委员会.教育部—中国教科文卫体工会全国委员会关于重新修订和印发《中小学教师职业道德规范》的通知[EB/OL].(2008-09-01). http://www. moe. gov. cn/srcsite/A10/s7002/200809/t20080901_145824.html.

[4] 任海峰.音乐教师专业发展的自我反思.[J].新乡师范高等专科学校学报,2007,21(3):147-148.

[5] 齐雪信.浅谈校长的管理素质[C]//中国人才研究会教育人才专业委员会.中国当代教育理论文献——第四届中国教育家大会成果汇编(上).北京:中国人才研究会教育人才专业委员会,2007:164-165.

[6] 中华人民共和国教育部.义务教育艺术课程标准(2022年版)[M].北京:北京师范大学出版社,2022.

[7] 刘殷."突出音乐特点,关注学科综合"之我见[J].产业与科技论坛,2012,11(16):206.

[8] 孙作东,刘志涛.教师教育与音乐教师专业发展[J].现代教育科学,2012(11):154-155.

[9] 王耀华.高师音乐教育论[M].长沙:湖南师范大学出版社,2004:303-305.

用共生力量推动教师发展

李国先[1] 张瑞[2]

1. 黄石市武汉路小学；2. 黄石市武汉路小学

作者简介：李国先，中学高级教师，主要研究领域为小学教育；张瑞，黄石市武汉路小学教师。

摘 要：教师是教育改革和发展的主体，教师的综合素质和能力水平是我国教育改革成败的关键。教师的发展离不开优秀的教师团队，本文以黄石市武汉路小学为研究对象：学校充分发挥工作室的领航作用，打造"点·趣"教育品牌，构建以雁阵理论为支撑的教师培养体系；通过构建同伴研修场域为教师提供动力和能量，以实现共生式成长；利用多种载体实施"师趣"课程，包括师德教育周、教师工作坊等。此外，学校还采用组织协同、联动机制等多方协同的方式以提升教师共生的平台，为教师专业发展提供路径和建议。

关键词：雁阵文化；共生力量；教师发展

习近平总书记提出："有高质量的教师，才会有高质量的教育。"这给学校高质量发展指明了方向。我们一直在思考：到底什么样的机制能够推动教师发展，推动教学质量的提升？近年来，黄石市武汉路小学坚持"点激童趣，生发梦想"的办学理念，着力打造"点·趣"教育品牌。历经多年摸索，擘画"点亮心灯 出彩人生"的共同愿景，以雁阵理论为支撑，以"三品"（有师品、有教品、有学品）智趣教师为培养目标，构建了"三型（新手型、骨干型、领航型）六级"（合格教师、教坛新秀、骨干教师、教学能手、学科带头人、市区级名师）、"三品七星"（奉献星、故事星、育趣星、研究星、教学星、创新星、共育星）的教师评价体系。学校充分发挥"张瑞名师工作室"领航作用，以三大团队孵化器(阳光教师团队、趣学研究委员会、青年教师工作坊）建设为载体，以"师趣"课程开发为路径，构建精细化、制度化、层级化、课程化的创新机制，推动全员教师内生发展、协同发展、共生发展。

一、文化引领，点燃教师共生的引擎

教师专业发展的高度取决于教师内驱力的强度。学校创建"点·趣"文化品牌以来，努力让教师在专业发展中体验兴趣之乐，建立"智趣追梦人"文化价值引领，点燃教师共生的引擎。

(一)建构"智趣点灯人"教师文化

"智趣点灯人"是在"点·趣"教育文化滋养下确立的教师文化。学校引导教师做智慧有趣的育己者和育人者，引导教师执着追求"点亮心灯 出彩人生"的学校精神和共同愿景,以"有理想信念、有道德情操、有扎实学识、有仁爱之心"作为发展目标,以"智趣点灯人"教师文化厚植教师专业素养,形成"四有"好教师的草根化表达。

通过文化引领,帮助教师找回初心,呈现"自燃者""助燃者"两种发展样态。"自燃者"发展样态就是激发教师强烈的自育动力和学习动力,并以此感染、激励学生,最终成为学生发展的合伙人。"助燃者"发展样态就是用教师自育的成长状态不断影响同伴、影响学生,不断唤醒其内生的潜力,达成师师共生、师生共生、生生共生的目标。

基于两种发展样态,教师的教育水平呈螺旋上升,"智趣点灯人"教师文化日益凸显。

(二)锻造"雁阵"文化基因

雁群进行长距离飞行的秘诀在于目标一致、队形独特、互相协作,在成雁的助力下,飞在队伍中间的雏雁和弱雁也能顺利到达终点。雁阵理论与教师共生式发展高度契合。为此,学校锻造"三型六级"雁阵进阶文化基因,以培养有品、有学品、有教品的智趣教师为目标,即塑造师德高尚、终身修炼的有师品之师,学而不厌、深耕专业的有学品之师,心中有爱、共生成长的有教品之师,并逐步培养科学施教、创享师趣的智趣教师。

同时,学校建立"三型三品"教师能力培养模型和相对应的师趣进阶课程体系。从教师专业化发展的角度,以"三型三品"教师评定作为杠杆,提出"雏雁型(适应期)、飞雁型(成长期)、头雁型(成熟期)"雁阵教师的能力模型和评定体系。开发与之相配套的师趣共生进阶课程(即志趣师德课程、自育成长课程、智研能力课程,如图1所示),搭建以趣学研究委员会、追梦教师工作坊和阳光教师团队三大孵化器为主的课程实践平台,推动教师成为师本课程的生发者和学生生趣课程的引领者,促进教师共生成长,助力学生成长。

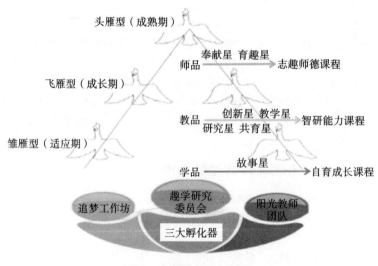

图1 师趣共生进阶课程

例如，临近退休的刘老师在《黄石市武汉路小学"三型三品"教师申报书》上勾选了头雁型教师。学校评聘小组结合刘老师的申报资料、同行评议、学生评议、家长评议等对刘老师进行了综合测评并认定。认定后的刘老师积极参与相对应的志趣师德课程、自育成长课程、智研能力课程等的学习，并根据自身特长，开发了"植趣"课程，深受学生喜爱。她主持的布堆画课程也收获硕果，学生作品《只此青绿》在首届"长江杯"课后服务成果展评活动中荣获一等奖。

学校通过一系列的文化构建，让教师汲取了成长的力量，寻找到工作的乐趣，实现了文化认同和价值认同，为教师的专业成长增添了内生动力和精神底色。

二、专业立身，涵养教师共生的力量

学校构建以"课堂诊断场域""同伴研修场域"为一体的双向场域，利用场域间的强磁力进行同频共振，加快共生单元之间的物质、能量和信息的交流互换，达到共享、增势和创新，形成亲密合作的共生式教师发展框架体系。

(一)构建课堂诊断场域，为师生共生共长蓄力

"课程改革的核心在于课堂改革，课堂改革的核心在于教师专业发展。"学校紧扣课堂改革这个切入点，落实"双减"，提质增效，完善"点·趣"课堂教学模式，构建"以学定教"的课堂新范式，变教师灌输为学生自主体验学习，不断构建"平等、合作、对话"式的新型师生关系，实现真正的教学相长。学校运用课堂评价工具，进行课堂观察和分析，挖掘教学的深层次问题。借鉴库伯的学习模式，以实践研究为逻辑起点，开发"学—研—践—创"的一体化课堂诊断场域，引导教师在实践中寻找突破。

(1)学是专业需求，吸纳新知。学校以课堂为主阵地，聚焦新课程标准，通过摘抄、讲座、沙龙等形式，将理论进行内化，用学科的专业眼光重新定义课堂教学，不断具体化学科目标、单元目标和课时目标，把握课堂教学主方向。

(2)研是任务驱动，知识迁移。通过名师工作室、"趣学"研究委员会的引领，组织教研组智研、学科组智研和全员智研，直指课堂中的难点、痛点问题，结合新课标要求，提出解决方案。同时，立足学生本位，研究生趣课程体系。学校以学生逻辑为主线融入知识逻辑，体现教育逻辑的学校顶层设计，将学生的点滴需求和期望作为确定课程目标的依据，以培养尚美、大气、乐学有趣少年为课程目标，实现国家课程延展化、地方课程特色化、校本课程多元化。

聚焦课程DNA——核心素养，开发设计立根、固本、强能的生趣课程，开发四大课程主题，即玩趣实践、学趣拓展、创趣体验、雅趣修身，并围绕审美、生活、道德、健康、心理、科学、劳动素养发展目标创设六类课程群：基于培养学生具有审美情趣、雅致有礼的雅趣课程群；基于培养学生爱生活、会生活、懂生活，具有生活品位的闲趣课程群；基于培养学生健康体魄和运动习惯的玩趣课程群；基于培养学生良好心理品质和交友习惯的心趣课程群；基于提升学生科学素养，培养学生思维能力的学趣课程群；培育学生实践与创造能力的劳趣课程群。六大课程群着眼让学生拥有雅致的生活、健康的身

心、创新的能力,以学生为主体设计课程,将学生展评与学生互评、问题解决评价与兴趣发展评价相结合,激发学生成为生趣课程的主体。

(3)践是教学实践,应用转化。学校主要着眼"点·趣"课堂建设。"点·趣"课堂中的"点"指课堂教学中的目标点、设计点、触发点、生成点等;"趣"指充满趣味,学生饶有兴趣地投入课堂学习的各个环节,教师充满智慧地激趣点拨。"点·趣"课堂的创趣模式有以下四个特点。

一是以学定教。基于主体理论,以学为中心,在设计、组织、教学、作业、反馈等各个环节坚持学生立场。学生作为学习主体,以问题为载体在创问中品趣,教师作为主导者,在探索引问策略中创趣。

二是助学、趣学、深学。把握新课程生成性教学理念,指向点燃兴趣、自主合作、对话交流、体验探索、深度思考、理解运用等关键词。教师与学生是教学主体,是设计者,也是生成者。

三是以学生为主体、兴趣为目标、应用为主线。依据布鲁姆目标分类法,采取金字塔学习理论,创趣模式指向高阶思维,高效率学习,学生成为展评者、指导者,教师成为助学者、倾听者。

四是互动成长。基于社会化的合作学习理论,注重生生互动,师生互动,创趣过程动态生成,学生的思维和禀赋得以发挥,教师的智慧和才能得以展示,教材和媒体手段得到科学、合理、灵活的处置和利用。师生是合作者,是创趣的伙伴。

"点·趣"课堂创趣模式对接国家课程育人理念,围绕教研、课堂、评价三项内容对教师教研思路、学生学习目标、教师教学支架、学生学习行为、学生学习评价、教师教学评价六个方面进行改革优化。在教学中,"点·趣"课堂新范式按照"三环节"(课前激趣—课中创趣—课后评趣),"六步流程"(导学激趣—展学点趣—问学生趣—共学创趣—评学悟趣—厚学拓趣),以"三单"(课前激趣单、课堂趣学单、课后趣评单)为载体,助推"三学"(助学、趣学、深学),同时辅以课堂诊断技术,落实"三评"(结果性评价、过程性评价、发展性评价)互动式评学评教策略。

(4)创指向智慧创生,拓展衍生。学校鼓励头雁型教师根据教材特点、班级特点、学生特点及个人风格,在"点·趣"课堂新范式的基础上,创出自己专属的课堂范式,呈现"万紫千红春满园"的状态。

在"学—研—践—创"的新型"课堂诊断场域"下,学校组织单元整体教学年级组大比拼、小学科教学比赛,带动课堂教学效益,促进新课标落地,呈现人人展示、课课精彩的局面,使教师从"经验型"到"研究型",再到"专业型"转变,有效地推进了教师共生发展。2022年以来,黄石市武汉路小学李国先优秀女性工作室、张瑞名师工作室获批启动,一名教师获评港区名师,郑倩老师斩获国家基础教育精品课部级优课,王辉老师荣获省级优课一等奖,多名教师在各级各类教学竞赛、论文比赛获得佳绩。

(二)构建同伴研修场域,为激活教师动力赋能

学校着力深化"点·趣"课程研究,构建"同伴研修场域",以"三型六级"教师雁阵文化影响每个共生单元,教师呈现阶梯化成长;开设雏雁适应期、飞雁成长期、头雁领航期三级"师趣"课程,激励教师共生式成长。

"师趣"课程中的三级进阶课程分为三大模块。

一是志趣师德课程模块,以师德规范、志趣故事、志趣主题课程为主,让不同层级的教师通过课程学习,形成良好的师德师风,为教师人格培养奠基。

二是自育成长课程模块,以生涯规划、专业基本功、雅言雅行及生活、艺术课程为主,不同层级的教师根据课程内容规划中长期的职业发展规划,提升专业基本功,在课程学习中收获会工作、乐生活的幸福。

三是智研能力课程模块。聚焦教师共生发展的关键,分层级、分阶段开设教研基础课程、"青蓝结对"提升课程、"生趣"开发课程、课题研究学术课程,激发内驱力,强化学习力,历练实践力,培养反思力,提高研究力。

学校依托师德教育周、教师工作坊、趣学研究委员会、育趣班主任工作室、班级导师研训、双师伴行青蓝工程、有味道的研修、师趣工会等载体实施"师趣"课程。志趣故事课程中,老师们讲自己和老师的故事,讲身边老师的故事,讲自己的教育故事,在故事里传递教育大爱;命题课程中,学校瞄准学科教学的核心内容,提升作业品质,提高教师作业设计能力;"植趣"课程开发时,老师们运用思维导图引发头脑风暴。老师们在课程学习中找寻方向,在阶梯培养中不断发展,在各种教研方式中提升能力,为共生成长助力。

三、多方协同,共建教师共生的平台

(一)组织协同,提升主体效应

学校将教师发展中心、课程管理中心的职能定位为教师共生发展服务,研发了推动教师共生发展的三大孵化器。

趣学研究委员会(教师智库孵化器)的孵化对象是学校的名师和骨干型教师,是学校教育教学重大项目的智囊团,对教学科研实行宏观指导。同时,为孵化对象量身定制发展计划,即风格定位—课题引领—学术研究—专业培训—师徒结对—外出交流,形成成熟的教师自主发展平台。通过趣学研究委员会骨干力量的引领,带动学校提升教学质量研究、课题研究、教育教学研究和课程研发等各项工作的开展。

追梦教师工作坊(青年教师团队孵化器)的孵化对象是40岁以下的青年教师,组织架构涵盖坊主、分坊主和坊员。开展"三耕工程",运转"51"日常研修模式,即每周深入研读一篇专业文章,深度参与一次教研活动,精心设计一份特色作业,倾情朗诵一篇美文,认真书写一份书法作品,提升青年教师的综合素养。通过每月间隔一周开展一次的工作坊沙龙活动,给青年教师搭建分享、交流、共生成长的平台。

阳光教师团队(全员共生教师孵化器)的孵化对象是全体教师,以趣学研究委员会和追梦教师工作坊为引领,以教研组捆绑式评价、"七星"教师评选为载体,带动全体教师共生发展。各个孵化器相互影响、相互激励、相互融合,呈现教师共生发展的井喷

现象。

(二)联动机制,挖掘主体能量

学校着眼未来,走联动协同的教师团队建设之路。学校与湖北师范大学、江汉大学等高校深度合作,形成教师专业发展顾问团。目前,湖北师范大学教育科学学院邹从容教授为学校"点·趣"课程开发、教师共生发展等方面提供技术支持;湖北师范大学邓李梅教授在班主任课程建设方面进行指导;江汉大学田澜教授立足教师课堂教学质量提升,帮助教师解决教学的难点问题。另外,学校还邀请学校廉洁副校长吴周炜开展志趣师德课程学习。

当教育改革向纵深化发展,站在"双减"背景下的课改路口,学校教师队伍建设需要进一步保持节奏,释放动力,调整策略。学校正引领教师将自育生长作为精神追求,逐步实现个体提升到团队突围的跨越,实现师生共生、教师共生的良好生态。

参考文献

[1] 张彤.学习型组织理论下小学校长引领教师专业发展的策略研究[D].海口:海南师范大学,2023.

[2] 梁晔.成都市J区小学科学教师专业发展问题及对策研究[D].成都:四川师范大学,2022.

[3] 肖冬民,何淼.我国小学教育专业的学科发展之路[J].教师教育论坛,2023,36(11):88-92.

[4] 王晓生.小学科学教师队伍建设:价值使命、现实羁绊与实践路径[J].中国教育学刊,2023(6):91-95.

[5] 郑永和,杨宣洋,王晶莹,等.我国小学科学教师队伍现状、影响与建议:基于31个省份的大规模调研[J].华东师范大学学报(教育科学版),2023,41(4):1-21.

[6] 胡玉红.不同专业发展阶段小学教师教育科研能力的现状及对策研究[D].上海:上海师范大学,2021.

"三位一体"协同创新教师发展研究

汪丽娟

黄石市教育科学研究院

作者简介:汪丽娟,女,黄石市教育科学研究院,高级讲师,从事教师发展研究。

摘　要:构建地方政府、高等学校与中小学校"三位一体"协同培养机制,对于推动教师培训、培养与发展一体化,促进师范教育与基础教育融合发展具有重要作用。黄石市作为首批省级教师教育综合改革实验区,在师范生培养、教师人事管理制度改革、教师专业发展、教育教学研究与改革等方面先行先试,其建设成果为湖北省构建现代教师队伍治理体系提供了宝贵的实践经验。

关键词:三位一体;协同创新;教师发展

强国必先强教,强教必先强师。《新时代基础教育强师计划》锚定"筑基提质、补短扶弱、做优建强、全面提高教师培养培训质量"目标,系统部署十五项具体措施,提出"鼓励支持地方政府统筹,相关部门密切配合,高校、教师发展机构、中小学等协同,开展区域教师队伍建设改革试点",以推进教师队伍建设全链条协同创新为目标,以推进师范生培养、教师人事管理制度改革、教师专业发展等改革为着力点,推动各地创新加强教师队伍建设的政策措施,系统推进教师队伍建设改革。黄石市作为首批省级教师教育综合改革实验区,在对标建设高质量省级实验区基础上,构建厚师德、优培养、强发展、建平台、重保障、促协同的教师工作体系,着力培养造就一支师德高尚、业务精湛、结构合理、充满活力的高素质教师队伍。"三位一体"协同培养机制,为地方基础教育高质量发展提供了优质师资保障,实验区建设经验被省内各市、州广泛借鉴。

一、"三位一体"教师教育模式

"三位一体"教师教育模式是以提高教师教育质量、促进教师供需协调、实现教师教育一体化为目的,通过整合教师教育资源、共建教师教育体系、协商教师教育方案、分担教师教育责任、参与教师教育过程以及同享教师教育成果等方式进行的教师教育研究与实践。[1]该模式使地方高校、政府和中小学校共同成为教师教育的责任主体,实现了教师教育实践从工具理性向交往理性的转变,使大学、政府、中小学校共同成为"责任共担"的培养者、"协同发展"的促进者。

"三位一体"建设以政府为坚强后盾,以大学为支点,以学校为实践单位,形成了推动新时代强师建设的强大合力(见图1)。就宏观教师教育体系而言,"三位一体"对于建设教师教育学科专业体系、提升教师培养培训体系层次、促进教师职前与职后一体化发展具有重要作用;从中观层次看,政府、高校、中小学的合作为构建市县教师教育体系搭建了平台,有利于乡村教师定向培养、在职教师学历提升,有利于推进教师培养供给侧结构性改革;从微观角度看,为教师个体专业化发展提供了一体化学习场域,有效促进了教师职业化、专业化发展。

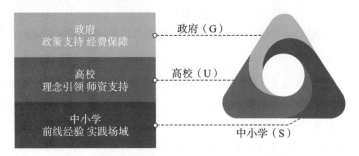

图1 政府、高校、中小学"三位一体"协同关系

二、"三位一体"教师教育模式实践透视

湖北省建立健全高等学校与地方政府、中小学校协同培养机制,推动教师培训、培养与发展一体化,促进师范教育与基础教育融合发展,着力构建遵循教育发展规律、适应新技术发展形势、富有湖北地域特色的高水平现代教师教育体系。作为首批省级改革实验区,黄石市政府与湖北师范大学签订《教师教育综合改革合作协议》,明确设立"两站双基地"、实施"一定向、一提升"计划,经过近5年的探索实践,取得明显成效。

(一)校地协同长效机制建设

黄石市健全长效联动机制,确立地方政府和高校协同,教育、机构编制、财政、人社等部门密切配合,不断健全发展规划共商、资源信息共通、投入保障共担的长效机制,保障教师队伍建设职前与职后、培养与培训、研究与实践、交流与配置一体化。黄石市政府、湖北师范大学协同负责校地共建模式运行的理念引领、智力支持、技术指导和人才资源保障,成立由湖北师范大学校长和黄石市政府分管副市长任组长的实验区建设工作领导小组,定期召开联席会议,研究实验区建设重大事项,领导小组办公室根据领导小组决议,协调各项建设任务落地实施。地方教育行政部门为"三位一体"平台运行提供政策保障,为师范大学遴选师范生教育实践基地,组织领军教师参与师范生培养,并支持师范高校参与中小学教育教学改革与教师培训培养。湖北师范大学、市教育局进一步健全和完善《湖北师范大学关于黄石市教师教育综合改革实验区建设专项经费管理办法(试行)》《湖北师范大学专任教师进修管理办法》《湖北师范大学教育实践基地(黄石)管理办法(试行)》《黄石名师驻湖北师范大学工作站管理办法(试行)》《市教育局关于建设市级教师发展示范基地校的通知》等制度,保障实验区各项建设任务有序、规范、高效推进。

(二)校地协同培养模式创新

黄石市创新校地协同培养模式,设立"两站双基地",即湖北师范大学教师基层服务站、黄石名师驻湖北师范大学工作站、黄石市中小学教师教育培训基地、湖北师范大学师范生教育实习实训基地暨基础教育创新型人才实践拓展基地,实施"一定向、一提升"计划(定向培养农村小学全科教师、中小学教师学历提升计划)、组建专家咨询团队等重点任务。黄石市教育局遴选了 21 所中小学作为首批湖北师范大学师范生教育实践基地,统筹安排学校承接师范生实习见习、顶岗置换、观摩教学和教育硕士驻校培养等任务。先后有 24 名黄石名师入驻名师工作站,45 名高校教师到中小学兼职任教。从 2021 年起,湖北师范大学面向黄石生源定向培养 200 名本科层次的农村中小学教师,同时学校还开设了非全日制本科和教育硕士学历学位教育,面向黄石本地优秀在职教师,计划 3 年培养专升本 300 人、教育硕士 150 人。实验区培育了 50 项教师教育综合改革成果和一批教师教育开放基金项目。

(三)校地协同基地学校建设

黄石市教育局在全市中小学中遴选一批学校作为湖北师范大学教育实践基地,以湖北师范大学人才培养目标为依据,以教师职业教育的实际需求为导向,构建全方位师范生教育实践内容体系,强化师范生教师职业基本技能,提高师范生对教师职业的认同感。基地为湖北师范大学师范类本科生、教育硕士研究生提供师德养成、教育教学、班级管理、综合实践、教育科研等方面的教育实践平台,并对师范生参与教育教学实践的情况给予指导、评价和反馈。黄石市教育局启动市级教师发展示范基地学校建设,申报学校选派骨干教师参与研究市级教师发展工作,建立中小学与师范院校联合开展教学、科研等合作机制,接受各级各类教师培训和跟岗研修,选派优秀教师担任师范生培养院校兼职教师,充分发挥优秀教师在教师教育方面的示范引领作用,促进地方中小学校教师队伍高水平专业化发展。

(四)校地协同教师培训试点

省级实验区建设以来,黄石市积极发挥校地协同培养优势,推进以教师自主学习、系统提升、持续发展为导向的"国培计划""省培计划"改革,探索分层分类培训,探索教师自主选学等模式。校地联合开展中小学学科骨干教师、幼儿园骨干教师、中小学思政课教师专业能力提升培训及乡村学校教师一对一精准帮扶培训,各培训项目融合了大学教育的系统性、学科化、研究性、前沿性等特征,促进了教师专业发展支持服务体系建设,健全了项目区县、师范院校、中小学校和幼儿园协同发展机制。市教师发展中心制定中小学教师培训规划,把握教师专业发展需求,在素质能力拓展、专业技能提升和数据创新等方面着力,帮助教师成为专业发展、终身学习的主体。

三、"三位一体"协同创新教师发展的探索

为回应新时代背景下对教师教育工作提出的教师培养新诉求,地方政府、高校和中小学应以培养具有创造力的卓越教师和教育家型教师为核心目标,从合作机制、资

源建设、实践取向、共生文化等维度深化协同育师机制。

(一)以教育家精神引领教师培养

习近平总书记从理想信念、道德情操、育人智慧、躬耕态度、仁爱之心、弘道追求六个方面对教育家精神进行了系统阐释,赋予新时代人民教师崇高使命,为加强教师队伍建设指路引航、举旗定向。[2] 各级教师发展机构要把教育家精神纳入各级各类教师培养培训体系,融入教师综合素质和专业能力提升全过程,强化基础教育骨干教师体系和骨干校长体系建设,精准开展教育帮扶,实施城乡教师学习共同体,稳定提升全市教师专业素质能力,培养一支师德高尚、业务精湛、结构合理、充满活力的高素质专业化教师队伍,努力打造践行教育家精神的高地。

(二)优化区域教育师资资源配置

党的二十大报告指出,要"加快义务教育优质均衡发展和城乡一体化,优化区域教育资源配置"。习近平总书记强调,加强中西部欠发达地区教师定向培养和精准培训,深入实施乡村教师支持计划,这是教育强国建设的一个重要标志,也是办好人民满意的教育的要求。"优师计划"采取定向方式,每年为定向县中小学校培养输送师范生,旨在健全区域教育协调发展机制,构建城乡协调发展新格局。保障"优师计划"师范生生源、培养质量、培养规模对于欠发达地区教育增加"供给"、维护教育公平、建设高质量教育体系、推进教育治理能力现代化具有重要政治意义和战略意义。

(三)建设梯级攀升式教师发展体系

教师梯级攀升体系建设是实现教师专业成长的重要途径,以培养具有创造力的卓越教师和教育家型教师为核心目标,搭建"新秀—能手—骨干—名师—名家"梯级教师培养平台,推行能力达标认证制度,对教师的专业技能进行考核评估。充分发挥地方师范高校的指导支持、研究服务作用,针对教师职后发展需求,萃取最佳教育教学实践经验,使之固化为教学成果,形成课程,教师实现从输入者成长为输出者。[3] 完善教师荣誉表彰制度,发挥其对于完善地方中小学教师专业发展支持体系、增强中小学教师自主发展意识、促进各级培训分层分类实施、构筑教师评价生态体系的重要作用。

(四)丰富区域教师专业发展课程资源

推动地方教师专业发展培训资源共建共享,发挥师范高校、地方名师资源优势,依据教师专业标准,开发教师发展培训课程资源,借力教育信息化的改革行动将优质资源跨学校、跨区域分享,促进教师队伍专业素养的均衡性、整体性提升。搭建教育合作平台,开放教育教学设施和场地,共建优质教育教学案例库,实现教育研究、咨询与实践互联共享。统筹国家、省、市、县、校五级多层多类教师培训项目,按照国培计划"分层分类、分段分科、一体设计、递进发展"的思路,对各级培训项目进行分阶段、递进式、一体化设计。推进"数字化+"教师教育行动,建设数字化学科教学课程体系、数字化资源、教学模式与专业能力训练实验室,培养具有数字素养的卓越教师和研究团队。

综上所述,构建教师职前职后一体化培养体系是一项具有系统性、综合性、艰巨性的复杂工程,政府、高校、中小学需要树立一体化发展的观念,明确一体化培养的目标,将教师教育改革与基础教育改革紧密联系起来,使教师教育质量的改进与中小学教育质量的全面提高形成协同提质、共赢共生的关系,形成结构持续优化、体系不断健全、运行科学高效的有机整体。

参考文献

［1］ 李中国.两种"三位一体"教师教育模式比较研究［J］.教育研究,2014,35(8):113-117.

［2］ 高毅哲.以教育家为榜样 大力弘扬教育家精神［N］.中国教育报,2023-09-20(1).

［3］ 肖红春.构建五阶四课三平台,创新区域教师专业发展模式［J］.中小学教师培训,2022(5):9-12.

第三篇　文化育人与教育情怀

以爱共育成长
——浅谈教育共同体背景下的特色乡村学前教育

潘娟

作者简介：潘娟，二级教师。

摘　要：学前教育是基础教育的基础，是终身教育的起点，对于幼儿未来的成长和发展具有重要意义。我园在我镇教育发展共同体的带领下实现了我园学前教育资源的均衡发展，提高了我园教学的质量，建设了我园具有区域特色的课程。同时我园教师以爱孕育、初心不改、孜孜以求、勇于担当、敢于实践，扎根于乡村学前教育的沃土中，绽放于乡村学前教育之地，成为那株英姿勃发的、满载希望的四叶草，培养一群群快乐的祖国花朵！

关键词：乡村教育；区域特色；以爱孕育；乐玩致远

　　教育就是一棵树摇动另一棵树，一朵云推动另一朵云，学前教育在我国的整体素质教育中起着十分重要的作用。学前教育阶段（3～6岁）是幼儿各方面发展的关键时期。我镇学前教育发展共同体秉承"以幼儿为本"的理念，坚持科学化、规范化、标准化的发展方向，不断提高学前教育的质量和水平，为幼儿的全面发展贡献力量。

　　前几年，由于当地的学前教育发展不均衡，我园与其他几所幼儿园开办年限相差较远。经过多年努力，虽然我园的整体水平有了大幅度提升，但是发展不充分、不均衡的现象依然存在，我园的教育距离人民群众需求的优质教育存在一定的差距。此外，区域学前教育彼此间的交流与合作不够，整体协调发展缺乏有效指导，同时也给我园的优质发展带来了一定的挑战。

　　幼有所育是国家战略，是党和国家近年来的惠民工程内容。我镇以中心学校为主建立了教育共同体，该教育共同体小组走进我园，通过采取课程游戏化、深化教育研究和教育科研、组织幼儿园视导、完善保教质量百分查核等措施，使得我园处于稳步提升、逐年优化、良性竞争态势。我园绝大部分干部和老师勤勉务实、敢于创新。

　　在我镇教育共同体的发展背景下，我园的日常管理、党建工作、队伍建设、德育工作、教学质量、内在发展、文化建设、后勤保障、安全卫生等，都有了质的飞跃。2024年5月我园迎来了省级普及普惠评估检查，检查过程中，省教育厅对我园工作提出高度赞扬,认可我园特色文化课程,表扬我园资料建设;同时我园代表乡村幼儿园参与了省级现场会的展示活动。这一切都要依托于我镇教育共同体的建设,在他们的指导与支持下我园才有了今天的成绩。

一、以爱滋养,向阳而生

学前教育注重人的管理和事的管理,其中最重要的是人的管理。教师的稳定是保证管理质量的关键,让教师稳定下来,幼儿园才能不断地向前走。对教师而言,内心的稳定感不仅仅依赖物质待遇,更重要的是物质层面、精神层面都能得到满足,才能逐步达到内心真正的稳定。

为了让每位教职工成为幼儿园里有价值、不可替代的人,我园所有岗位之间没有任何界限。作为教育工作者,应和保洁阿姨、门卫师傅、食堂员工、其他老师保持友好的关系,相互信任,让他们感觉自己在幼儿园很重要,是不可或缺的力量。

人的发展越多样,就越有生命力。优势是每个人立足工作之本,因此,多年来幼儿园注重教师们的差异化发展,鼓励大家寻找自己最有优势的地方。古人云:"千里马常有,而伯乐不常有。"教育共同体的管理者有一双善于发现的眼睛,他们成为教职工的伯乐,帮助每个人在幼儿园找到自己的价值。随着园所文化的浸润,团队的不断稳定,我们的老师就像一片片四叶草扎根于我园,平凡却坚定,柔软却充满力量!

例如,我园的君君老师刚开始来园时总是找不到感觉,通过中心学校组织的一次读书分享会,我园发现她喜欢看书,擅长写文章,就鼓励她坚持写教育笔记并与老师们分享。慢慢地,她发现在写随笔的时候能够将书籍里看到的思想迁移到工作中,这让她很开心,认为自己找到了工作的乐趣。

二、快乐生活,四叶润泽

课程是园所教育质量的核心。身处乡村的我们一直在探寻什么样的课程既能满足幼儿学习的需要,又能够促进他们身心健康的成长;既符合《3～6岁儿童学习与发展指南》教育精神,又能凸显乡村特色。《3～6岁儿童学习与发展指南》指出,幼儿园要以游戏为基本活动,"利用民间游戏、传统节日等,适当向幼儿介绍我国民族的文化,帮助幼儿感知文化的多样性和差异性"。

孩子们对快乐的定义很简单,小小的民间游戏"老鹰抓小鸡""小鱼游""炒豆豆"就能让他们乐此不疲。民间游戏的种类繁多,富有趣味性,形式简单,便于幼儿掌握,深受孩子们的喜爱,一场"民间游戏"园本课程的探究就此拉开帷幕。我园结合每个年龄段幼儿的特点选择适宜的民间游戏:小班是老鹰抓小鸡、木头人、捉小鱼、炒豆豆、丢手绢、丢沙包等;中班是石头剪刀布、抢椅子、切西瓜、跳房子、踩高跷等;大班是传帽子、跳绳、挑木棍、斗鸡、跳皮筋、滚铁环、跳竹竿、打陀螺等。

民间游戏自身浓厚的趣味性,深受孩子们的喜爱,在自由、自主、快乐中,孩子们敢说敢笑、敢于大胆地创想新玩法。同时,民间游戏也有利于发展幼儿的思维变通、资源整合等多方面的能力,这也正符合目前国家所倡导的核心素养要求,即人文底蕴、科学精神,学会学习、健康生活,责任担当、实践创新,也正契合了幼儿园自主教育理念和"生活·实践"教育要求。

透过对课程的研究,我们发现民间游戏不仅能够增强幼儿的体质,幼儿肢体的协调性、柔韧性、平衡能力等也得到很大的提高。同时,民间游戏还有利于幼儿认知的发展。例如在跳绳的过程中孩子们"1、2、3、4……"一遍又一遍不断地数数,自然而然地成了数数高手。枯燥乏味的数学在民间游戏中反复运用,却让孩子们乐此不疲。在跳绳比赛中,为了获得胜利,孩子们会不遗余力地坚持,不仅自身的耐力得到发展,更重要的是形成了良好的品质——坚持、努力。

民间游戏中约定俗成的游戏规则,为幼儿创造了相互合作的机会。幼儿通过相互协调、合作,解决游戏中的问题;通过控制自己的行为和情绪,学会照顾他人,让游戏更加精彩。幼儿在游戏中形成强烈的责任感和集体意识,才能拥有更强的归属感,从而爱上幼儿园。

兴趣永远是最好的老师。例如,陀螺大比拼的时候,孩子们因为好奇陀螺的快慢不一不断地尝试,不断地调整,不断地观察、询问,一个简单的游戏激发了孩子们探究科学的欲望、主动学习的兴趣。

大课间是幼儿园日常生活中重要的组成部分。为充分利用大课间时间为幼儿提供有意义的教育与学习体验,我园结合各年龄段幼儿的特点开设了小班以"小鱼游"、中班以"戏曲"、大班以"运动"为主题的大课间。结合音乐、舞蹈、器械等元素,让孩子们在欢乐自主的游戏中参与体育运动,促进幼儿身心健康发展,让每个孩子拥有快乐童年。例如,小班在"小鱼快跑"的游戏中,跟随着歌曲里"快跑快跑"等欢快的节奏,跑着、闹着,仿佛一条条小鱼在大海中随波逐流。随着"鲨鱼来了"的音乐响起,孩子们迅速躲避"大鲨鱼"的追捕,在音乐的游戏中锻炼了孩子们的反应能力以及躲避能力,也提高了孩子们的速度。

三、幸运相遇,四叶共生

家长工作是园所教育工作中一个很特别的部分。当正确的教育理念不被家长认可的时候,教师会感到无奈、无力。在幼儿园的发展和探索的过程中,我们不停地思考:有没有一种和谐的关系,能让家长认可我们的教育理念,并积极参与孩子的教育,同时将自己的生活、经验变成教育的资源和力量,与孩子们共同发展。

俗话说:"坚持就是力量。"这指的是只要你能够坚持正确的方向,坚定地走下去,就会形成一股力量影响身边的每一个人,让他们与你同行。

我园地处乡镇,家长的教育观陈旧、执拗,在他们的心目中,幼儿园就是学习"a、o、e……"和"1+1=2"的地方。十年来,我们坚持"以爱孕育,快乐成长"的办园理念,不追随、不盲从,努力践行爱的教育,寻找快乐。为了实现家园共育,寻找一种与家长和谐的关系来改变教育整体环境,我们通过家长助教日活动、系列亲子活动、半日游园活动等方式让家长们参与教育过程,看见孩子的学习、看见孩子的改变、看见"以爱孕育"的教育魅力,认同正确的教育思想并积极参与教育活动。在我们不懈的坚持中,部分家长接受了"以游戏为基本活动"的学前教育理念。

家园共育对乡镇幼儿园来说是一条漫长而艰辛的远征,但我相信只要我们守住教育的初心,一定能见到彩虹。

四、安全防范,四叶无忧

一花一草皆生命,四叶的发荣滋长,关爱是基础,防范是保障,因此幼儿在园内的安全需要我们时刻关注、用高度的责任感去对待。

《幼儿园教育指导纲要(试行)》中指出教师"既要高度重视和满足幼儿受保护、受照顾的需要,又要尊重和满足他们不断增长的独立需要,避免过度保护和包办代替,鼓励并指导幼儿自理、自立的尝试"。由此可见,看护、爱护不如自护,老师在游戏、生活中培养幼儿的自我保护能力胜过一切安全防护。

对于交通安全的教育,老师将社会中的马路"搬"进幼儿园,在骑行的游戏中帮助孩子们建构良好的交通规则意识:过马路左右看,红灯停,绿灯行;来左去右;过马路走人行横道线等。通过将游戏规则与生活实践相结合,相互渗透,孩子们的安全意识逐渐深入内心并转化为实际行动,不仅自己能做到,还能带动家长执行。

幼儿园老师还会及时捕捉各种契机进行随机安全教育。例如在户外游戏的过程中发生跌倒摔伤事故,老师都会及时调出监控还原现场,让孩子们分析受伤的原因,找到自我防护的措施,同时学会应急处理的方法:第一时间通知老师;不要围观,建立保护圈避免第二次受伤等。平安健康,是幼儿快乐的前提和保障,只有老师和孩子共同做好安全防护才能在真正意义上保证幼儿的安全,让他们像四叶草一样无忧无虑地生长。

通过建立教育共同体,我镇学前教育一体化的格局初步形成,实现了均衡发展,保障了乡村幼儿园平等、共进的教育格局。我镇教育共同体有效地促进了我园与其他园的教育资源互补,促进了教育教学活动的互动交流,教师的专业水平逐步提高。我园引领家长参与幼儿园活动,使家长的观念也逐步改变,有效地提高了幼儿园的保教质量,促进了幼儿的健康全面发展。同时,教育共同体组织的各类帮扶活动也带给我园教师很多启示,大家受益匪浅。

在今后的工作中,我园将继续坚持从实际出发,注重实效,和我镇教育共同体同进步、共发展,推动我镇学前教育事业快速健康发展。

参考文献

[1] 教育部.教育部关于印发《幼儿园教育指导纲要(试行)》的通知[EB/OL].

(2001-07-02). http://www. moe. gov. cn/srcsite/Ao6/s3327/200107/t20010702_81984. html.

[2] 叶澜,白益民,王枬,等.教师角色与教师发展新探[M].北京:教育科学出版社,2001.

[3] 李重阳,李国强,施东城.生态学视野下乡村幼儿园园本课程构建[J].教育评论,2020(6):126-132.

本土特色文化校本课程的开发与实施研究

饶晴[1] 刘维维[2]

1. 阳新县城东新区石震小学；2. 阳新县永兴小学

作者简介：饶晴，湖北省黄石市阳新县城东新区石震小学教师；刘维维，湖北省黄石市阳新县永兴小学教师。

摘 要：随着新课程改革的推进，传统文化教育已经受到了人们的广泛重视。本土特色文化进校园，可以为学生开启一扇通往历史长河的大门。在现代化的教育中，教师应该顺应时代的发展趋势，积极优化自身的思维意识，结合新课程的改革理念与要求，让中华优秀传统文化走进校园、进驻学生的心灵，进而为学生的成长提供重要的文化导向和情感导向，有效提升学生的民族自信。对此，本文对本土特色文化校本课程的开发与实施展开探讨，旨在加强我国传统文化的传承与弘扬，进一步提升小学教育的工作成效。

关键词：本土特色文化；校本课程；开发；实施策略

Research on the Development and Implementation of School-based Curriculum of Local Characteristic Culture

Rao Qing[1], Liu Weiwei[2]

(1. Yangxin County Chengdong New District Shizhen primary school, Huangshi City, Hubei Province; 2. Yongxing Primary School, Yangxin County, Huangshi City, Hubei Province)

Abstract: With the advancement of the new curriculum reform, traditional culture education has been widely valued by people. Students are the inheritors and innovators of culture, and entering the campus with local characteristics can open a door to the long river of history for students. Therefore, in modern education, teachers should conform to the development trend of The Times, actively optimize their own thinking consciousness, and actively combine the reform concepts and requirements of the new curriculum, so that the excellent traditional Chinese culture can enter the campus and enter the minds of students, thus providing important cultural and emotional guidance for the growth of students, and effectively enhancing students' national self-confidence. In this regard, this paper discusses the development and implementation of the school-based curriculum of local characteristics culture, aiming at strengthening the inheritance and promotion of traditional culture in China and further improving the effectiveness of primary education.

Key words: Local characteristic culture; School-based curriculum; Develop; Implementation strategy

随着社会的快速发展,学生面临多元化的文化冲击,对我国传统文化的认知与理解逐渐淡化。与此同时,学校作为承载文化传承和人才培养的重要场所,应当肩负起弘扬中国传统文化的使命。因此,学校应巧妙运用戏曲、传统手工艺、红色文化等丰富多彩的本土优秀传统文化元素,使校园内每一个角落都弥漫着中国传统文化的浓厚氛围,让师生在日常学习与生活中都能深受优秀中国传统文化的熏陶。然而,目前学校本土特色文化的教育形式尚显单一,缺乏足够的吸引力和感染力,难以有效激发学生的兴趣和共鸣。基于此,如何有效开发与实施本土特色文化校本课程,丰富学校的文化内涵,提升学生对本土特色文化的认知与兴趣,成为当前亟待探讨的重要课题。

一、本土特色文化校本课程的开发现状

本土文化资源是人们赖以生存的、有着深刻情感的精神家园,依托于本土文化资源开发校本课程,是帮助学生追寻生命之根的过程,更是培养学生热爱家乡、领略家乡之美、体验家乡幸福感的重要过程。然而,从课程资源开发的视角来看,学校在发掘和利用本土特色文化资源方面尚显不足。在校本课程编制过程中,学校普遍受到传统学科框架的束缚,未能充分展现本土文化的独特魅力和价值,导致众多蕴含深厚底蕴的本土文化未能得到应有的传承和弘扬,其潜在价值未能得到充分发挥。在课程实施环节,学校对本土特色文化校本课程的重视程度仍需提高,课程缺乏系统规划与有效实施策略。尽管学校已开设相关课程,但往往仅停留在表面的形式化呈现上,缺乏对本土文化内涵的深入挖掘和教育意义的全面彰显。此外,学生对于本土特色文化校本课程的认知和接受程度呈现出差异性。部分学生可能因文化背景、兴趣爱好等因素,对本土文化缺乏深入了解与兴趣,这在一定程度上影响了课程实施的效果以及学生对本土文化的认同感。

二、本土特色文化校本课程开发的意义

依托于本土特色文化,对校本课程进行广泛开发和应用,对学生的成长和发展有着重要且独特的意义。

(一)拓宽学生文化视野

追溯文化根源,找寻文化的印记,保留各地优秀文化资源,凸显地区文化特色,才

能继往开来,将传统文化发扬光大,让传统文化更具魅力。因此,在小学阶段,本土特色文化校本课程将本土文化资源整合起来,以更加系统化、更具连贯性的方式呈现出来,能有效提升学生文化认识的广度,深化学生的文化观念,在学生的心灵植入涓涓文化细流。通过这种方式,学生能在文化观念的引领下,学会接纳、认可、包容乃至传播本土文化,并且以本土文化为基点,系统、完善地建立对更加丰富、广阔的文化资源的认知、理解、包容和接纳。

(二)提升学生文化认同

在全球化背景下,外来文化资源的涌入对我国优秀传统文化的传承与弘扬构成了严峻挑战。如何在这股潮流中坚守本土文化的内核,确保其深入学生内心,持续受到他们的热爱,这不仅是社会各界应当密切关注的议题,更是教师群体应当竭尽全力推动的重要任务。小学阶段的学生正处于思想认识建立的关键期,教师对该阶段学生应当以更加深厚的文化情感充盈其内心,使之建立对本土文化强烈的热爱,才能提升其文化认同感。而本土特色文化校本课程通过深入开发和充分利用本土文化资源,不仅能够培养学生的文化情感,还能使他们更好地认识和见证本土文化中积极、正向的元素。在这个过程中,学生们将深刻感受到本土文化所蕴含的勇敢、善良等品质,进而增强他们的文化理解力和文化认同感。

(三)增强学生文化自信

习近平总书记强调"坚定文化自信,是事关国运兴衰、事关文化安全、事关民族精神独立性的大问题"。学校教育的重要职责之一,在于深化学生对国家文化的理解和认同,进而有效培养他们的文化自信。学校将戏曲、传统手工艺、红色文化等本土文化元素融入校本课程中,既能够使学生在亲身实践中感受中国传统文化的非凡魅力,又能在不知不觉中提升他们的道德水准和文化修养。

三、本土特色文化校本课程开发与实施的有效策略

为实现本土特色文化的多重教育价值,在教育过程中可以通过如下策略打造校本特色课程。

(一)挖掘本土资源,丰富课程素材

本土资源包括当地独具特色的自然资源与文化资源,诸如风景名胜区、独特的风土人情以及深厚的民俗文化等。对于在本地成长的孩子而言,这些本土资源是他们自幼耳濡目染的。戏曲是表现和传承中华优秀传统文化的重要载体,为有效地传承和保护戏曲艺术,应当实质性地推进"戏曲进校园"项目。应根据各地的实际情况,构建具有针对性的校本课程,进而为学生提供更广阔的戏曲知识学习平台,增强他们对戏曲魅力的感知,同时也为戏曲文化的传承开辟新的路径。对此,学校可以通过深入挖掘本土的戏曲资源,将这些充满乡土韵味的本土资源恰当地融入学校校本课程之中,不仅能够使学校课程更加贴近实际、接地气,还能有效丰富课程内容,增添课程的趣味性,使学校课程焕发新的生机与活力。

例如,源于茶农日常生活的采茶戏,以其愉悦的旋律、逼真的表演和贴近民间生活的故事情节,赢得了当地人民的广泛喜爱和高度评价。这种艺术形式不仅是茶农们在繁重劳动后休闲娱乐的重要方式,也是他们表达情感、交流思想、传承地方特色文化的重要载体。因此,将其纳入学校的特色教育课程,有助于学生深入研究和理解地方戏曲文化的独特精神,同时也能增强他们对家乡文化的归属感和自信心。为了实现这一目标,学校可以邀请本地知名的采茶戏艺术家进行教学,或者邀请剧团来校进行现场表演和解析,让学生亲自体验采茶戏的艺术魅力,感受传统戏曲的丰富内涵。此外,通过艺术家对采茶戏的历史渊源、表演技巧及其文化价值的深入讲解,可促进学生对本土文化有更全面和深入的理解。学校还可以设置采茶戏课程,将采茶戏的表演技巧、唱腔特色等内容纳入课程体系,让学生在实际操作中学习、体会并传承这一独特的本土艺术。通过亲身参与采茶戏的表演,学生们能够更深刻地感受到其独特的艺术魅力和文化内涵,进一步激发对本土文化的热爱与兴趣。此外,学校也可以组织学生在家乡春晚或者其他舞台开展采茶戏的表演,通过理论和实践结合的方式,进一步激发学生对本土文化的兴趣和热爱,提高他们的文化素养和审美能力。

(二)组织手工创作,强化课后服务

依托地域特色,充分挖掘乡土文化和非遗文化等资源,打造多元校本课程,可以满足学生课后服务的个性化发展需求。借助开展多样化的课后服务活动,不仅能够充实学生们的课余时光,更有助于全面提升他们的综合素质。对此,学校可以将地方文化纳入学校课后服务,教师可以为学生提供丰富的活动资源,通过开展手工创意活动,增强学生对优秀传统文化的认同感和民族文化自信。

例如,阳新布贴作为湖北地区一项深受楚文化熏陶的非物质文化遗产项目,以其独特的艺术语言魅力和美学内涵,在中国传统布艺领域中独树一帜。该项目充分展现了阳新人民卓越的创造力和艺术智慧,其艺术造型别致新颖,形式构思巧妙独特,文化底蕴深厚丰富。阳新布贴的外形设计充满自由浪漫的气息,色彩艳丽,同时蕴含着丰富的寓意和象征意义,被誉为"神奇的东方特有艺术品",充分彰显了其在中国传统艺术中的重要地位。对此,学校可以将布贴传统手工艺纳入学校课后服务体系。在课后服务活动中,教师可以通过组织学生开展布贴的制作活动,引导学生们深入了解和体验这一独特的传统手工艺。首先,教师通过视频教学,让学生欣赏大师们的布贴作品,直观感受布贴艺术的独特魅力,体会艺术家们对传统文化的热爱与执着。其次,学校可以带领学生参观阳新文化馆,成立布贴社团,进一步深化学生对布贴传统文化的了解。最后,当学生掌握了布贴文化的起源、发展和基础技法后,可尝试亲自参与布贴的制作。在此过程中,教师可提供指导,协助学生选择合适的布料,启发他们创新设计图案,以及教授如何运用针线技巧妙地拼接各种布料,以创造出独一无二的作品。这样的实践能令学生更深入地感受和欣赏传统文化的韵味,增强他们对传统文化的认同感和自尊心。学校可组织布贴作品展示活动,为学生提供在校园内展示个人创作的平台,引导他们分享制作经验及情感体验。学校通过此种方式不仅提高了课后服务的含

金量,同时发展了学生的爱好和兴趣,促进了对学生文化自信的培养。

(三)开展实践活动,见证历史传承

文化是国家和民族生命力的重要体现。将红色文化引入校园,学校可以深入挖掘红色元素,持续丰富校园文化的深刻内涵,进而实现"以文化人、以文育人"的教育目标。为深入推动红色文化教育,学校应充分利用红色资源,生动讲述党的光辉历程,以革命故事传承红色精神,用红色文化的丰富内涵培育时代新人。学校可组织并开展"红色文化进校园"的实践活动,让学生在亲身参与和深刻感受历史传承的过程中,受到红色精神的熏陶与感染,进而深入了解家乡的革命历史文化,并激发他们热爱家乡的深厚情感。

例如,阳新这片英勇的土地,孕育了无数革命英烈,其中王平将军的事迹更是熠熠生辉,成为我们传承红色文化、弘扬革命精神的重要载体。对此,为了加深学生对阳新红色文化的了解,学校可以组织开展"本土红色文化进校园"的实践活动,让学生在实践活动中见证历史传承,汲取精神力量。比如,学校可以组织红色研学实践,带领学生参观王平将军纪念园和阳新烈士陵园,让学生深入了解他们的英勇事迹,进而深入感受王平将军以及烈士们坚定的信仰和不屈的精神。此外,为让红色文化真正扎根于学生心中,学校还可以开展"本土红色文化主题班会"活动,在班会中通过宣讲红色历史、王平将军的英勇事迹等,让学生深刻理解今日的美好生活是无数革命先辈以生命和热血换来的,必须珍视每一分光阴,励志进取。我们要致力于发扬和继承中华民族优秀传统,以培养学生的爱国爱党之情、自我奋发之志。同时,学校应强化对国家和民族的情感教育,使学生更深入地领悟中华民族优秀传统和精神的内涵,确保红色精神在他们身上继续发扬光大。

(四)注重跨学科融合,拓宽学习视野

跨学科实践是指一种跨越单个学科界限、涵盖两个或更多学科知识创新的活动。其核心特征在于对学科内容的融合,以提升学习者的综合学习能力,使他们的知识体系形成一个紧密结合的有机整体。本土文化作为一种地域文化,具有独特的育人价值。用跨学科方式培养学生的核心素养是当前义务教育阶段的热点。对此,本土特色文化校本课程的开发与实施应注重跨学科融合,有效突破本土文化传承发展瓶颈,促进本土文化的活态传承。

例如,在上述采茶戏、布贴、红色文化等具有本土特色的文化校本课程的开发与实施过程中,可以将其巧妙地融入各学科的教学之中,使学生在多样化的学科学习中无意识地感受到本土文化的独特魅力。比如,在语文课堂上,教师通过系统阐述采茶戏深厚的历史背景、流传的民间传说,以及布贴的精湛技艺、蕴含的文化精髓,可以有效地引导学生深入探究并深刻感受本土文化的非凡魅力。同时,为了增强学生的文化体验感,教师可以针对性地布置相关写作任务,鼓励学生以本土文化为主题进行文学创作与表达,从而进一步加深他们对本土文化的理解与认同。在历史课堂上,教师可以生动讲述本地革命历史的波澜壮阔、英雄人物的英勇事迹,使学生充分认识到本土文化在革命历史中所发挥的重要作用。在艺术课堂上,教师可以充分利用布贴等具有本土特色的文化元素,组织开展创意手工制作活动,使学生在亲身参与制作的过程中真切感受到本土文化的独特魅力。在体育课堂上,教师可以巧妙结合采茶戏中的舞蹈动作,设计一系列富有趣味性的体育游戏和活动,让学生在运动中体验并领略采茶戏的韵律与节奏。以上述方式,突破传统思维,学校可以从不同方面挖掘、传承本土文化,为本土特色文化校本课程的开发与实施注入新的发展活力。

四、结语

弘扬中华优秀传统文化是新时代国家进步、民族振兴的根基。因此,学校应将传统文化融入学生的学习日常,让其深入校园的每个角落,无论是以课堂教育的形式,还是各种活动。对此,结合当前本土特色文化校本课程的开发现状,学校可以从挖掘本土资源、组织手工创作、开展实践活动、注重跨学科融合等方面着手,推动本土文化的传承与弘扬,让学生体会本土文化独特的价值和魅力,喜爱、继承与发展本土文化。

参考文献

[1] 王景艳,黄小华.本土文化校本课程开发的意义和价值[J].美术教育研究,2019(16):104-105.

[2] 金颖芳.构建中华优秀传统文化视域下的校园文化新样态——"启文书院·书院启文"项目的实施[J].文化创新比较研究,2024,8(9):128-132.

[3] 戏曲进校园 文化润童心[J].台声,2023(7):66-67.

[4] 王新会.让传统文化持续焕发光彩——盛世长安小学非遗进校园[J].陶瓷科学与艺术,2024,58(2):124-125.

[5] 刘美霞.传统文化走进小学校园的探究[J].科学咨询(科技·管理),2019(9):155.

农村高中在生源薄弱挑战下的发展机遇

段诗瑶

作者简介：段诗瑶，大冶市第二中学教师。

摘　要：本文聚焦农村高中所面临的生源薄弱挑战，深入探讨了这些学校在当前教育环境下面临的困境及发展机遇。通过对相关问题的分析，本文提出了一系列应对策略，特别强调了发展特色教育的重要性，旨在为农村高中的可持续发展提供有益参考。

关键词：农村高中；生源薄弱；发展机遇；特色教育

一、引言

进入 21 世纪后，随着工业化、城镇化的不断推进，我国乡村发展取得了有目共睹的历史性成就。但是，随着我国城镇化进程的加速，城乡发展不平衡，乡村发展不充分，致使乡村出现了很多新问题。其中，最明显的问题是乡村人口大量流失，教育资源不均衡现象日益严重。农村地区高中的生源质量急速下滑，大量优秀教师流失，农村高中面临着严峻的挑战。这些学校普遍存在着基础设施落后、师资力量薄弱、教学质量不高等问题，导致学生数量不足，质量不高，进一步加大了城乡教育的差距。因此，如何在生源薄弱的挑战下寻找农村高中的发展机遇，成为当前农村教育发展的重要课题。

二、农村高中面临的挑战

(一) 生源质量下滑

农村高中通常位于偏远地区，交通不便，生活条件艰苦，难以吸引和留住优秀的教师和学生，乡村人力资源短缺问题日益暴露。以大冶市第二中学（以下简称"大冶二中"）为例，该校位于大冶市最西边，距离大冶城区近 50 千米，大冶二中学生上学要多次转车，耗时长，极不方便。同时，随着城镇化的推进，越来越多的农村学生选择到城市学校就读。以大冶二中为例，21 世纪初，该校巅峰时期有 3700 多名学生；如今，金牛镇区人口虽不断增多，但大冶二中只有不到 1800 名学生。而且，近年来，经过大冶市第一中学、大冶市实验高中、大冶湖学校、大冶市第六中学层层筛选后，才有低分学生无奈选择大冶二中，仅仅只是因为其公办高中身份，收费相对便宜，而家庭经济宽裕的学生宁可选择城区的私立高中，也不愿到大冶二中就读。2023 年，大冶二中招生

700人,仅38人达到公办学校排名仅高于大冶二中的大冶六中的分数线,最好的学生名次排在全市5000名以后。随着2024年秋季大冶湖学校的扩招和大冶一中临空学校的招生,大冶二中的生源数量和质量将继续垫底,生源差距更会显著拉大。

(二)招生政策的限制

现行的分数优先的招生政策对农村高中存在极大的限制。例如,城区高中可以通过自主招生等方式吸引优秀学生,而农村高中则往往只能按照从高分到低分招生的原则招生。举例来说,大冶二中也有第一批录取的50个虬川班招生名额,实际上根本招不到相对高分的学生,这使得大冶二中在生源质量上处于绝对劣势。

(三)基础设施落后

由于经费投入不足,农村高中的基础设施普遍比较落后,缺乏必要的教学设备和实验仪器,影响了教学质量和学生的学习效果。教师的培养不到位,师资力量建设跟不上时代的变迁,导致大批教师向城市调动,农村老师严重流失。大冶二中近两年得到了市委、市政府的较大投入,完成了一期工程改造,基础设施得到明显改善,但与其他城区高中相比硬件设施依然落后。

(四)学生学习能力和动力不足

农村学生普遍存在学习基础薄弱、学习动力不足等问题。孩子的教育需要家庭和学校共同努力。可在农村,人们为了生存,父母不得不背井离乡外出打拼。孩子缺少父母的关爱,又怎么能把更多的心思用在学习上?同时,由于家庭经济条件的限制,许多学生根本无法参加各种课外兴趣小组,综合素质和竞争力相对较低。加上部分孩子学习态度不端正,一旦遇到挫折就选择逃避,未能及时得到老师、家长的帮助,极易产生厌学情绪,甚至选择弃学。

(五)教学矛盾

农村高中的教师队伍也面临着一些问题,如师资力量薄弱、教学观念陈旧、教学方法单一等。此外,由于农村高中的学生基础过于薄弱,教和学的矛盾日益突出,教师的教学任务相对较重,难以有足够的时间和精力进行教学研究和改革。

三、农村高中的发展机遇

(一)政策支持

近年来,国家出台了一系列支持农村教育发展的政策,如加大对农村教育的投入、提高农村教师待遇、加强农村教师培训等。这些政策的出台为农村高中的发展起到了一定的推动作用。

(二)发展特色教育

农村高中可以根据当地的实际情况,发展特色教育,如农业技术教育、民间艺术教育、体育教育等。以大冶二中为例,学生的文化基础虽然薄弱,但他们的身体素质不差,可以走体育特长的发展路径。而且大冶二中还具有一个得天独厚的优势,可以通过金牛镇政府租用金华庄园部分场地,开展特色教育项目,通过发展特色教育,提高学生的综合素质和竞争力,为当地的经济和社会发展培养人才。

(三)加强校际合作

农村高中可以加强与城区高中的合作,通过开展联合办学、教师交流、学生互访等活动,实现资源共享、优势互补。以大冶二中为例,可以尝试与大冶实验高中联合办学,实现教师交流、学生互通。大冶实验高中现有教师中有10余人编制仍在大冶二中,可以批量实现两校教师的交流;招生方面,可以将大冶实验高中招收的符合地方专项计划条件的学生统一安排到大冶二中校区就读,做好体育特长生的招生,在大冶二中校区大力推行体育特长教育。同时,农村高中也可以加强与当地企业和社会组织的合作,为学生提供学习和实践的机会。

(四)利用现代信息技术

随着信息技术的发展,农村高中可以利用现代信息技术手段,如网络课程、在线教育等,拓宽学生的学习渠道,提高教学质量和效率。以大冶二中为例,学生使用手机现象十分严重,且管控效果不佳,学校可以尝试开设手机摄影、自媒体制作、人工智能应用等课程,因势利导,让学生在快乐中学,学有所长。

(五)开展多元化教育

农村高中可以开展多元化的教育活动,如社团活动、科技创新活动、艺术体育活动等。以大冶二中为例,学校可以开设多种兴趣班,如美术、音乐、口才、武术、表演、舞蹈、书法、球类等,既能丰富学生的课余生活,培养学生的兴趣爱好和特长,又能提高学生的综合素质。

四、发展特色教育的策略

(一)立足本土文化,开发特色课程

农村高中可以立足本土文化,开发具有地方特色的课程,如民间艺术、传统手工艺、地方戏曲等。通过这些课程,学生能够更好地了解和传承本土文化,增强文化认同感和自豪感。

1. 民间艺术课程

民间艺术是我国传统文化的重要组成部分,具有浓郁的地方特色和民族风格。农村高中可以开设民间艺术课程,如剪纸、年画、刺绣等,让学生学习民间艺术作品的制作方法和技巧,感受民间艺术的魅力。

2. 传统手工艺课程

传统手工艺是我国劳动人民智慧的结晶,具有悠久的历史和深厚的文化底蕴。农村高中可以开设传统手工艺课程,如陶艺、木雕、竹编等,让学生学习传统手工艺的制作方法和技巧,培养学生的动手能力和创新能力。

3. 地方戏曲课程

地方戏曲是我国传统文化的瑰宝,具有独特的艺术魅力和文化价值。农村高中可以开设地方戏曲课程,如京剧、越剧、豫剧等,让学生学习地方戏曲的表演方法和技巧,

感受地方戏曲的艺术魅力。

(二)加强师资队伍建设,提高教师专业水平

农村高中要加强师资队伍建设,提高教师的专业水平。通过组织教师参加培训、开展教学研究、引进优秀教师等方式,提高教师的教学能力和专业素养。

1. 组织教师参加培训

农村高中可以组织教师参加各种培训活动,如新课程培训、教学技能培训、教育技术培训等,提高教师的教学水平和专业素养。

2. 开展教学研究

农村高中可以开展教学研究活动,如课题研究、教学反思、教学案例分析等,提高教师的教学研究能力和创新能力。

3. 引进优秀教师

要想方设法解决农村高中难留人的问题,可以引进优秀教师,如特级教师、学科带头人、骨干教师等,发挥他们的示范引领作用,带动教师队伍整体素质的提高。

4. 高校助力乡村教育振兴

高校定期选派中青年干部赴乡村挂职,分管教育等领域的相关工作,为乡村教育发展带去新思路与新方法。特别是各高校要充分发挥自身人才优势,积极组织名优教师送教下乡,选拔优秀研究生赴乡村支教和高年级师生顶岗实习,有针对性地开展乡村教师和中小学校长培训,有效缓解乡村教师资源紧缺的问题。以大冶二中为例,学校可以与湖北师范大学开展托管帮扶,充分利用湖北师范大学的优秀教师教育资源,促进学校教育管理水平的全面提升。

(三)加强实践教学,提高学生的实践能力

农村高中要加强实践教学,提高学生的实践能力。学校可以通过建立实践基地、开展实践活动、组织学生参加社会实践等方式,让学生在实践中学习,提高学生的实践能力和创新能力。

1. 建立实践基地

农村高中可以建立实践基地,如农业科技园、手工艺作坊、戏曲排练室等,为学生提供实践的场所和条件。

2. 开展实践活动

农村高中可以开展科技创新活动、艺术体育活动、社会实践活动等,让学生在实践中锻炼自己的能力和素质。

3. 组织学生参加社会实践

农村高中可以组织学生参加社会实践活动,如志愿服务、社会调查、社区服务等,让学生了解社会、服务社会,提高学生的社会责任感和实践能力。

(四)加强宣传推广,提高特色教育的知名度

农村高中可以通过举办特色教育成果展、开展特色教育宣传活动、利用媒体进行宣传等方式,让更多的人了解和认识农村高中的特色教育,提高农村高中的社会影

响力。

1. 举办特色教育成果展

农村高中可以举办特色教育成果展,展示学生的作品,让社会各界了解学校的特色教育成果。

2. 开展特色教育宣传活动

农村高中可以开展特色教育宣传活动,如特色教育讲座、特色教育体验活动等,让更多的人了解学校的特色教育。

3. 利用媒体进行宣传

农村高中可以利用媒体进行宣传,如报纸、杂志、电视、网络等,提高学校的知名度和社会影响力。

五、结语

农村高中在生源薄弱的挑战下,面临着诸多困难和问题。但是,通过加强政策支持、发展特色教育、加强校际合作、利用现代信息技术、开展多元化教育等措施,可以为农村高中的发展带来机遇。其中,发展特色教育是农村高中提高教育质量和竞争力的重要途径。通过立足本土文化、加强师资队伍建设、加强实践教学、加强宣传推广等,可以推动农村高中特色教育的发展,为农村学生提供更多、更好的教育机会。

基于乡土课程资源的高中地理跨学科主题学习活动设计研究
——以湖北省黄石市为例

郭翠萍

湖北省黄石市第七中学

作者简介：郭翠萍，女，湖北麻城人，硕士，中学一级教师，研究方向为地理课程与教学论。

摘　要：本文通过对乡土课程资源的梳理与分析，结合高中地理新课标理念和跨学科主题学习内涵，确定跨学科教学主题，设计出具有地域特色的跨学科主题学习活动，旨在丰富地理教学内容，培养学生的综合素养和跨学科思维，引导学生关注家乡发展，培养其社会责任感，实现综合育人目标。

关键词：乡土课程资源；高中地理；跨学科；主题学习；黄石市

随着新课程改革的不断深入，培养学生的综合素养和跨学科思维成为教育教学的重要目标。《普通高中地理课程标准（2017年版2020年修订）》明确提出了跨学科主题式学习，在"课程结构"中指出，注重地理学科与其他学科的融合，做好地理课程的顶层设计[1]。乡土课程资源作为一种贴近学生生活实际的教学资源，具有独特的教育价值。合理开发利用蕴含跨学科主题学习的乡土课程资源，引导学生了解家乡、关注家乡发展，在真实情境中开展丰富多样的高中地理跨学科主题学习活动，能够提高学生的学习兴趣和地理核心素养，培养学生热爱家乡的情感，增强其文化认同感与社会责任感，实现综合育人的目标。

一、高中地理跨学科主题学习乡土课程资源分析

（一）高中地理跨学科主题学习的内涵

随着教育改革的深入开展，传统学科边界限制已经无法满足现代教育的需求，与立德树人根本任务相匹配的是综合育人的教育目标。当前，高中课程结构中存在着科目多、过于强调学科本位、学科之间割裂、部分知识重复、缺乏整合等问题。学校应在分科前提下树立"跨学科主题学习"的课程研究思维，围绕某一研究主题，以地理学科为核心，对相关学科知识进行整合，契合当下的新课程改革方向，教师可以引导学生从不同学科视角出发思考和解决问题，实现知识的深度理解与融会贯通，发展学生的创造性思维，提升学生的核心素养。

地理学科是研究地理环境以及人类活动与地理环境关系的学科,具有区域性和综合性的特点,其特点和性质为设计跨学科主题学习活动提供了多学科知识融合的内在可能性,在跨学科主题教学方面有着突出的优势。

高中地理跨学科主题学习具有开放性、综合性和实践性的特点,打破学科已有界限,关注协同教学,促进学生学习的综合化,以全面的观点和思维去认识客观世界和解决实际问题,是落实课程改革、培育学生核心素养的有效途径,蕴含着独特的育人价值。

(二)乡土课程资源的来源

乡土课程资源存在于学生所处地的社会、自然、家庭和学校中,是一种具有地方特色、有教育意义,与学生生活和经验贴近的资源[2],包含自然环境、自然资源、人口民族、宗教信仰、风景名胜、历史文化、生活习俗、社会风尚等方面内容。依据《普通高中地理课程标准(2017年版2020年修订)》编写的各个版本地理教材中虽然都有乡土课程资源案例,但内容不够丰富,不能很好地满足各地学生学习需要。鉴于此,教师们应多渠道、多方位地开发形式多样、内容优质的蕴含跨学科主题学习的乡土课程资源。表1为乡土课程资源的内容与来源。

表1 高中地理跨学科主题学习乡土课程资源的内容与来源

乡土课程资源的内容	乡土课程资源的来源
自然环境、自然资源	地质局、气象局、水文局、野外考察等
人口民族、宗教信仰	博物馆、民宗局、族谱、县志、走访调研等
风景名胜、历史文化	旅游局、校史馆、纪念馆、历史文物等
风情民俗、民间艺术	档案馆、展览馆、文献资料、实地走访等
经济生活、社会风尚	工厂、企业、火车站、汽车站、机场等

(三)黄石市高中地理跨学科主题学习乡土课程资源分析

1. 黄石市概况

黄石市位于湖北省东南部,长江中游南岸,地处幕阜山北侧,地形以山地、丘陵为主,有少量平原和盆地。属亚热带季风气候,四季分明,雨量充沛。境内有长江、富水、大冶湖等主要河流和湖泊,是国务院批准的沿江开放城市。

黄石市具有悠久的历史和丰富的文化遗产,是华夏青铜文化的发祥地之一,也是近代中国民族工业的摇篮,工业文化底蕴深厚,工业基础较好,有"青铜故里""钢铁摇篮""水泥故乡"和"服装新城"之称。目前,黄石市以矿产资源开采和加工为主导产业,同时发展现代农业和服务业,是华中地区重要的原材料工业基地。同时,黄石市有着独特的风俗习惯和民间艺术,如西塞神舟会等。

历史上因长期的采矿冶炼,造成了千疮百孔的生态创伤,资源的枯竭也给城市的发展蒙上一层阴影。2009年3月,黄石市被列为全国第二批资源枯竭转型试点城市。2021年,黄石市获批全国第一批、湖北省唯一城市更新试点城市。

2. 黄石市高中地理跨学科主题学习乡土课程资源分析

学校应对所在地附近、与学生生活息息相关的自然及人文资源进行挖掘与运用，转化成为教学服务的课程资源，能够较快地到达学生学习的最近发展区。根据黄石市概况，学校可以开发以自然环境和自然资源为基础的乡土课程资源，如河湖生态保护、资源枯竭型城市转型、地质研学实践活动等；以黄石市人文历史为基础，可以开发与矿冶文化、工业发展、文化生活、红色记忆等相关的乡土课程资源。

2023年11月，黄石市委宣传部公布了黄石市四条研学路线，分别是山水生态研学之旅、农耕体验研学之旅、工业秀带研学之旅、红色记忆研学之旅。围绕着东方山、西塞山、仙岛湖、滴水崖等开展山水生态研学，以熊家境、龙凤山、沼山乡村、军垦五夫园、大冶湖为基础开展农耕体验研学之旅，整合国家矿山公园、华新1907文化公园、黄石矿博园、劲酒工业园等乡土课程资源开展工业秀带研学之旅；以大冶兵暴旧址、油铺湾、南山头革命纪念馆、龙港红军街为基础开展红色记忆研学之旅。

挖掘和开发乡土课程资源对培育学生的地理核心素养非常重要。半城山色半城湖，青山与绿水相映，自然与人文相交，黄石市拥有着得天独厚的自然禀赋，乡土课程资源典型，地域特色鲜明。学校应贴近学生生活实际，利用黄石市自然和人文概况，结合市委对研学路线的开发，深度挖掘出丰富的适用于高中地理跨学科教学的乡土课程资源，丰富高中地理教学内容，培养学生的跨学科思维，促进学生关注家乡发展，培养学生的社会责任感，实现综合育人目标。

二、基于乡土课程资源的高中地理跨学科主题学习活动设计案例

（一）主题确定

乡土课程资源内容丰富，具有鲜明的地域特色。在梳理乡土课程资源时，要对其进行评价，分析其是否符合区域性、综合性、科学性的特点，与课标要求及各科教材内容、学情进行匹配，抓住关键和重点，确定研究主题，选择最佳的呈现方式，才能使乡土课程资源发挥最大效益。基于调查分析，本文梳理了基于黄石市乡土课程资源的高中地理跨学科学习主题（见表2）。

表2 基于黄石市乡土课程资源的高中地理跨学科学习主题

高中地理跨学科学习主题	相关信息	涉及学科
读懂过去，观照现在，影响未来——探访家乡的文化生活	围绕黄石市的各种人物、自然和人文景观、独特的风俗习惯和历史文化，思考家乡文化生活与自我成长之间的关系，形成关注和参与当代文化生活的意识，培养家国情怀	地理、语文、历史、思政
穿越百年，感受华新水泥背后的工业浪漫	华新1907文化公园基于华新水泥厂旧址而建，围绕工业记忆、历史文化传承，创新修缮历史建筑，开展城市转型发展研究	地理、历史、美术

续表

高中地理跨学科学习主题	相关信息	涉及学科
"开启科学之旅,点燃梦想之光"——走近青山湖生态保护	以黄石市的青山湖水修复为例,培养学生的跨学科素养和科学素养,提升学生的环保意识	地理、化学、生物
"地球科学,晶彩世界"黄石地质博物馆、矿博园研学实践活动	认识古生物化石、了解地球变迁史、认识地质构造,用现代科学去叩问历史、见证时光、感知生命,探索地球46亿年的沧桑变迁	地理、历史
"探索矿冶文明,守护绿色家园"——走进黄石国家矿山公园	为修复受损的生态,黄石人选择了将废弃矿坑改造为文化公园的深度开发之路,在露天采矿岩石堆上种植生态复垦林,改善了矿坑周边的植被环境和地质条件,实现石海变绿洲,守护绿色家园那一段独属于黄石国家矿山公园的时光印记	地理、历史、生物
天地洪炉——黄石铜绿山矿冶文物主题游径	以铜绿山矿冶工业文物为主题,将历史文化、工业技术、交通运输等有机串联,完整真实地展现不同阶段黄石矿冶生产发展的历史脉络,解读"三千年炉火不灭"的奥秘,诠释黄石市在长江中游早期文明的发展进程及在近代中国工业化发展进程中的显著地位	地理、历史、化学

(二)设计案例

在对黄石市部分乡土课程资源进行整合后,笔者确定了以"体会城市风情　感受城市脉络"为主题,设计和开展了跨学科主题学习活动。

1. 活动主题

活动主题为"体会城市风情　感受城市脉络"。

2. 活动对象

黄石市高二学生。

3. 活动目标

立足高中教学,以地理学科为核心,与乡土课程资源结合,促使学生充分了解所在城市的风土民情和城市发展,并能就其可持续发展提出建议。

4. 预设线路

黄石国家矿山公园—黄石市矿博园—黄石华新1907文化公园—黄石磁湖湿地公园。

5. 活动地点及具体目标

表3为基于乡土课程资源的高中地理跨学科主题学习活动。

表3 基于乡土课程资源的高中地理跨学科主题学习活动

活动地点	乡土课程资源介绍	具体目标	涉及学科知识
黄石国家矿山公园	黄石国家矿山公园位于湖北省黄石市铁山区境内,矿冶大峡谷为黄石国家矿山公园核心景观,被誉为"亚洲第一天坑",是挖矿废弃的矿坑,后经复垦成为国家AAAA级景区	学生通过野外观察识别主要地貌,说明其景观的主要特点,认识当地工业发展历程及生态修复具体措施,树立因地制宜、人地协调的思想	地理、历史、生物
黄石市矿博园	黄石矿博园是集中展示黄石矿冶文化、矿物晶体和奇石等资源、地质科普的对外窗口,是具有地方特色和引领辐射作用的生产加工文化创意产业园,展现黄石"黄金宝石"之城和山水园林城市魅力的工业旅游景区	学生在现实情境中认知乡情国情,体味工业城市转型魅力,深入理解区域发展与自然环境、自然资源的关系	地理、历史、化学
黄石华新1907文化公园	创建于1907年的华新水泥厂是我国建成最早的现代水泥生产企业,被誉为中国水泥工业的摇篮,目前因为现代水泥工业形势的变化和城市建设的发展,华新水泥旧址全线关闭,在原址上创建了集工博、文创、文商多元复合功能的华新1907文化遗址公园,是产业转型示范区和城市更新形象新窗口	学生通过分析资料、实地调查,了解黄石市工业发展历程及相关产业形成的区位条件,培养学生的区域认知、综合思维能力	地理、历史、思政
黄石磁湖湿地公园	黄石磁湖湿地公园位于磁湖西南区域,通过生态保护、生态修复、湿地景观建设等水污染综合治理,改善了磁湖水质,磁湖原生态逐步得到回归,是集生态、休闲、科普于一体的湿地休闲娱乐公园	结合实例,说明生态修复的目的及设立自然保护区对生态安全的意义;学会用整体性原理解释自然环境各要素之间的关系,确立人与自然和谐共生的观念	地理、生物、化学

6. 活动评价

"体会城市风情 感受城市脉络"跨学科综合实践活动需完成的任务是:结合一天的所见所闻及黄石市的历史、现在,为黄石市的未来发展规划提出合理性建议。此活动任务为提出开放性对策、建议,需要结合地理、历史、语文、思政等多方面学科知识综合分析,旨在培养学生的综合思维和热爱家乡的情感,形成积极参与社会建设的社会责任感。

活动评价以活动具体目标完成情况为依据,以学生的核心素养发展水平为标准,对学生的参与度和具体表现、完成任务情况进行评价,实现评价内容和方式的多元化和多样化,最终聚焦于学生核心素养的培养。

三、结语

本文通过对黄石市乡土课程资源的分析和高中地理跨学科主题学习活动的设计,提出了具有针对性的典型案例。实践证明,基于乡土课程资源的高中地理跨学科学习主题学习活动能够提高学生的学习兴趣和综合素养,促进学生的全面发展。未来将进一步深入探索跨学科主题学习活动的形式和方法,完善评价机制,提升乡土课程资源的利用效益,提高教学效果。

参考文献

[1] 中华人民共和国教育部.普通高中地理课程标准(2017年版2020年修订)[M].北京:人民教育出版社,2020:5.

[2] 曾宁波.乡土课程资源的意蕴及开发原则[J].四川教育,2022(19):10-11.

区域特色文化育人与乡村教育情怀培养

胡娟[1] 李文涛[2]

1. 大冶市东岳路街道办事处四棵初级中学；2. 阳新县太子中学

作者简介：胡娟，女，湖北黄石人，学士，大冶市东岳路街道办事处四棵初级中学教师，研究方向为教学法；李文涛，男，湖北仙桃人，学士，阳新县太子中学教师，研究方向为教学法。

摘 要：各地的区域特色文化都是我们民族文化的组成部分。在互联网和城镇化冲击的时代，对区域特色文化的传承和创新性发展成为当务之急。因为地域偏远的关系，一些较为落后的农村地区在过去这些年相对较少地受到这种冲击的影响，其区域内特色文化得以相对完好地保存、延续下来。但是在这些地区，资源相对匮乏，条件相对艰苦，乡村教师要在保证教育教学质量的前提下，完成特色文化育人的任务，所面临的考验更加艰巨。培养这些乡村教师的教育情怀是制胜的关键。本文将从区域特色文化育人和乡村教育情怀培养两方面展开探讨，以期助力区域特色文化育人事业的发展。

关键词：文化自信；区域特色文化；乡村；教育情怀

The Education of Regional Characteristic Culture and the Cultivation of Morals of Rural Teachers

Hu Juan[1], Li Wentao[2]

(1. Sike Junior Middle School in Dongyue Road Sub District Office in Daye, Huangshi, Hubei Province, 435000; 2. Taizi Middle School in Yangxin County, Huangshi, Hubei Province, 435000)

Abstract: Regional characteristic culture is an integral part of our national culture. With the impact of the Internet and urbanization, the inheritance and innovative development of regional culture has become a top priority. Due to the remoteness of the region, some relatively backward rural areas have been relatively less affected by this kind of impact in the past years, and their regional characteristic culture has been relatively well preserved and continued. However, in these areas, the resources are relatively scarce, the conditions are relatively difficult, requiring rural teachers to help preserve and pass the regional characteristic culture on to the next generation on the premise of successful completion of the task of regular teaching, facing a more difficult test. The key to success is to enhance the passion for education of these rural teachers. The author will discuss its practical problems from these two aspects in order to help the development of regional characteristic culture education.

Key words：Cultural confidence；Regional characteristic culture；Rural areas；The passion for education

所谓"一方水土养一方人",说的就是区域特色。区域特色文化是属于某一区域内特有的文化,包括当地的风俗习惯、历史文化,甚至当地特有的语言、行为习惯等。随着我国城镇化进程的加快,许多城市的发展陷入趋同,失去了城市特色。然而,在一些较为偏远或者落后的地区,区域特色往往更加明显,区域文化往往保留得更加完好。因为这些地区交通不便利,反而有助于保全当地传统特色文化,让它们较少地受到外来文化的冲击。比如在湖北省某乡镇,以前这里每个村子都有自己的祠堂,每年都要举行盛大的"接太王"的活动;婚丧嫁娶的各种礼仪可以追溯到多年以前,当地的豆腐文化源远流长,已经成为地方政府推广当地特色的一张名片。但是近年来,随着交通的便利、信息化的普及,这些传统文化的传承也受到了挑战。很多年轻一代甚至成年人沉迷于网购、短视频和游戏等。传统文化反而因为不够时尚,渐渐地变成老一辈人的独角戏。年轻人过度追逐潮流,膜拜时尚,被网络裹挟,认知和审美趋同,缺乏文化自信,当地传统特色文化几乎不会成为年轻人的话题。这样的现象,在全国绝对不是个例。随着时代的发展,传承地域传统特色文化,在这样的乡村地区变得更加迫切。正是意识到了这方面问题的严重性,2024 年农业农村部办公厅、中国文联办公厅联合印发的《"大地流彩——全国乡村文化振兴在行动"工作方案》,中央一号文件《中共中央 国务院关于学习运用"千村示范、万村整治"工程经验有力有效推进乡村全面振兴的意见》等也都一再强调繁荣发展乡村文化。

我国是一个农业大国,农业人口占全国人口的大多数,谈到区域特色文化育人这个话题时,我们主要面对的就是广大的乡村地区。在这些地区,无论是生活还是工作,条件更加艰苦,硬件资源和软件资源都相对落后。教师如果不具备一定的乡村教育情怀,不能扎根当地、挖掘当地文化,将自己融入当地的生活,去感受、体验,那么无疑将会很难理解当地特色文化,更不用说创造性地将其融入学校的育人实践中了。也就是说,是否具备乡村教育情怀是区域特色文化育人能否成功的前提条件。

无论是保留还是发展区域特色文化,都离不开人。所以我们常常说的社会主义现代化,就是人的现代化。在现代人的发展过程中,学校教育起着主导作用。将区域特色文化创新性地同学校的教育实践结合,是区域内学校义不容辞的责任和义务。区域特色文化教育和乡村教育情怀培养的共同目的都是育人,也就是以更好的方式培养更好的人。在我国,一切教育领域的实践都服务于社会主义教育目的的实现,培养社会主义的劳动者、建设者和接班人。那么具体应该如何做好区域特色文化育人和培养乡村教师的教育情怀呢?

一、区域特色文化育人的实操

(一)研究整理区域特色文化

首先,我们应该清楚某一区域的特色文化的内涵、历史起源、发展现状,以及在文化多元化的现实世界中的定位等问题。这就需要我们通过实际走访调查,线上线下查阅文献资料,以便脚踏实地研究、保存和开发当地文化。尤其在一些地区,区域特色不甚明显,这种情况下,更需要我们主动作为,去掌握区域特色文化的整体图景,做到心中有"数",才能实操有"术"。我们谈到的区域特色文化育人,并不是笼统地、不加选择地将之一股脑地施加在学生身上,而是对其去粗取精、去伪存真、有所筛选、有所鉴别,将其中的精华部分、符合时代主题和社会主义建设发展需要的部分保留下来、截取下来,以符合学生身心发展规律的形式,在校园内传承。

(二)特色文化融入学校育人实践

(1)以学校课程为主抓手。以对区域特色文化的研究为基础,系统性地将之融入生动的学校育人实践中是文化育人的关键一步。课程是学校教育的主体,各级各类学校主要通过课程完成各自的培养目标。那么,想要完成区域特色文化育人的任务,我们应该将区域特色文化课程化,包括明确课程目标,建立科学系统的评价考核体系,组织编写特色文化相关的系列教材,设计各种活动,配备能够胜任特色文化教学的教师,以及配套其他相应的资源如资金、场地、功能教室等。

(2)充分利用校内文化布置。课程是校内教育显性的方面,以区域特色文化为主题的校内文化布置则是隐性的方面。通过书画、宣传海报、手工艺作品展览、宣传视频的滚动播放、特色文化标识等潜移默化的形式,将区域特色文化氛围烘托出来,全体师生浸润其中,定然深受裨益。校内文化布置不仅陶冶情操,增长知识,而且坚定了学生的文化自信,有助于他们找到自我。

(3)充分发挥人的主观能动性。学校应充分调动全体师生的积极性,从策划设计到实施,最后到评价考核,尽可能地将校内每个人的智慧都纳入其中,群策群力,集思广益。通过全员参与,将区域特色文化的推广从"要我做"变成"我要做",让全体师生更加积极主动地参与区域特色文化的传承发展过程,贡献他们的智慧和力量。脱离师生的文化在校内是没有生命力的。

(三)校内校外联动

"他山之石,可以攻玉"。学校不能闭门造车,要尽其所能地利用校外社会资源,助力自身更好地完成教育任务。在特色文化育人方面,学校可以有针对性地邀请这方面的专家、学者、艺人等到学校讲学,现身说法,跟校内师生互动交流、切磋技艺、教学相长。这样既教育了全体师生,又推广了区域特色文化。学校还可以跟当地居委会、村委会、博物馆、民俗馆等机构或组织取得联系,校内校外联动,共同组织活动,充分参与特色文化的推广传承。

(四)在实践的基础上创新

缺乏创新,不能与时俱进的区域特色文化也是难以为继的。对特色文化进行简单的介绍、模仿并不能真正起到传承的作用,强制性实施有时候反而会激起学生的逆反心理,适得其反。我们需要挖掘出区域特色文化的深层次的内涵底蕴,并赋予其在新时代的特殊意义,增强学生的使命感。教师要引导学生结合现代社会生活的方方面面,尤其是当地群众的生存境遇。学生根据自身发展的实际状况和需要,学校应创造性地学习,创新性地发展区域特色文化。无论是内容上的更新,还是形式上的创新,循序渐进,让区域特色文化在坚守中绽放更加璀璨的光芒。

二、培植乡村教师教育情怀

乡村教育情怀的培养对区域特色文化育人是有着深刻的现实意义的。如果没有一群又一群坚守乡村、热心教育的教师,区域特色文化育人只能是不能落地的空想。教育情怀不是自我标榜的口号,而是实实在在的行动,年年岁岁的坚守。教育对象的不成熟,教育效果的滞后,来自教育系统内部和外部的压力,教师工作的复杂性、连续性、广延性等特点都对一线乡村教师提出了巨大的挑战。特别是在比较落后的乡村,经济条件落后,学生和家长的文化素质相对较低,学校领导及成熟教师群体学历普遍较低,新入职教师又欠缺实践经验,一线的教师们亟需科学的理论和实践指导。如果教师没有坚定的教育情怀,连基础学科的教学都很难做出成绩,更不用说颇费周章地发掘区域特色文化育人了。综上所述,没有教育情怀做支撑,传承区域特色文化的工作很难开展。

(一)发挥教育行政机构的领导、组织、协调作用

作为管理学校的上级教育行政机构,可以在政策方面给予乡村教师更多的倾斜和照顾,包括待遇提高、职称评定、荣誉授予等,让乡村教师感受到来自官方的、正式的尊重和认可,维护他们的职业尊严,提升他们的职业自信。除此以外,还需要针对乡村教师群体定期或者不定期地组织在职或者脱岗培训。其中,应该以在职培训和校本培训为主。现在很多地区采取教联体的方式,集团化办学,整合优势学校和薄弱学校的资源,细化名校名师对乡村教师的帮扶责任,或者强制要求城乡学校进行师资交流。这些举措不仅有利于薄弱学校教育水平的提高,也有利于乡村教师个体职业发展。

(二)激发教师主人翁精神,增强教师归属感

首先,学校可以通过将每一个教师尽可能地纳入学校的常规及非常规管理过程中,激发教师群体的主人翁精神,增强教师的积极性、创造性。其次,学校可以通过举办各种活动,有仪式感地营造尊师重教的校园氛围,提高教师的职业荣誉感、成就感。如北京市十一学校为过生日的老师们组织生日会,为退休老师制作纪念手册,将学生对老师的感谢制成贺卡送给老师,奖励进步和优秀的教职工子女,都是值得其他学校借鉴的做法。学校通过这些有心之举,增强老师们的归属感,老师们感受到了尊重,提升了幸福值,教育情怀也得到了进一步的激发。

(三)守好教学质量"生命线"

在我国,分数一直是教育绕不开的话题。人们谈论某个学校或地区的教育质量时,其实主要就是指该学校或地区学生的分数水平。教学质量对任何一所学校而言都是生命线一般的存在。没有教育教学质量,教师的职业尊严就会受到质疑和挑战。想要培植教师的教育情怀,学校应该更加重视教育教学质量,抓好常规教学工作。教师用心做好备、教、改、辅每一个环节,真诚地对待每一节课程,将集体化教学和个性化辅导有效结合起来,站好课堂主阵地。唯有通过这些脚踏实地的行动,才能让教师从学生的成长中获得成就感,从而有利于教师教育情怀的培植。

(四)严选有教育情怀的校长

人民教育家陶行知先生说,"一个好校长,就是一所好学校"。现代教育家朱永新先生认为"校长是学校的灵魂"。校长不仅仅是一个学校的各项事务的总负责人,更是整所学校的顶层设计者、形象代言人、学校文化的塑造者、精神风貌的代表。一所学校就像一个大家庭,校长就像这个家庭的家长。俗话说"兵熊熊一个,将熊熊一窝",如果校长自身缺乏教育情怀,又如何能奢谈他所领导的教师群体拥有教育情怀呢?即便初时存在于个别教师身上,也可能因为环境的影响而逐渐淡化。我们需要在选聘校长环节慎之又慎,挑选既有真才实学,又有教育教学情怀,怀揣教育梦想,富含教育激情的人。尤其在乡村地区,教师的整体素质相较于城市偏低,信息也相对闭塞,更需要优秀校长的引领。有了用心、用情、用力、用智的优秀校长,学校才能有民主的工作作风、和谐的人际关系、科学的理论和实践指导、上级行政管理机构和社会各方面的大力支持等。而这些,都将有利于学校教育事业蒸蒸日上,有利于教师的成长,包括教师教育情怀的培植。"蛇无头不行,鸟无头不飞"。综上所述,无论是区域特色文化育人,还是教师教育情怀的培养,校长是否拥有教育情怀都是这两个目标能否实现或在多大程度上得以实现的关键。

做好区域特色文化育人工作,学校需要根据国家的教育方针政策,结合本校实际和当地特色文化的个性特征、学生的身心发展规律和生长需求,蹚出一条路来。相信只要老师们坚守教育情怀,学习愚公移山的精神,日复一日,学校一定能为社会培养更多拥有文化自信的人才,增强国际竞争力,造福社会。

参考文献

[1] 陈孝彬,高洪源.教育管理学[M].4版.北京:北京师范大学出版社,2019.
[2] 萧宗六.学校管理学[M].5版.北京:人民教育出版社,2018.
[3] 张东娇,徐志勇,赵树贤.教育管理学[M].北京:高等教育出版社,2011.
[4] 叶澜.新编教育学教程[M].上海:华东师范大学出版社,2006.
[5] 李希贵.学校如何运转[M].北京:教育科学出版社,2019.
[6] 胡涂清.教育,是爱的垂钓[M].吉林:吉林文史出版社,2020.

第四篇 课程与教材建设

面向师范生的教育政策法规课程开设探析

肖锦川[1] 罗清[2]

1.湖北师范大学教师教育学院;2.湖北省武汉市江汉区区属小学

作者简介:肖锦川,男,教授,湖北师范大学教师教育学院,全国优秀教师,主要从事课程与教学论、教师教育及教师专业成长研究;罗清,女,湖北省武汉市江汉区区属小学教师。

摘 要: 师范生学习阶段是教师职前教育的"拔节抽穗期",教育政策与教育法规对师范生的专业成长起着指引方向的作用,面向师范生开设教育政策法规课程不仅有利于完善教师教育培养体系,还能提高师范生专业发展内驱动力,增强师范生职业发展信心。而该课程的考核测评形式,可纳入人才培养方案进行学分认定;还可以学生社团为载体,以赛促学,以评促学;更可通过对师范生的行动驱使,促进师范生把教育政策法规渗透到校园文化生活、学习实践等所有职前教育环节中。

关键词: 师范生;教育政策法规课程;内容体系;测评形式

教师肩负着向学生传递知识、思想、真理的重要使命,承担着塑造灵魂、培育新时代人才的重任。党的二十大报告关于教育强国等内容的论述,强化了教师在推动国家教育事业发展和促进国家富强、民族振兴、人民幸福方面的重大作用。教师专业素质水平越高,在担负教育振兴的历史使命过程中发挥的作用就越显著。持续深化教师教育改革,提高符合中国式现代化所需的教师队伍质量,培养出具备良好素养、满足社会复杂需求的优秀人才是每一位教育工作者的责任。完成时代赋予的任务不仅需要依靠教师用高尚师德去浸染学生,用社会主义核心价值观去熏陶学生,用高超的专业技术素养去培育学生,还需要用法律法规去"驱动"学生。尤其是在教师职前教育的"拔节抽穗期"(即师范生学习阶段),更加需要通过开设教育政策法规课程来推进师范生对我国教育政策和教育法律法规知识的学习。

一、面向师范生的教育政策法规课程开设的背景

教育政策是党和国家为实现某一历史时期的教育发展目标任务而制定的关于教育的行为准则,主要通过国家立法机关和行政机关制定发布的教育类文件、通知等体现出来,如《中学教育专业师范生教师职业能力标准(试行)》《中小学教育惩戒规则(试行)》等。教育法规狭义上是指由国家最高权力机关制定和颁布的教育法典,如《中华人民共和国教育法》《中华人民共和国教师法》等;而广义上是指关于在各级教育工作

中形成的教育法律关系、教育权利与义务的法律规范的总和,包括国家法律中关于教育的规定、教育一般法则和各种地方政府教育行政法规等。

早在 2013 年 9 月,教育部办公厅就发布了《关于全面加强教师法制教育工作的通知》,强调法律相关内容考核在教师资格考试中的重要性,以及扩大中小学教师参加法制培训范围的多种途径,从而提高中小学教师依法执教、参加学校管理以及维护自身和学生合法权益的意识与能力。[1]

除了政策驱使,现实中的教育政策与教育法规学习也是促进师范生专业成长和彰显师范专业特色的需求。一方面,了解、熟悉教育政策,是筑牢教师专业素养基底的前提,学习和运用教育法规又是把好师范专业成长方向、夯实师范生"教育特色"的前提。另一方面,学习教育法规可以培养师范生依法治教的法律意识,形成和树立依法治教的观念和符合职业特殊性的权利义务意识。有了教育政策与教育法规奠基,师范生即使在教育教学实践中遇到新知识、新问题或新困惑,也能够做到"依规施教,依法从教",增强职业信心和职业定力。

二、面向师范生的教育政策法规课程开设的价值

教育政策与教育法规旨在为教育现代化的实现提供一系列有力的方向指引和秩序规范,它涉及教育法律关系、教育权利以及教育义务的法律规范等。虽然了解、学习、领会并努力贯彻系统化的教育政策与教育法规是全体公民的责任和义务,但由于师范生是教师队伍的后备军,其培养目标要求和职业特点决定了学习相关知识的必要性,也彰显了教育政策法规课程开设的价值。

(一)有利于完善教师教育培养体系

"教师教育"既包括职前教育,更包括职后继续教育,职前职后一体化是提升教师教育质量的保障。随着中华民族伟大复兴进程的推进,师范教育作为整个教育行业的"工作母机",其发展状态将会直接影响中华民族的未来。在当今世界变迁和我国持续深化教育改革的新时代背景下,教师队伍建设将会受到更多重视,因此,直面教师队伍建设的现存问题,坚持深化改革,不断完善教师教育培养体系已成为推进当今教育工程的关键一步。教师教育培养体系的构建和健全会涉及各级政府、各类学校评价标准的转向和办学方向的转型,如果没有教育法规的支撑,就难以凝聚所有教育资源,就必须为教师教育体系建设作出调整和改变,达到为教育振兴同向而行的目的。

(二)有利于强化师范生依法依规从教的职业意识

为了提高师范类专业的人才培养质量,教育部在 2017 年 10 月印发了《普通高等学校师范类专业认证实施办法(暂行)》,将"学生中心,产出导向,持续改进"作为师范类专业认证的基本理念。[2] "学生中心"理念倡导教师教育课程突出"生本性",使学科专业课程与教师职业教育课程高度融合成为必然。尽管如此,但是仍有一些师范院校照搬综合大学模式,课程设置没有走"师范特色"之路。有些师范院校即便把教师教育课程分为必修和选修两大类,却出现"教师教育必修课程设置多以教育基本原理和通

用教学技能为主,学科教学理论与实践课程大多为选修课,且学分和学时数较少"[3]的问题。教育政策法规课程的开设,有助于培育师范生把教育政策法规的学习作为"终身学习"的必选项和优先项的意识,也有助于依法施教,尊重学情科学施教,依法从教,依法维护自己和青少年儿童的合法权益。

(三)有利于增强师范生职业发展的定力和信心

目前,社会上流行一种观点:教师手上没有戒尺,导致教师教育手段匮乏。批评教育的话题仍十分敏感,但已有的政策法规对这类话题的激浊扬清提供了依据。实际上,教师并不是缺乏惩戒学生的戒尺,《中小学教育惩戒规则(试行)》中明确指出,"学生有下列情形之一,学校及其教师应当予以制止并进行批评教育,确有必要的,可以实施教育惩戒"。[4]作为"准教师"的师范生通过学习领会类似教育法规,可以明白自己成为教师后,手上还是有戒尺的,只是需要改变各种不规范的管理方法和不尊重教育规律的行为,从而增强"为党育人,为国育才"的职业定力和信心。师范生深入理解和掌握相关的教育政策和法规,并将其反映到学习生活中,一方面作为学生,能够通过这种方式规范自身,在现在乃至将来的日常工作和社会活动中养成懂法、知法,善于运用法律保护学生及自己权益的良好习惯,从而不断提升师德师风、研修教育技能,并通过不断探索和创新实践来推动教育改革;另一方面把依法从教观念内化于心,外化于行,成为在职教师时,时刻为学生做出表率,促使其成长为遵纪守法的优秀公民。

(四)有利于精准培养合格乡村教师,破解教育现代化发展瓶颈

偏远乡村地区教师质量一直是教育现代化发展的短板。随着民办教师退出历史舞台,乡村教师队伍的"补充源"以师范院校毕业生为主。这些师范生在填报大学专业志愿时固然有一部分矢志投身于乡村教育事业,但还有一部分是在职业生涯教育缺位下的盲目选择。部分师范生即便态度明确地选择了师范专业,但由于受到强势的"向城性"文化的影响,还没有做好接受乡村教师职业生活的准备,对乡村社会和乡土文化产生排斥心理。这种"向城性"思想的蔓延极大地消解了师范生以乡村教育为载体推动乡村振兴的义务和责任。相对于城市的繁华与浮躁,乡村教师亟需投身"从心底发出来的,能够打到内心深处的,心心相印的真教育"[5],时刻谨记乡村振兴的责任,热爱和坚守乡村家园,沉浸乡土文化,纵横驰骋于乡村教育的广垠田野。因而,师范院校面向乡村教育选拔招生时需要注意定向化和精准化,也就需要充分利用已经颁布施行的教育政策法规进行引领。另外,师范院校还可以通过教育政策法规课程的开设,引导有投身乡村教育振兴事业理想的师范生,学习、研究与乡村教师专业发展相关的教育政策法规,培育乡土情怀,挖掘和传承乡土文化,有利于形成"乡村教师专业特色",培育更优秀的专业化创新型乡村教师队伍。当然,该课程的开设与各级政府尽可能解决乡村教师切实利益问题是相互协同的,如各级政府应"弘扬优秀乡土文化方面激发乡村教师的智慧才华,既要减轻乡村教师工作负担,又要认同培育学生乡土情怀的工作业绩等"[6];通过推进本土化培训,加大对贫困地区乡村教师的公费定向招生与培训,有望大幅度提高"下得去、留得住、教得好、有发展"[7]的乡村教师培养质量,突破教育

现代化发展瓶颈。

三、面向师范生的教育政策法规课程的建构原则及内容体系

师范专业的人才培养方案旨在培育师范生的教育情怀,生成教育智慧,培养符合职业需要的教育专业知识、学科技能和学科素养。对于师范生须学习的教育政策法规课程,其建构原则及内容体系的设计皆须以专业技能培育和专业发展自觉性的激发为旨要。

(一)课程的建构原则

(1)系统性原则。教育政策法规课程含有多个维度和要素,具有一定的整体性和系统性:这一课程的内容体系既包含党和国家的宏观方针和路线,也包含教育活动与教育内容的规范,体现了从国家到地方思想理论、教育方向、根本任务和教育变革等方面的一致性,以便促进师范生专业成长,既满足促进教育事业发展的需求,又满足不同师范专业学生的发展需求。

(2)时代性原则。面向师范生开展教育政策法规课程需要站在新时代历史方位的基础上,不断更新课程内容,优化课程功能。在确定师范生教育政策法规课程内容时,学校不仅要将国家权力机关和行政机关发布的调整教育和各方面关系的文件内容作为重点学习内容,还需要结合时代对教师队伍法治素养的要求,根据不同师范专业的特点,站在准教师的视角细化课程内容,给师范生法治素养培育提出针对性的要求。

(3)发展性原则。师范生学科专业类别较为广泛,主要包括教育学、汉语言文学教育、思想政治教育、数学教育、生物学教育、人文教育、小学教育、学前教育、特殊教育等。学校面向师范生开设教育政策法规课程需要在内容设置上考虑到专业性和发展性,既要分好层次,满足各专业师范生的专业成长需要,又需要有意识地关注到各专业学生教育法治素养的深层次发展。

基于以上原则建构的相关课程,还需要与教师的职业特性和职业生涯相结合。如设置"教师职业道德与教育法规"课程,在课程目标建设上,从知识层面要求师范生熟悉新时代教师核心素养、行为规范、师生权利与义务等;在能力与素质层面要求师范生能正确处理多元人际关系,做学生引路人,能使师范生形成专业发展意识、沟通合作和反思实践的职业素养等。[8]

(二)课程的内容体系

著名的佐藤学教育研究三视角理论,主张"不同的眼睛就代表了不同的研究视角,最基本的三种视角是'飞鸟之眼''蜻蜓之眼'和'蚂蚁之眼'"。[9]教育政策法规课程内容体系也可着眼宏观借助站位高远的"飞鸟之眼",通过全面指导教育的政策法规课程实现师范生明晰职业发展方向的目的;可着眼中观借助视角下移的"蜻蜓之眼",通过现代化教师队伍建设方面的政策法规课程实现优质教师队伍可持续发展的目的;可着眼微观借助回归教育教学的"蚂蚁之眼",通过推动教育改革和教育创新及解决地方教育发展问题,实现教育强国的目的。

1. 全面指导教育发展和教师教育方面的政策法规

进入新时代,教育始终发挥着国家发展和民族振兴的基础性、先导性和全局性的重要作用,因此必须推动教育现代化,实现我国从教育大国到教育强国的转变。2020年2月,全面指导教育发展方向的纲领性文件《中国教育现代化2035》发布,在"实施路径"部分提出解决教育和教师队伍建设瓶颈问题的举措,如教师教育体系方面"构建服务全民的终身学习体系",建设具有高素质、创新意识和能力的教师队伍,为呼应教师"终身学习"体系的构建,需要师范生通过学习该文件,加强职前职后一体化发展的认识,完善专业发展体系,增强终身学习的意识。《中国教育现代化2035》对教育远景目标的谋划包括提倡以师范院校为主体,高水平非师范院校、优秀的中小学及幼儿园协同参与创建的具有中国特色的教师教育体系,这正是师范院校与地方政府共建各级"教师教育综合改革实验区"的助推剂。师范生学习该文件,更易理解师范院校、地方政府、中小学"三位一体"协同育人机制构建的意义,既重视和参与创建"教师教育综合改革实验区",提高教育实践技能,又能利用"三位一体"协同育人机制拓宽职后专业成长路径。课程中与之类似的政策法规还有《中华人民共和国教师法》《中华人民共和国未成年人保护法》等。

教育评价关系到教育发展和教师发展的根本方向,为坚决纠正单一追求升学率、重智轻德的教育倾向,全面提高人才培养质量,中共中央、国务院在2020年10月颁布了《深化新时代教育评价改革总体方案》,明晰勾画了新时代我国教育评价改革的任务和路线,是指导"准教师"们参与深化教育评价改革的纲领性文件。师范生学习该方案后,对中国学生发展核心素养的培育信念会更加坚定,也会真正树立科学成才观念,真正践行"以德为先,五育并举"的教育理念,持续提升促进学生德、智、体、美、劳全面发展的综合素养;在自我专业发展的方向上,师范生会将挖掘和践行"新时代教育家精神",将涵养高尚"师德师风"作为第一标准,能始终"推进践行教书育人使命",并能"把认真履行教育教学职责作为评价教师的基本要求"。[10]

2. 高素质专业化创新型教师队伍建设方面的政策法规

进入新时代,我国教育事业优先发展的主要矛盾已从各级各类教育事业的普及发展、扩大入学机会转向内涵发展和质量提高。2018年1月,随着《中共中央 国务院关于全面深化新时代教师队伍建设改革的意见》的出台,党和国家切切实实"把教师工作置于教育事业发展的重点支持战略领域,优先谋划教师工作,优先保障教师工作投入,优先满足教师队伍建设需要"。[11]教育强国的战略思想更加明确,基础教育师资力量的重要性变得越发突出,这既是促进教育事业的动力,又是实施教育现代化发展的重要关注点。目前,在类似政策文件的支持下,高质量基础教育教师队伍建设有了战略保障,各级政府将教师队伍建设作为教育投入的重点,在资源配置方面提供大量支持。然而毋庸讳言的是,现在教师教育的发展与新时代教育振兴的要求还有距离,譬如师范生在校学习期间,培养单位"注重知识的课堂传授而轻教学实践,学生根据实际教学情境解决问题能力的培养不够"[12],教师教育供给侧依然存在产能过剩、性别失衡、学科分布不合理、部分新任教师岗位胜任力不足等问题。这需要师范院校创新专业培养模式,让师范生走出教学实践能力"边缘化"的专业学习模式,发展"以发展教学专长、关注学生学习、自我认同与完整为中心的专业行为和专业信念"。[13]新时代的种种竞争的关键在于培养创新型人才,而培养创新型人才需要建设高素质、专业化和创新型的教师队伍。教育部2018年9月发布的《教育部关于实施卓越教师培养计划2.0的意见》中提出"培养造就一批教育情怀深厚、专业基础扎实、勇于创新教学、善于综合育人和具有终身学习发展能力的高素质专业化创新型中小学教师"。[14]但是,仅仅聚焦创新型教师队伍建设,目前还存在一些问题。就职前教育而言,表现在师范生培养目标和规格、课程内容以及方式方法等多个方面缺乏创新思想指导,"培养目标中缺乏对创新的具体要求"且"课程体系中创新课程设置欠缺""因而也无法培养师范生在教育教学等专业发展上的创新能力"。[15]没有创新精神的教师是难以培养出时代所需的创新型人才的,因此培养造就"勇于创新教学"的教师,在师范教育阶段就需要师范生参与院校培养方案的修订,提出相对具体的创新要求,并协助学校设立创新必修课程,进行专业课程创新,以及积极营造创新教育环境,鼓励"朋辈互助"进行创新学习。

  师范生还需要对照职业能力标准,朝着"高素质专业化创新型"的目标学习,如关于《中学教育专业师范生教师职业能力标准(试行)》等五个文件对各学段师范生都从师德践行能力、教学实践能力、综合育人能力、自主发展能力四方面阐述了详细标准。但是能力标准仅仅停留于此还不够,师范生还需要紧跟时代学习与之相关的教育政策法规,譬如《中学教育专业师范生教师职业能力标准(试行)》关于综合育人能力的标准,即"理解拟任教学科课程独特的育人功能,注重课程教学的思想性"。[16]但随着迫切而切实适应"双减"政策与提升学生科学素养的现实需要,应"聚焦立德树人根本任务","孵化"学生科学精神,"推动中小学科学教育学校主阵地与社会大课堂有机衔接,提高学生科学素质"。[17]以上综合育人能力标准应完整表为"理解拟任教学科课程独特的育人功能,注重课程教学的思想性和科学性",明白了专业能力标准,师范生可以发挥个性特长,在学优专业课程的同时,还可以学会课程思政教学方法,学会科学和劳动教育课、社会实践课的教学知识与技能,争取成为"一专多能"的跨学科、复合型人才。

  前面提到,教育现代化进程中,乡村教育和乡村教师队伍建设是发展瓶颈,培植乡土情怀是乡村教师队伍建设的根本对策和关键路径。国务院早在2015年就印发了《乡村教师支持计划(2015—2020年)》,宗旨是"实施乡村教师支持计划,旨在努力造就一支素质优良、甘于奉献、扎根农村的教师队伍,为基本实现教育现代化提供坚强有力的师资保障"。[18]2021年7月,教育部和其他九部委联合推出《中西部欠发达地区优秀教师定向培养计划》(简称"优师计划"),以推动中西部欠发达地区优秀教师的定向培养,提升基础教育品质,推动基础教育可持续健康发展。《新时代基础教育强师计划》《教育部关于实施国家优秀中小学教师培养计划的意见》(简称"国优计划")及其他一系列相关政策,旨在解决当前教育领域存在的不足,鼓励和扶持有能力的教育工作者,吸引更多优秀人才从事教师职业。为实现这一愿景,依然需要师范生创造性精准探索和实践反思,通过教育方针政策和教育现实的融通,勇于投身乡村教育振兴,激励更多立志躬耕乡村教坛的同仁提高乡村文化自信等。

3. 推动教育改革和教育创新方面的政策法规

新时代深化教师教育改革,加强教师队伍建设,提高教育教学质量,已成为有识之士的广泛共识。实现教育现代化 2035 愿景,不可能一蹴而就,需要教育人不断尝试、改革与创新。因此,教育改革和教育创新方面的政策法规学习也是教育改革的重要推动力。中共中央、国务院 2019 年 7 月发布的《关于深化教育教学改革全面提高义务教育质量的意见》强调,为了全面提升义务教育的质量,必须坚持以科学的教育理念为指导,建立一套涵盖德、智、体、美、劳完整的教育体系及一套有效培养人才的机制,以促进教育的发展。[19] 而如何担负"立德树人"的责任使命呢？2018 年 6 月,"三全育人"的概念被正式引入综合改革试点工作的重要文件中。同年 9 月,习近平总书记在全国教育工作会议上提到,要以德、智、体、美、劳为基础,努力培育具有良好道德品质的未来接班人。由此可见,"三全育人"作为"大思政"的延伸,为师范生的专业技能提高指明了方向,它是落实要求的具体途径,而"五育并举"则是这一系列行动中的育人要求。2018 年 1 月,中共中央、国务院发布了《关于全面深化新时代教师队伍建设改革的意见》,旨在推动师范生的实践技能培养,促进家庭、学校、社会的共同参与,推动教育的整体发展,从而更好地满足现实教育发展与教师发展的双重需求。2023 年,为了落实该意见及《教育部等八部门关于印发〈新时代基础教育强师计划〉的通知》,教育部在上海市、厦门市等 10 个地区开展国家基础教育教师队伍建设改革试点。[20] 这对师范院校改变师范生实践能力评价内容多维性不全、评价主体多元性不足、评价方法多样性不够等提出新课题,对师范生实践能力培养提出了具体而全面的高要求,需要师范生在师德践行能力、教学实践能力、育人实践能力、创新发展能力四方面提升实践能力。[21]

师范生只有学深、学透这些政策举措,方能更有信心和决心坚持以习近平新时代中国特色社会主义思想作为方向,精准分析和研判新时代教育发展和教师队伍建设的主要矛盾,通过专业研修和实践尝试,思考出一系列建设高素质教师队伍的政策举措,如推进教师职评和专业荣誉晋升新模式,以及完善教师相关福利制度和改革教师教育评价机制等。许多教育政策文件都把教师队伍建设归为"重大政治任务"和"根本性民生工程",师范生如果能够深刻领悟《关于全面深化新时代教师队伍建设改革的意见》中特别强调的落实教师教育振兴行动计划的有关建议,就容易深入理解构建中国特色师范教育体系的重大意义,从而不断提高自身专业能力和素质,积极为推进家、校、社协同育人模式效能发挥进行探索,努力成为基础教育现代化的主力军和示范者。

4. 直面并着力解决地方教育发展问题方面的政策法规

除了国家层面的教育政策法规需要学习,一些直面教育发展困境,具有前瞻性、典型性的地方教育政策法规也是学习内容,既可以拓宽师范生专业视野,又可丰富其教育思维,提高其教育品质,并能更加充分地挖掘其思考并解决教育问题的潜力。如近年来,具有教师队伍建设引擎作用的"名师名校长"培养工程逐渐得到各级政府的重视。该培养工程在师资队伍稳定、梯队传承、专家引领和教育改革等方面都取得了诸多宝贵的成绩和经验,同时也遇到一些现实瓶颈。如果师范生研究《湖北省教师教育振兴行动计划实施意见》,就能看到该政策旨在建立高等学校、地方政府和中小学幼儿园"三位"之间的协作培训体系,有助于突破各种"教育障碍"。如关于教师专业发展支撑制度与教师自我实现之间的矛盾,一些地方政府设计出教师梯级培养与梯级荣誉相协调的制度优势,像北京教科院教师研究中心的"名师"培养模式:既协助制定培养政策,做好培养对象的选拔、督导、结业评审等工作,又协助制定培养基地政策,审核培养方案,评估培养效果等,真正实现政府、机构、大学"三位一体"。[22]再如,孝感市积极探寻"中小学教师专业荣誉称号"的设置方式,最终利用梯级形态的优势,将授予中小学教师的荣誉称号分别设定为"教坛新秀""教坛能手""教坛英才""教坛名师""教坛名家"这五种。随后,政府和高校明确分工、协同施教,为不同专业荣誉层级的教师设计独特的培训计划,通过这种层层推进的培训方式,就可以形成一个由区域内的优秀教师和杰出学科带头人组成的梯队。[23]师范生学习并评析此类直面并着力解决地方教育发展问题的政策法规,不仅会提高专业发展站位,还能逐渐学会用更开放的教育眼光和更智慧的教育手段,发展解决问题的综合能力、逻辑思维和创新思维,工作后,就能大幅缩短职业适应期,迅速为教育现代化发展发挥自己的作用。

四、面向师范生的教育政策法规课程的评测形式

作为育人系统规划的师范专业人才培养方案,需要把教育政策与教育法规的学习与评测纳入其中,评测形式可以多元化,但是作为课程纳入学分管理系统进行考查,无疑有最直接的驱动力。由于培养院校普遍开设了法律知识相关的教学课程,大部分师范生已获得一般的、系统的法律基础理论知识,如关于法律本质、公民权利义务,宪法、民法、刑法关系及大概内容等。在此基础上,学校把教育政策法规课程作为师范专业公共必修课程(或选修)并进行严格的学分考查,一方面能使师范生知识结构更为完整,知识面更广,另一方面,也能因为教育政策法规与教育间的密切联系而激发师范生学习法律法规的兴趣,从而加深对已学知识的理解和掌握。而师范生培养院校不一定专门聘任教育政策法规课程的教师,因其本身就拥有一支较高政策研究水平和法律基础的师资队伍,如"法学概论""大学生思想政治修养"等课程的教师,都具有把本课程研究领域扩大到教育政策法规研究领域中去的潜力。如基于课程思政目标建设的"教师职业道德与教育法规"课程,"是培养师范生职业理念信念和职业道德行为修养的必修课程,以课程思政为基本理念开展课程建设对于增强课程育人效果具有重要意义"。[8]并且,对"法学概论""大学生思想政治修养"等课程的教师来说,在"思政大课堂"的德育新格局推行实践中,与从事法学教育的教师进行教学碰撞和科研融合,教师的教学水平和学术指导能力也能够逐步满足任教要求,且专业素养和学术视野在内外

驱动契机下得以提高和扩展。

教育政策法规课程的考查应以教育政策的发展脉络和广义的教育法为重点内容,具体来讲,其内容范畴包括:一是所有法律的母法《中华人民共和国宪法》,以及教育母法《中华人民共和国教育法》等,宪法中有关教育的规定和教育母法是对我国教育最根本、最基本的规定,是指导制定其他教育法律、法规的依据,因此是课程重点;二是教育类一般法律、教育行政法规和教育地方法规,包括《中华人民共和国高等教育法》《中华人民共和国义务教育法》《中华人民共和国未成年人保护法》和民法、刑法、行政法等中的相关的内容,以及其他类别的法律,如《残疾人教育条例》《中华人民共和国职业教育法》等;三是各级地方政府制定的地方性教育政策和教育法规,如为了推进新时代教师队伍建设改革,2018年3月,教育部等五部门印发了有关"教师教育振兴行动计划"的通知,而湖北省教育厅等五部门为建设高素质和创新能力教师队伍,推进了教师教育改革大范围的创新发展和内涵延伸工作,在2019年8月印发了《湖北省教师教育振兴行动计划实施意见》,鼓励地方政府、高校、中小学以及幼儿园协同发力,形成融培养、培训、研究和服务于一体的教师教育发展新模式,类似这些带有地域特色的教育政策和区域性教育法规,既可成为属地师范院校课程考查要点,也可作为他山之石,成为非属地师范院校课程考查要点。

当然,教育政策法规课程的考查,还有更多其他形式,包括如"教学技能促进会""未来教育家联盟"等以师范技能培育为宗旨的学生社团,对加入该社团和参与社团活动及获得教育政策与教育法规相关竞赛奖项者,赋予不同学分或提供不同成长平台,把教育政策与教育法规的习得与运用融入师范生丰富多彩的校园文化社会中。再如师范专业学院和学校教学管理部门搭建协同育人平台,在常规化基础上不断创新该类知识的考核与考查形式,在师范技能大赛、教师礼仪赛、师范风采赛、优秀师范集体评选等评赛活动的推进过程中,以赛促学,以评促学,提升师范生教育政策与教育法规的学习、深悟和使用意识与能力。最后学校通过对师范生参与各级各类培训服务、学术研讨、课题立项,参与支教或扎实开展"三习一体化"实践课程等行动进行表现评价和增量评价等途径,促进师范生把教育政策法规渗透到理论学习、实践学习、教育调研、实习实训、研究实验等所有职前教育环节中,营造"培师德、铸师魂、练师技、展师风"的氛围。

当前,影响师范教育和教师教育的诸多政策、制度问题仍然存在,如师范院校招生和毕业生就业欠精准化,师范生实践能力与职业需求脱钩,师范生职业信仰和职业伦理薄弱化等。只有不断强化师范生对教育政策法规的学习、了解、运用实效,才能确保师范生成长为优秀教师后,参与适应新时代的更多教育政策法规的拟定过程,为教育振兴、民族复兴发挥更大、更积极的作用。

参考文献

[1] 中华人民共和国教育部. 教育部办公厅关于全面加强教师法制教育工作的

通知[EB/OL].(2013-09-29)[2023-12-20]. http://www.moe.gov.cn/srcsite/A02/s5913/s5914/201309/t20130929_158411.html.

[2] 中华人民共和国教育部.教育部关于印发《普通高等学校师范类专业认证实施办法(暂行)》的通知[EB/OL].(2017-10-26)[2024-12-22]. http://www.moe.gov.cn/srcsite/A10/s7011/201711/t20171106_318535.html.

[3] 陈国仕.浅谈当前师范教育课程设置与培养方案——从一堂数学课反思当前师范教育[J].湖北经济学院学报(人文社会科学版),2023,20(12):143-146.

[4] 孟鸿志,侯嘉淳.论教育惩戒的性质及其功能定位——兼评《中小学教育惩戒规则(试行)》[J].中国教育法制评论,2022(1):28-40.

[5] 陶行知.陶行知全集:第2卷[M].成都:四川教育出版社,2005.

[6] 肖锦川.让师范生碰触到乡村教育最柔软的地方[N].中国教师报,2022-05-25(13).

[7] 中华人民共和国教育部.教育部等五部门关于印发《教师教育振兴行动计划(2018—2022年)》的通知[EB/OL].(2018-03-22)[2024-04-10]. http://www.moe.gov.cn/srcsite/A10/s7034/201803/t20180323_331063.html.

[8] 郑艳芳.基于课程思政的"教师职业道德与教育法规"课程建设[J].文教资料,2020(36):134-136.

[9] 陈静静.教育研究的三种视角——佐藤学如何做研究[J].上海教育科研,2018(4):49-52.

[10] 中华人民共和国教育部.中共中央 国务院印发《深化新时代教育评价改革总体方案》[EB/OL].[2024-04-10]. http://www.moe.gov.cn/jyb_xxgk/moe_1777/moe_1778/202010/t20201013_494381.html.

[11] 中华人民共和国中央人民政府.中共中央 国务院关于全面深化新时代教师队伍建设改革的意见[EB/OL].(2018-01-31)[2024-04-10]. https://www.gov.cn/zhengce/2018-01/31/content_5262659.htm.

[12] 陈举.教师教育高质量发展的问题表征与治理路径[J].扬州大学学报(高教研究版),2023,27(5):19-27.

[13] 朱宁波,严运锦.新手教师学习机制解析:从"边缘"走向"中心"[J].教育理论与实践,2021,41(19):33-38.

[14] 中华人民共和国教育部.教育部关于实施卓越教师培养计划2.0的意见[EB/OL].(2018-09-30)[2023-08-14]. http://www.moe.gov.cn/srcsite/A10/s7011/201810/t20181010_350998.html.

[15] 盛晗笑,余波,董宁.新时代下创新型教师队伍建设的问题与对策[J].黑龙江教师发展学院学报,2023,42(7):26-28.

[16] 中华人民共和国教育部.教育部办公厅关于印发《中学教育专业师范生教师职业能力标准(试行)》等五个文件的通知[EB/OL].(2021-04-06)[2024-12-21].

http://www.moe.gov.cn/srcsite/A10/s6991/202104/t20210412_525943.html.

[17] 中华人民共和国教育部.教育部等十八部门关于加强新时代中小学科学教育工作的意见[EB/OL].(2023-05-26)[2023-08-14].http://www.moe.gov.cn/srcsite/A29/202305/t20230529_1061838.html.

[18] 中华人民共和国人民政府.国务院办公厅关于印发乡村教师支持计划(2015—2020年)的通知[EB/OL].(2015-06-08)[2024-04-10].https://www.gov.cn/zhengce/content/2015/06/08/content_9833.html.

[19] 中华人民共和国教育部.中共中央 国务院关于深化教育教学改革全面提高义务教育质量的意见[EB/OL].(2019-06-23)[2023-11-06].http://http://www.moe.gov.cn/jyb_xxgk/moe_1777/moe_1778/201907/t20190708_389416.html.

[20] 中华人民共和国教育部.教育部关于开展国家基础教育教师队伍建设改革试点的通知[EB/OL].(2023-08-03)[2023-11-06].http://www.moe.gov.cn/srcsite/A10/s7151/202308/t20230829_1076630.html.

[21] 吴能表,石定芳."强师计划"战略背景下师范生实践能力评价的价值、困境与路径[J].重庆师范大学学报(社会科学版),2023,43(1):25-32.

[22] 宋洪鹏.中小学名师培养政策存在的问题及改进建议——基于我国14个省份名师培养政策的分析[J].北京教育学院学报,2018,32(5):8-13.

[23] 程建专,王辉.以梯级荣誉制度激励教师专业成长[J].湖北教育(政务宣传),2018(3):26.

以多途径、多元化的方式培养学生的人文素质
——以黄石市第十四中学美术课程为例

黄晶晶

黄石市第十四中学

作者简介：黄晶晶，女，湖北十堰，本科，黄石市第十四中学一级教师，研究方向为中学美术教学研究。

摘　要：本文基于义务教育阶段艺术课程标准对人文素质的具体要求，以黄石市第十四中学美育课程教学为实例进行深入剖析。在教学实践过程中，要全面贯彻落实"新艺术课标"的核心理念，着重强化对学生人文素养的培育，力求使学生在艺术学习的过程中实现全面而均衡的发展。

关键词：人文素质；师生关系；评价体系

Developing Students' Humanistic Qualities Through Multiple and Diverse Approaches
——Taking the Art Curriculum of Huangshi No. 14 Middle School as an Example

Huang Jingjing

(Huang shi No. 14 Middle School, Huangshi, 435000)

Abstract: This article is based on the specific requirements for humanistic quality in the art curriculum standards of compulsory education stage, and takes the teaching of aesthetic education in Huangshi No. 14 Middle School as an example for in-depth analysis. In the process of teaching practice, the school fully implements the core concept of the "New Art Curriculum Standards", focuses on strengthening the cultivation of students' humanistic literacy, and strives to enable students to achieve comprehensive and balanced development in the process of art learning.

Key words: Humanistic qualities; Teacher-student relationship; Evaluation system

党的二十大报告和《义务教育艺术课程标准(2022年版)》都着重强调了学生学习传统文化、涵养人文精神的重要性。

2014年,教育部颁布的《完善中华优秀传统文化教育指导纲要》明确指出,对青少年学生实施中华优秀传统文化教育,对于培养文化的继承者和弘扬者,促进文化传承创新,构建社会主义先进文化体系,具有十分重要的基础性作用。[①] 二十大报告还进一步指出:"要增强中华文明的传播力和影响力,坚守中华文化立场,提炼展示中华文明的精神标识和文化精髓,加快推进中国话语和中国叙事体系建设。"为实现"构建中国话语和中国叙事体系"的目标,提升以中国画为代表的中国传统艺术在义务教育阶段的教学质量势在必行,中国画教学不仅局限于技法的传授,更要深入揭示其内在的文化内涵。

作为个体内在文化素质和精神特质的深度融合,人文素养对个体的成长影响深远而持久,直接关系到个体能否成长为社会栋梁。在我国的教育制度中,把初中阶段作为培养学生人文素养的关键节点,作为塑造学生内在精神品质的一个重要时期。学生通过美术学习,可以将抽象的概念具象化,借助造型、色彩、线条、空间等视觉元素,发挥抽象思维的想象力,并结合个人的情感经历,创造出富有人文气息的艺术作品。

初中阶段虽然是学生人文素养形成的关键时期,但同时也是他们性情发展最不稳定的时期。美术教育作为提升学生人文素养的重要途径,教师通过传授美术基础知识和基本技能等一系列人文美术课程,引导学生树立正确的世界观、人生观、价值观,提升学生的文化素养,培养学生的道德审美观念[②]。同时,美术教育也帮助学生树立社会责任意识、爱国敬业精神和独立人格意识等。通过基础教育阶段的美术课程,学生不仅可以掌握美术基础知识和基本技能,还可以接触到人文领域的知识和文化。学生通过欣赏和创作具有人文气息的美术作品,内化积极向上的精神品质,学会关注世界,最终形成受益终生的人文素养。

此外,提高学生人文素养是当前建设中国特色社会主义核心价值观的基本要求。社会主义核心价值观中公民价值观——爱国、敬业、诚信、友善四个基本内涵,彰显了培育合格公民的人文素养核心作用。因此,一个合格的社会主义公民,既需要掌握先进的科技知识,又需要对中华民族优秀传统文化和人文精神进行继承与发扬。通过美术教育,学生具有高尚的道德情操和丰富的人文素养,能够更好地理解和践行社会主义核心价值观,成为社会主义的建设者和接班人。

在人文素养的培养上,初中美术课程起到了举足轻重的作用。本文将以黄石市第

---

① 杜宏斌.聚焦核心素养 凸显美育功能——义务教育艺术课程标准(2022年版)解读[J].基础教育课程,2022(9):57-64.

② 李甲.初中美术课程的人文素养教育研究——以海南建筑为例[D].海口:海南师范大学,2016.

十四中学的美术课程为例,对初中美术在人文素养培养方面的具体做法和成效进行深入探讨。

一、黄石市第十四中学美术课程概述

该校一直非常重视美术教育,把它作为培养学生人文素养的一个关键环节。美术课程不仅致力于传授美术基础知识和技能,更强调对美术作品的深度赏析和丰富的创作实践活动,使学生的审美情感、文化修养、创新创造能力得到全面提升。

在美术课程的实施过程中,该校积极采取开设兴趣小组、开办美术知识讲习班等多样化的教学形式,为学生搭建一个近距离接触大师作品、感受艺术魅力的平台。同时邀请行业内知名艺术家作为指导教师,让学生在专业导师的带领下,亲身参与创作实践,提升自身的艺术造诣。

该校美育工作得到了各级教育主管部门的充分肯定和好评。学校今后将不断深化美术教育改革,为学生全面发展提供更加优质的教育资源与环境。

二、初中美术人文素质培养的具体实践

1. 构建新型师生关系

在初中美术学科教学中,构建新型的师生关系尤为重要。在这个过程中,教师要充分凸显学生的主体作用,将其置于课堂的中心位置,促进他们与教师之间建立和谐有效的交流互动关系。在传统初中美术欣赏(鉴赏)教学课堂中,教师往往占据主导地位,倾向于采用讲授法单向传授美术知识,这种做法往往使学生的思维空间和表达机会受到限制,进而影响课堂的教学效果。

按照《义务教育艺术课程标准(2022年版)》的要求,美术欣赏(鉴赏)应该是学生主动参与的一个学习过程。学生要懂得并理解,美术不仅是表现自我、他人和周围世界的重要手段,而且建立在个人视觉感受之上的、能够引起经验联想的是一种主观的心理活动。在美术欣赏(鉴赏)过程中,学生要能自如地表达个人的视觉体验、心理感受,并主动思考和感知艺术作品。

教师要充分尊重学生的主体性,鼓励学生积极发表自己的看法,认真倾听学生的意见。同时,教师要针对学生的学习特点和需求,灵活调整教学方法,保证学生在进行美术欣赏(鉴赏)的过程中,取得实实在在的成长和进步。此外,教师还要深刻认识人文素养教育对学生全面发展的重要性,并将其贯穿培养学生综合素质和审美能力的美术教学全过程。

初中美术作为一门综合性极强的学科,在教育教学过程中,教师应充分融入人文素养教育,以提升学生的道德品质,促进其综合能力的全面发展。在实施人文素养教育中,教师要充分尊重和发挥学生的主体作用,通过采用引导式教学方法,有效激发学生的学习兴趣和主动性,使学生在深入探究美术知识的过程中,不断提升自身的学科素养。

2. 构建科学评价机制

为了准确评估学生的人文素养水平，教师需要适时对学生进行客观公正的评价，构建一套科学严谨的评价机制至关重要。目前，一些教师过分关注学生的学习成绩，而对学生学习兴趣的激发稍显不足。针对这一现状，教师要积极致力于构建科学的评价机制，重视运用表现性评价。科学的评价机制可以有效地激发学生学习的主动性，进而促进其学习能力的提高。因此，教师要善于运用合理的评价手段，保证全面公正地评价学生的人文素养水平。

根据《义务教育艺术课程标准(2022年版)》教学评估的有关指导精神，评估应涵盖学生的学习态度、过程表现、学业成绩等多个方面，并应贯穿整个美术学习的全过程，贯穿美术教学的各个环节。作为教学的重要内容，课堂评价应面向全体学生进行，包括对学生在学习过程中的行为表现、学习态度等方面的综合评价。教师可以通过观察、提问、交流、记录等多种方式，深入了解学生在欣赏、表现、创意实践过程中的表现，进而对学生的学习重难点等进行分析和把握，并据此进行必要的指导。

在评价反馈上，教师要注重即时性、生成性、针对性，以激发学生热情为目的，同时还要指出存在的问题，帮助学生提高学习能力。笔者以上述理论框架为基础，以人教版八年级上册教学大单元《笔墨丹青》为例，进行课堂教学评价实践。本单元共包含三节，每节课都按照课程学业质量要求精心设计相应的评价量规表，保证了评价的准确有效(见表1)。通过评价量规表，学生能够深入了解自身学习中的问题并加以改正，从而提升美术学习的质量。

表1 《笔墨丹青》大单元评价量规表

评价内容	4级(高级)	3级(熟练)	2级(接近熟练)	1级(新手)	核心素养
第1课 诗书画印的完美结合	能知道中国画"书画同源"、形式独特和审美发展的关联	能知道中国传统绘画与西方绘画的艺术异同	能知道中国传统绘画形式语言	只知道中国传统绘画与诗词、书法、篆刻之间的关系	审美感知 文化理解
第2课 借物寓意	能很好地运用写意画的笔墨和构图、布局完成有情趣的花卉蔬果图	能较好地运用写意画的笔墨和构图、布局完成有情趣的花卉蔬果图	基本能用中国写意画完成花卉蔬果图	不能用中国写意画完成花卉蔬果图	艺术表现 创意实践
第3课 寄情山水	能创作山水小品，表达山水画的意境，并配诗文表达审美情感	能基本完成山水画的山石、树木及云、水的画法	不能完成山水画	只能感受山水画的意境，理解"三远法"	艺术表现 创意实践
教师评语			自评等级		

图1 "劳动创造美"创意手工大赛

3. 组织丰富的美育活动

为充分展现教学目标的人文性,笔者精心组织了一系列丰富多样的美育活动(见图1~图3)。美术学科因其开放性高而独具魅力,教师要在初中美术教学中融入人文素养教育,需要全面把握学生的学习特点,灵活调整教学策略,提供高效、优质的教学服务。在这个过程中,教师要突出艺术教学目标的人文内涵,通过举办各种美育活动,让学生在亲身参与中深刻体会艺术的无穷魅力,从而有效激发学生学习热情,进而全面提升学生的人文素养①。实践活动既能激发学生的学习热情,又能使他们在亲身经历中深刻体会到人文教育的独特魅力。

图2 "博物馆的力量"系列活动

习近平总书记指出:"文化自信是更基础、更广泛、更深厚的自信,是一个国家、一个民族发展中最基本、最深沉、最持久的力量。"②深入挖掘美术作品中的人文内涵,让学生从小感受、领悟作品中的人文精神,有助于学生形成正确的历史观、民族观、文化观,尊重文化多样性,增强文化自信。

在"五一"国际劳动节期间,黄石市第十四中学特别为热爱手工制作的学生搭建了一个展示自我的平台,成功举办了"劳动创造美"创意手工作品大赛。此外,学校在

---

① 韩超.初中美术课程的人文素养教育研究[J].美术教育研究,2019(06):134-135.
② 2016年7月1日习近平总书记在庆祝中国共产党成立95周年大会上的讲话.

图 3　艺术工作坊系列活动

"5.18 国际博物馆日"组织学生到黄石市博物馆参加主题为"博物馆的力量"系列活动。学生以"文创设计师"的身份亲身体验青铜矿冶文明的魅力,既培养了学生对家乡文化的自豪感,又增进了馆校合作共育之情。

学校始终坚持以立德树人为根本任务,以社会主义核心价值观为引领,以中华优秀传统文化为载体,积极参与黄石市优秀美术作品展览活动。这一系列活动,充分展示了学校坚持以美育人、以美化人、以美培元的美育发展新格局,使"艺"彩作品成为美育润心的鲜活实践。

以上举措不仅有助于学生更加深刻地理解艺术原理,而且可以有效地培养学生的动手实践能力和学科素养。将人文素养教育融入初中美术教学中,既能让学生在轻松愉快的氛围中感受美术知识的趣味性,提高学习效率,又能彰显个性风采,使学生在学习过程中体会成长的快乐。教师要积极探索人文素养教育在美术教学中的有效渗透途径,努力为学生创造富有感染力和趣味性的学习环境,促进他们高效学习、深入理解相关知识,形成良好的人文素养和道德品质。

三、初中美术人文素质培养的效果

通过多年的实践,黄石市第十四中学的美术课程在培养学生人文素养方面取得了显著的成效:学生的审美能力有所增强,对美的认识和追求更加深入;学生的文化修养逐步增强,对历史、文化和社会的理解也更加全面;学生的创造力被激发出来,能够用美术语言表达思想。

黄石市第十四中学在此基础上,进一步拓宽了美术课程的内涵与外延,并将其与现实生活、社会实践紧密结合,为学生全面成长注入了更多的生机与活力。

一方面,学校通过组织学生参加各种艺术创作活动,让学生在实践中锻炼技能,增强能力。同学们纷纷参与校园美化、社区文化墙绘制等项目,用手中的画笔为环境增色的同时,也锻炼了团队协作能力,加强了社会责任感。这些活动不仅使同学们的美术功底得到了实际运用,而且使同学们深刻体会到美术在生活中的价值与意义。

另一方面,学校积极引导学生关注社会热点,通过艺术创作各抒己见。如在环保题材的作品创作中,学生们通过绘画、雕塑等形式,将环境污染的危害、保护环境的重要性生动形象地展现出来,引发了人们对环保问题的关注和思考。这些作品在展示学生创意的同时,也体现了学生的人文关怀和社会责任感。

此外,黄石市第十四中学还注重将美术课程与其他学科相融合,形成了跨学科教学的格局:美术与语文、历史等学科的结合,让学生在欣赏美术作品的同时,了解作品背后蕴含的文化底蕴;美术与数学、物理等学科的结合,让学生学会运用逻辑思维和科学知识,在创作过程中提高解题能力。这种多学科交叉的教学模式,在丰富美术课程内容的同时,也为学生提供了更为开阔的学习视野和思考空间。

四、结语

初中美术教育对学生人文素养的提升起着不可或缺的重要作用。它通过引导学生认识美术与社会的紧密联系,深入挖掘教材中蕴含的人文精神,鼓励学生积极发挥个人的创造性,切实增强审美感悟、文化积淀和创新能力。

学校应该高度重视初中的美术教育,在人文素养的培育上充分展现其独特的价值。同时,必须正视不同地区之间美术教育资源的差异性,在具体实践中,学校应根据当地的实际情况,灵活调整教学策略,有所创新。

教师的职业素养和教学能力对美术教育效果起着决定性作用。因此,要加大对教师培训工作的投入,促进教师业务水平和教学能力的提高,以保证美术教育工作的质量。

初中学生的人文素质培养作为一项重要的课题,具备极高的研究价值和深入的讨论意义。为切实发挥美术教育在学生人文素养培养方面的积极作用,学校需要不断优化课程设置、提升教师素养、创新教学方式,为学生的全面发展奠定坚实的基础。

参考文献

[1] 韩超.初中美术课程的人文素养教育研究[J].美术教育研究,2019(6):134-135.

[2] 杜宏斌.聚焦核心素养 凸显美育功能——义务教育艺术课程标准(2022年版)解读[J].基础教育课程,2022(9):57-64.

[3] 李甲.初中美术课程的人文素养教育研究——以海南建筑为例[D].海口:海南师范大学,2016.

校地共建背景下高中班会课程的开发与实施
——以湖北师范大学附属中学(黄石一中)为例

姜小燕[1] 冯金山[2]

1.湖北师范大学附属中学(黄石一中);2.湖北师范大学附属中学(黄石一中)

作者简介:姜小燕,女,湖北蕲春人,本科,湖北师范大学教师教育学院正高级教授,附属中学校长,研究方向为教育管理;冯金山,男,湖北红安人,本科,湖北师范大学附属中学(黄石一中)高级教师,教科处主任,研究方向为课程开发。

摘 要:在全国吹响教育强国冲锋号的时代背景下,如何通过主题班会贯彻落实五育并举、五育融合,发展学生的核心素养呢?湖北师范大学附属中学(黄石一中)班会课程以课题开发的方式,将主题班会实施"序列化",一人负责主备主讲,其他班主任听评打磨,形成二次备课的成果,并在各自班级主讲。这种课程化规划安排,充分凝聚了全校班主任的集体智慧,将主题班会打造成序列化德育的育人主阵地。

关键词:校地共建;班会课程;开发实施

党的十八大以来,习近平总书记把握世界发展大势,立足党和国家工作大局,着眼于实现中华民族伟大复兴的中国梦,以更高远的历史站位、更宽广的国际视野、更深邃的战略眼光,对建设教育强国作出总体部署和战略设计,使教育的内外环境发生了翻天覆地的变化。

在全国吹响教育强国冲锋号的时代背景下,作为建立了较为完善教育体系的黄石,在推进高质量发展的宏伟目标驱动下,对教育进行整体布局。2009年9月,黄石市市委、市政府决定按照省级示范学校标准,在国家级开发区黄金山兴建一所新的高中。2012年6月,新建高中命名为黄石市第一中学(以下简称"黄石一中"),黄石实验高中作为办学主体,整体迁入黄石一中新校址。重建以后的黄石一中,急需突破新校区远离市区带来的发展困境。2021年8月,黄石市市委、市政府与湖北师范大学签订校地共建协议,黄石一中正式更名为"湖北师范大学附属中学(黄石一中)",从而开启了学校教育教学综合改革的新征程。

立德树人,以德为先,成才先成人。为了提升教育质量,学校以规范为导向,以立德、立规、励志为核心,以"规则、感恩、责任、励志"为主题,以系列化、课程化德育实践为抓手,将国家课程校本化,优化德育活动,推动大德育体系建立,唤醒、激发、引领学生的内驱力。

学校德育课程中的"序列化主题班会"由学校统一设计主题,各年级以课题开发的形式,将每个课题分给各个班主任设计开发。每个班会课题由一人主备主讲,其他班主任参加听课评课,然后再完善、打磨,二次备课后在各自班级里授课。这种课程化规划安排,充分凝聚了全体班主任的集体智慧,将主题班会打造成序列化德育的育人主阵地。

一、课程理念与目标

(一)课程理念

课程以校训"自强不息"为精神引领,集中全体班主任的智慧,以立德、立规、励志为核心,围绕"规则、感恩、责任、励志"四大主题,以"全面＋特长＋精品"为培养目标,贯彻落实五育并举、五育融合,培养学生的核心素养。

课程设计实施的理论依据主要有:习近平关于立德树人的系列论述、国家关于青少年思想道德建设的系列要求、马斯洛需求层次理论、其他教育教学基本理论等。

(1)习近平关于立德树人的系列论述。国无德不兴,人无德不立。习近平总书记一贯高度重视培养社会主义建设者和接班人,把立德树人作为教育的中心环节。他强调:"好老师应该懂得,选择当老师就选择了责任,就要尽到教书育人、立德树人的责任,并把这种责任体现到平凡、普通、细微的教学管理之中。""要坚持把立德树人作为中心环节,把思想政治工作贯穿教育教学全过程,实现全程育人、全方位育人,努力开创我国高等教育事业发展新局面。""人无德不立,育人的根本在于立德。这是人才培养的辩证法。办学就要尊重这个规律,否则就办不好学。""要把立德树人的成效作为检验学校一切工作的根本标准,真正做到以文化人、以德育人,不断提高学生思想水平、政治觉悟、道德品质、文化素养,做到明大德、守公德、严私德。""要在加强品德修养上下功夫,教育引导学生培育和践行社会主义核心价值观,踏踏实实修好品德,成为有大爱大德大情怀的人。""要把立德树人融入思想道德教育、文化知识教育、社会实践教育各环节,贯穿基础教育、职业教育、高等教育各领域,学科体系、教学体系、教材体系、管理体系要围绕这个目标来设计,教师要围绕这个目标来教,学生要围绕这个目标来学。凡是不利于实现这个目标的做法都要坚决改过来。"

(2)国家关于青少年思想道德建设的系列要求。贯彻落实《中共中央 国务院关于进一步加强和改进未成年人思想道德建设的若干意见》《爱国主义教育实施纲要》《中小学开展弘扬和培育民族精神教育实施纲要》《公民道德建设实施纲要》等,将国家关于青少年的德育要求作为校本课程建设指导思想。

(3)马斯洛需求层次理论。该理论亦称"基本需求层次理论",是行为科学的理论之一,由美国心理学家亚伯拉罕·马斯洛于1943年在《人类激励理论》一文中提出。马斯洛理论把需求分成生理需求、安全需求、社会需求、尊重需求和自我实现需求五类,依次由较低层次到较高层次排列。

(4)其他教育教学基本理论。如教育学、教育心理学、建构主义理论、有意义学习理论等。

(二)目标要求

(1)所有班主任参与课程开发,以集体备课、听课、评课的方式,打造高质量的主题班会课群。

(2)根据学生身心发展规律、学校整体教育教学安排,设计符合逻辑顺序、心理认知水平的序列课程。

(3)通过课程序列化建设,优化班会德育,唤醒、激发、引领学生发展的内驱力,使之成长为有规则意识、感恩心理、责任担当、励志报国的好青年。

二、课程内容

(一)课程模块

序列化主题班会根据学生身心发展阶段性特征,以及高中三年不同阶段学习任务的不同,在课程设置上有所区别,总体来讲可以分为十大模块。

(1)入学教育:旨在为高中长时间高度集中的学习奠定基础,主要集中在高一新生入学阶段,帮助学生认识和适应高中生活;在其他学期开学第一周、第二周,一般情况下也会进行收假收心的入学教育。

(2)学会生活:主要帮助高中生更好地适应全寄宿制的独立生活,并学会正确处理人际关系,严格时间管理、手机管理等。

(3)班级建设:加强班级建设和管理,建设团结、和谐、奋进的班集体,让学生融入班级生活,并形成积极向上的班级荣誉感,为高中的学习、生活创造优美的育人环境。

(4)规则教育:让学生学法知法守法,遵守校纪班规,以及对生活中常见的约定俗成的各种规则,学会认知、适应和合理改变。

(5)学法指导:通过方法介绍、经验分享、答题示范等,帮助学生更好地掌握学习方法,提高学习效率。

(6)形象管理:旨在帮助学生正确认识青春之我,争做成功之我,加强个人形象管理,从外在形象到语言行为,再到内在情感和综合素质,学生形象管理能力不断得到提升。

(7)意志品格:以校训"自强不息"为精神引领,帮助学生建设良好的心理素质,具备坚强意志,百折不挠。

(8)劳动教育:结合《劳动教育实践课程》的实施,旨在帮助学生正确认识劳动、学会劳动、热爱劳动,并在劳动实践中快乐成长,使"劳动教育成为追求自信、自尊和自重的解放过程"。[1]

(9)责任理想:培养学生学会担当、敢于担当的责任意识和使命意识,帮助学生树立远大而又符合个人实际的青春梦想,为实现"中国梦,一中梦,我的梦"而奋斗。

(10)家国情怀:通过教育培养学生爱祖国、爱人民、爱家乡、爱母校、爱父母,并愿意为之奉献青春的浓烈情感,厚植青少年的家国情怀。

(二)课程图谱

序列化主题班会课程图谱见图1。

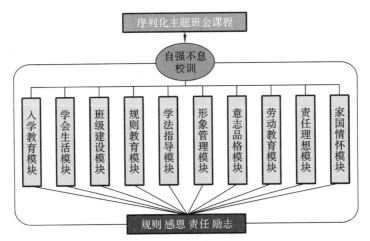

图1 序列化主题班会课程图谱

三、课程实施

(一)课程计划

序列化主题班会课程分为全年40个教学周进行规划,将十大模块课程设计为不同主题,按照上学期、下学期不同节点,分别在高一、高二、高三年级开设,每一学期课程学习内容和形式会根据实际情况调整。在课程实施过程中,有时会将十大课程模块分解成不同类别,如"学会生活模块",可以分成"人际关系""时间管理""漫话住读"等。表1~表3为高中三个年级上学期主题班会安排。

表1 高一年级主题班团会规划

专题	周别	主题	类别	承担人	点评人
适应	第1周	开学第一课	入学教育	各班班主任	蹲点副校长
	第2周	高中生活如何起航	学法指导	101班主任	102班主任
	第3周	纪律是立班的基石	规则意识	102班主任	103班主任
	第4周	时间都去哪了	时间管理	103班主任	104班主任
	第5周	我们都是爱国者	家国教育	104班主任	105班主任
融合	第6周	军训铸魂	军训总结	105班主任	106班主任
	第7周	包容、欣赏、合作	人际关系	106班主任	107班主任
	第8周	警惕"假学习"	专注教育	107班主任	108班主任
	第9周	期中考试总动员	备考指导	108班主任	109班主任

续表

专题	周别	主题	类别	承担人	点评人
走班	第10周	选科走班早知道	生涯教育	109班主任	110班主任
走班	第11周	期中考试表彰与总结	考试总结	110班主任	111班主任
走班	第12周	我们从此一家人	班级建设	111班主任	112班主任
走班	第13周	做一名专业的理("历")科生	学法指导	112班主任	113班主任
发展	第14周	做快乐的自己	挫折教育	113班主任	114班主任
发展	第15周	向香烟毒品说"NO"	禁毒教育	114班主任	115班主任
发展	第16周	美丽女生	女生教育	115班主任	116班主任
发展	第17周	我们了解自己的父母吗	家庭教育	116班主任	117班主任
发展	第18周	元旦班级联欢会	班级建设	117班主任	118班主任
总结	第19周	怎样考出自己的最好成绩	考试指导	118班主任	119班主任
总结	第20周	怎样过一个有意义的寒假	假期指导	119班主任	120班主任

表2 高二年级主题班团会规划

专题	周别	主题	类别	承担人	点评人
起航	第1周	开学第一课	收心教育	各班班主任	蹲点副校长
起航	第2周	我给老师颁个奖	教师节	201班主任	202班主任
起航	第3周	给我一片责任田	劳动教育	202班主任	203班主任
起航	第4周	住读的苦与乐	漫话住读	203班主任	204班主任
起航	第5周	你的成长关乎国家发展	家国教育	204班主任	205班主任
治学	第6周	如何高效做笔记	学法指导	205班主任	206班主任
治学	第7周	错题本的奥秘	学法指导	206班主任	207班主任
治学	第8周	做时间管理的主人	学法指导	207班主任	208班主任
治学	第9周	"悦"读越美	阅读指导	208班主任	209班主任
修养	第10周	我们与手机	手机管理	209班主任	210班主任
修养	第11周	我的偶像观	偶像崇拜	210班主任	211班主任
修养	第12周	期中考试表彰与总结	气质教育	211班主任	212班主任
修养	第13周	我为什么要学习	学习意义	212班主任	213班主任
心理	第14周	行百里者半九十	意志培养	213班主任	214班主任
心理	第15周	怎样淬炼"同理心"	心理辅导	214班主任	215班主任
心理	第16周	异性交往"ABC"	心理辅导	215班主任	216班主任
心理	第17周	常怀一颗感恩心	感恩教育	216班主任	217班主任
心理	第18周	元旦班级联欢会	班级建设	217班主任	218班主任

续表

专题	周别	主题	类别	承担人	点评人
总结	第19周	怎样考出自己的最好成绩	考试指导	218班主任	219班主任
	第20周	怎样过一个有意义的寒假	假期指导	219班主任	220班主任

表3　高三年级主题班团会规划

专题	周别	主题	类别	承担人	点评人
	第1周	高三,从这里起航	高三动员	各班班主任	蹲点副校长
	第2周	我给老师颁个奖	教师节	301班主任	302班主任
实干	第3周	赢在执行力	能力培养	302班主任	303班主任
	第4周	碎片化时间管理	时间管理	303班主任	304班主任
	第5周	扬长避短,优化提升	学法指导	304班主任	305班主任
	第6周	我的理想大学	生涯教育	305班主任	306班主任
韧性	第7周	用高考来锻炼自己的韧性	品格教育	306班主任	307班主任
	第8周	高效学习力	学法指导	307班主任	308班主任
	第9周	孤独是思考的开始	享受孤独	308班主任	309班主任
	第10周	战胜拖延	学法指导	309班主任	310班主任
沉潜	第11周	如何练就高超迁移力	学法指导	310班主任	311班主任
	第12周	如何理性看待成绩	考试总结	311班主任	312班主任
	第13周	人生的大树	感恩教育	312班主任	313班主任
	第14周	无限相信自己的潜能	激发潜能	313班主任	314班主任
	第15周	成长的真谛	责任教育	314班主任	315班主任
成人	第16周	向18岁致敬	成人教育	315班主任	316班主任
	第17周	高考200天励志动员	高考动员	316班主任	317班主任
	第18周	让我们为自己喝彩	元旦联欢	317班主任	318班主任
总结	第19周	考试博弈论	考试指导	318班主任	319班主任
	第20周	寒假的长度与厚度	假期指导	319班主任	320班主任

(二)课程教学实施路径

1. 课程规划与培训

每学期,学校德育处根据全校的工作计划,制定德育工作计划,并结合三个年级工作侧重点,对序列化主题班会课程作整体设计和规划。主题班会课程的主题、模块总体上具有一定稳定性,但也会根据学期工作要求、年级特点、学情变化作出适当调整。

开学前,学校会召开"班主任培训暨开学工作会",对德育工作提出系统性要求。其中,主题班会的序列化操作培训是会议的重要内容之一。

2. 课程实施与管理

主题班会实施突出序列化操作。所谓"序列",即按次序排成的行列,按某种标准依次排列等意,同时包含程序之意。

序列化主题班会课程的实施主要有以下流程。

(1)备课。每名班主任按照计划和班会安排序号,分担主题班会教学任务,一人负责主备主讲。一般要求班主任至少提前一周认真备课,要有教学设计、教学课件、配套教学资源,并进行资源共享。

(2)教学。每周一 17:40—18:20,是主备教师进行班会课试讲时间,地点为本人所带班级的教室。分管年级的蹲点校领导和年级其他班主任参与听课,并认真做好听课记录。

(3)磨课。每周一 18:20—19:00,年级蹲点领导和全体班主任召开研讨会,主讲教师谈设计思路,点评人对本次主题班会教学进行系统评价,并提出修改建议。其他班主任轮流发言,相互补充完善,形成二次备课的成果。

(4)推广。每周三 17:40—18:20,年级其他班主任在二次备课的基础上,将主题班会课在各自班级主讲。

(5)监管。每周一,年级分管德育的副主任负责组织班会听课、评课、磨课活动,并做好记录;分管年级的蹲点校领导参与听课、评课;主备教师按时将打磨后的教学设计、课件等上传共享;周三统一班会时间,分管年级的蹲点校领导负责巡视,巡查各班班会教学情况。班会试讲、评课、磨课等活动,都要拍照留档,作为考核材料。

3. 实施技术路线图

实施技术路线图见图 2。

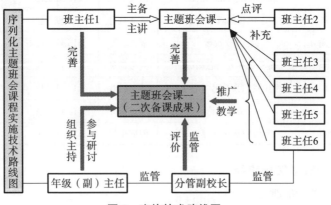

图 2 实施技术路线图

四、课程评价

序列化主题班会的评价,本身就是这一校本课程的有机组成部分。拉尔夫·泰勒认为:"评价过程在本质上是一个确定课程与教学计划涉及教育目标的程度的过程。"[2] 通过评价,学校可以进一步完善课程内容和体系、监督课程实施、促进班主任队伍专业成长,以及落实立德树人的任务。通常来讲,序列化主题班会校本课程的评价主要分为以下几个方面。

(1)预设性评价。包括:教学目标分解与预设,教学设计,教学流程是否合理,教学重点、难点把握,课件制作是否精美,教学资源内容、形式。

(2)过程性评价。包括:对学生创新学习参与度的评价(标准有:师生互动,气氛活跃;围绕主题,提出问题;积极思维,踊跃参与;准确交流,及时反馈);对学生质疑求异活跃度的评价(标准有:主动探究质疑;质疑手段多样;发散思路独特;变通复杂对应);对学生探究实践延伸度的评价(标准有:成果展示新颖;资料收集广泛;主题设计创新;媒体运用熟练)。

(3)生成性评价。主要着眼于课堂师生互动中的教学生成,以及生成性教学环节的处理、课堂意外处理、教学"急智"等。

(4)终结性评价。包括:教学目标达成情况、师生情感交流与愉悦度、教学重难点突破情况、教学资源开发与利用情况、课程推广价值等。

五、课程反思与调整

序列化主题班会课程是湖北师范大学附中(黄石一中)2021年9月开启综合性改革以来,在常规德育方面的重要变革。其核心是突出班会德育的实效性,强化德育质量,避免主题班会这个德育阵地形式化、空心化,出现各自为战、杂乱无章的局面。将立德树人通过课程化、系统化、序列化、长期化的教学,落实到为学生的身心健康发展"提供人文情怀,使人有独立的意志,有健全的判断能力和价值取向,对个人、家庭、国家负有责任感"[3],从而唤醒学生成长的内驱力。

从湖北师范大学附中(黄石一中)序列化主题班会课程的设计与实施来看,也存在一些需要改进的地方。一是班级特点体现得不明显。主题班会设计,在内容上还需要进一步分析校情、学情,年级主任、班主任在课程设计上参与得不够,致使班主任在主题班会阵地无法充分体现班级育人意图,个性化不足。二是实施效果参差不齐。由于班主任能力水平各异,在同一主题班会教学落实上,效果差异较大。

鉴于此,今后需要从两个方面继续完善课程。一是在序列化主题班会的设计上,尽可能让年级主任和班主任参与进来,集思广益,也便于班主任更好地理解主题班会的设计理念。二是从技术操作层面加大对班主任队伍的培训,特别是要通过"青蓝工程""名班主任工作室"等方式,加大对青年班主任的培养力度。

参考文献

[1] 肖绍明,扈中平.重释劳动教育的人性意义[J].现代教育论丛,2013(4):7-12.

[2] 泰勒.课程与教学的基本原理(英汉对照版)[M].罗庚,张阅,译.北京:中国轻工业出版社,2014:203.

[3] 张汝伦.我国人文教育的现状及出路:张汝伦教授在上海"世纪人文论坛"上的讲演[N].文汇报,2020-08-07(6).

"教会、勤练、常赛"视域下中学开展体育选课走班制教学的探索与实践

杨帆[1]　沈全龙[2]　付志琴[3]

1. 湖北师范大学附属中学(黄石一中);2. 黄石市教育科学研究院;3. 黄石市第二中学

作者简介:杨帆,女,硕士,中学二级,研究方向为学校体育学,湖北师范大学附属中学(黄石一中)教师;沈金龙,黄石市教育科学研究院主任;付志琴,黄石市第二中学教师。

摘　要:校本课程的开发要关注学生的个体差异,尊重学生的学习兴趣,通过构建个性化教育方式,给予学生课程自主选择权,满足学生多样化学习需求,促进学生的个性化成长。湖北师范大学附属中学(黄石一中)开设体育选课走班课程,对学生主体性发展、教师专业水平、体育学科文化建设和办学特色的形成等具有积极意义。但与此同时,学校也面临教师教学业绩评价方式尚待完善、体育教师课程实施能力有待提高、体育选课走班家校协同育人受阻的现实困境。针对实践运行中存在的困境,学校要构建科学合理的考核评价机制,不断提升体育教师的专业素养,创建个性化家校协同育人方式的路径,促进学校体育选课走班课程的有效实施。

关键词:校本课程;实践探索;体育选课走班;普通高中

"Church, Practice, Regular Competition" under the Perspective of the Middle School to Carry Out Physical Education Exploration and Practice of Course Selection and Class Selection System Teaching

Yang Fan[1], Shen Quanlong[2], Fu Zhiqin[3]

1. Middle School Affiliated to Hubei Normal University (Huangshi No. 1 Middle School), Huangshi, Hubei, 435000;
2. Huangshi City Education Science Research Institute, Huangshi, Hubei, 435000;
3. Huangshi No. 2 Middle School, Huangshi, Hubei province, 435000

Abstract: Ordinary high school education is not only the export end of basic education, but also the vane, which plays a pivotal role in the high-quality development of basic education. The development of school-based curriculum focuses on the individual differences of students, respects students' interest in learning, and gives students by constructing personalized education methods with independent choice to meet students' diversified learning needs and promote students' personalized growth. The high school affiliated to Hubei Normal University offers physical education elective courses, which is of positive significance to the development of students' subjectivity, teachers' professional level, the construction of physical education discipline culture and the formation of school-running characteristics. But at the same time, the school school-based curriculum development facing teachers teaching performance evaluation method remains to be perfect, PE teachers' curriculum implementation ability to improve, sports class home school collaborative education blocked the reality of the plight of practice operation. Addressing the difficulties encountered in practical operation, the school put forward to build scientific and reasonable evaluation mechanism, improving sports teachers' professional quality, create personalized home school collaborative education way, promote the effective implementation of school sports course.

Key words: School-based curriculum; Practice exploration; Physical education course selection and class; Ordinary high school

2019年国务院办公厅印发《国务院办公厅关于新时代推进普通高中育人方式改革的指导意见》强调,选课走班育人是创新普通高中教学组织管理中的关键所在,促进普通高中多样化和有特色发展的新格局。[1]推行选课走班与高中体育健康课程,贯彻和落实"立德树人"根本任务,以"健康第一"为指导思想,高度重视培养学生的学科核心素养,尊重学生的学习需求,注重学生运动专长的培养,为形成终身体育的习惯和能力奠定良好的基础。2020年中共中央办公厅和国务院办公厅印发的《关于全面加强和改进新时代学校体育工作的意见》提出,"教会、勤练、常赛"的体育课新模式,义务教育阶段体育课程要帮助学生掌握1至2项运动技能。[2]"可选择性的专项化体育教学"即体育走班制教学模式能够更好地帮助广大学生实现这一目标任务。[3]

一、体育课程选课走班的背景

校本课程体系建设是校长、学科管理者、课程参与者等多元主体协同联动而实现,同时凝聚了教师、学生及家长的价值共识[4]。湖北师范大学附属中学(黄石一中)始建于1950年,2021年8月,黄石市市委、市政府与湖北师范大学签订协议,正式校地共建湖北师范大学附属中学(黄石一中),开启了学校教育教学综合改革的新征程。旨在以湖北师范大学的品牌优势、教育科研优势为依托,通过教育教学综合改革,不断探索创新学校运行和管理机制,推动学校高质量发展,为黄石市提供优质的基础教育资源。学校秉承"一切为了学生发展、提升师生幸福指数、全心全意办人民满意的学校"的办学理念,围绕"自强不息"的校训,"全面＋特长＋精品"的培养目标,根据本校校情、学情实际,提出实施体育选课走班课程,进一步深化体育教学改革,强化"教会、勤练、常赛",促进中学生运动能力、健康行为、体育品德等体育核心素养的形成,构建科学、有效的体育与健康课程教学新模式。

二、体育课程校本化选课走班的探索与实践

(一)体育课程校本化的设想

普通高中教育阶段是学生个性形成和自主发展的关键期,是国家人才培养的关键环节和桥梁。体育与健康课程是基于生命、指向生命、提升生命质量的学科,以培养高中学生的体育与健康学科核心素养和增进高中生身心健康为主要目标的课程。体育课程校本化是基于地方特色,推动普通高中课程改革的重要内容,是课程理想与课程现实对接的必由路径。[5]湖北师范大学附属中学(黄石一中)推进体育选课走班目的是构建满足学生个性发展所需的多类型、多样化选择课程体系和有效的课程实施方式,使体育教学更加符合学生的需要,更加有针对性和实效性。

第一是课程开发,体育组结合学校体育资源并通过系列调研开发课程模块,编订成特色校本教材。第二是制定管理办法,学校制定选课走班教师和学生的管理和考核办法,加强教学评估、加强学生管理及考核,提高选课走班质效。第三是选课动员,全年级召开动员会,介绍选课走班的意义和要求、选修课程模块的内容、注意事项等,向学生及家长进行宣传动员。第四是课程实施,根据学校实际,体育选课走班分为5个模块、4个单元区组织学生上课。第五是教学反馈,体育组集体备课时提出选课教学反馈意见和建议,学校及时调整和改进教学中出现的问题,努力构建具有地方特色的选课走班课程体系。

(二)体育选课走班课程设置

湖北师范大学附属中学(黄石一中)高一、高二年级各设有20个教学班,体育选课走班课程在高一、高二两个年级开设,根据目前的场地设施及师资情况,开设的项目有篮球、足球、排球1、排球2、羽毛球、乒乓球六个。分4个"单元区"上课,即按5、5、5、5个班同时上课,每周每个单元区2课时。每位学生根据自己的兴趣特长选择合适的项目进行选课走班学习,按序号选择科目:①篮球;②足球;③排球1;④排球2;⑤羽毛球;⑥乒乓球。学校统计汇总选课走班"单元区"学生信息。每学期18个教学周,每周2课时,学生学习合格可获得2学分。学习合格后方可自主选择更换项目学习或继续学习,进一步强化动作技能。

体育组教师根据体育课程和具体项目的安排,以本班学生对具体体育项目的认知

特点、技术能力、体育兴趣和运动参与度等为出发点,制定学期和学年教学计划,合理安排教学内容,明确教学目标,把握教学难度,设计课堂教学方式,安排教学进度。教师应收集和学习所承担项目专项游戏与教学比赛方法,不断提高组织"勤练"和"常赛"的能力。及时与班主任和家长沟通,多方联动共同推进体育选课走班制教学。在后期选课走班实践中,学校会充分调研学生的需求,结合师资匹配情况调整选课项目,并挖掘学校和社会资源来创造条件,丰富体育选课项目。

(三)体育选课走班运行机制

1. 基本流程

选课走班的教学方式带给了学生丰富多彩的课程内容和灵活多样的选课形式,有利于学生个性化的发展。与此同时,选课走班的教学方式对课程实施的管理以及运行机制也提出了更高的要求,学校开发特色校本课程,包括德育课程、文化课程、体艺课程、劳动实践课程以及社团活动课程,深化校园文化建设,进一步推动体育选课走班顺利进行。其基本流程如图1所示。

图1 体育选课走班流程图

2. 学情分析

在课程开设之初,学校通过问卷对学生的兴趣爱好情况进行抽样调查,经回收统计问卷得出,学生兴趣主要集中在球类运动,极少数学生对田径、体操、武术以及新兴体育类运动感兴趣(见表1)。学生的兴趣比较集中,选项教学可行性很高。由于人数和班级较多,在选项教学操作方面会存在一定难度,需要合理地安排课务。后期可根据师资、硬件设施开设其他体育运动项目,拓宽学生视野,推进校园文化建设。

表1 湖北师范大学附属中学(黄石一中)学生体育兴趣调查问卷结果
($N=400$)

项目	性别	
	男生(%)	女生(%)
篮球	33.3	12.5
足球	7.5	0
排球	6.7	6.2
乒乓球	14.8	18.8
羽毛球	36.1	44.1
田径	0	0
体操	0.4	0

续表

项目	性别	
	男生(%)	女生(%)
武术	1.2	15.6
花样跳绳	0	2.8

3. 选课走班

根据湖北师范大学附属中学(黄石一中)可利用的体育资源、体育师资情况,调查学生兴趣、学力进行课程匹配和整合。将《普通高中体育与健康课程标准(2017年版2020年修订)》中必修必学体育与健康教育两部分内容融入高一、高二选课走班教学之中,在帮助学生掌握运动技能、培养学生兴趣特长的同时,重视学生体能和健康教育的发展。学校根据目前的场地设施及师资情况,开设的项目有篮球、足球、排球1、排球2、羽毛球、乒乓球,分4个"单元区"上课。学校在全年级召开家长会,向学生及家长进行宣传动员。发放学生兴趣调查问卷、家长问卷、选项学习志愿表,根据收集的志愿进行分班、调整,整理专项班花名册,采取变大班为小班的措施,提高体育教学时效,体育教研组与学校教务部门协商,统筹兼顾,合理安排课表。

4. 教学管理

校本课程的实施与管理由教务处与教科处协同负责(见表2)。根据学校一个年度的总体安排,做好校本教材开发方案,开展校本课程的规划、申报、审批、管理、评价等系列工作。在高一、高二年级实行选课走班教学,将国家课程校本化。

表2 体育选课走班的实施项目管理结构表

管理科室	管理内容
教务处	制定课程表,统计名单,制定管理办法,制定考核办法
教科处	选课指导,组织教研活动,专项诊断,完善课程资源库
总务处	落实设备配置,场地、器材维护

校本课程的规范有序实施离不开科学合理的管理制度。开展体育选课走班制教学,学校须制定科学规范的管理制度,并不断加以完善和修订(见表3)。通过规章制度规范课程管理,以保证体育选课走班课程有秩序、有成效地开展。

表3 体育选课走班的实施管理制度表

管理项目	管理内容
教师管理	备课、上课管理,考勤管理,学生评价管理,学生安全管理,

续表

管理项目	管理内容
学生管理	选课管理,考勤管理,纪律管理,结课管理
学分管理	学分设置,学分认定

5.考核评价

校本选修课程是国家课程的有益补充,是彰显学校办学理念和办学特色的重要载体。学校应本着提升学生综合素质、创造适合学生发展的教育的原则,开好、管理好校本课程。体育选课走班课程的实施能够有效帮助学生掌握1至2项技能,对学生体育核心素养的培养具有重要意义。

教学质量评价对课堂教学具有诊断、导向、反馈和调节功能,能够反映教师教学效果和学生学习成绩(见表4)。教学评价能够激发学生学习动力,有效推动课堂教学。

表4 学校课程教学质量评价表

项目	评价内容	评价等级		
		A	B	C
教学过程	按课程管理记载考勤			
	每课时都有教案			
学生管理	每节课都有学生考勤,记录翔实			
	有效组织教学,确保学生安全,秩序井然			
	保持场所干净整洁			
成果展示	每学期面向全校开展一次公开课成果展示			
	教研成果展示			
学生评价	学习兴趣和态度,对教学内容的建议			
教师评价	课堂教学状况、学习内容、教学方法等			
家长评价	课堂教学状况、教学内容和教学方法等			

三、中学体育选课走班的悟与思

(一)中学体育选课走班教学的育人价值

习近平总书记在全国教育大会上强调,"进一步深化体育教学改革,更好地帮助学生在体育锻炼中'享受乐趣,增强体质,健全人格,锤炼意志'"。2021年教育部办公厅印发的《〈体育与健康〉教学改革指导纲要(试行)》提出,"构建科学、有效的体育与健康课程教学新模式,帮助学生掌握1至2项运动技能,促进学生体育学科核心素养的形成"。高中阶段开展体育选课走班教学对促进学生综合素质和核心素养的发展有着重要意义。学校应结合本校校情、学情科学合理地开设体育选课项目,进行专项化体育教学,尊重和满足了学生多样化的学习需求,提高了学生学习的主观能动性,学生体育学习的获得感、参与度明显增强。根据自身特点和兴趣进行专项化的体育学习与锻炼,有助于学生掌握体育运动技能、提高体育实践能力、发现和唤醒个性化发展、促进同伴之间交往与交流、增强学业与生活自信,进一步发展运动能力、健康行为、体育品德等学科核心素养。

(二)推进中学体育选课走班的保障

湖北师范大学附属中学(黄石一中)2012年迁入新校址,新校区体育基础设施充足,包括室内体育馆1座、400米标准塑胶田径场1块、篮球场8块、排球场4块、羽毛球场8块、网球场1块、乒乓球桌8张。硬件设施条件可以满足选项教学的需要。湖北师范大学附属中学(黄石一中)现有体育教师11人,其中7人具有高级职称,有丰富的教学经验,3人具有研究生学历,理论基础扎实。体育选课走班课程开发流程按照"项目名称—项目目标—项目内容—实施策略—评价"的逻辑构建体系,由课程开发中心、教师发展中心、后勤保障中心全面负责课程的开发与实施。

(三)中学体育选课走班面临的困境

1. 教师教学业绩评价方式尚待完善

选课走班实行后,教师的绩效评价和教学质量的监控也是一项全新的命题。[6]打破原有行政班格局,让学生根据自身特点和兴趣进行专项化的体育学习,体育教师需要制定学期和学年教学计划,合理安排教学内容,明确教学目标,把握教学难度,设计课堂教学方式,适当调控教学进度。选课走班最大的特点就是启发学生自主学习的内动力,从而有效掌握1至2项运动技能。这一过程需要教师更新教学理念,关注学生的发展、关注教学效益、注重自我反思以及进行有效教学,在实践中不断探索、改进。采用怎样的教学评价模式,能促进教师主动学习当前倡导的"教会、勤练、常赛"的教学模式,积极创新教学方法,从而有效提高教师课堂教学质量,增强教学效益,最大限度发挥体育选课走班的育人价值,这个问题值得思考。当前湖北师范大学附属中学(黄石一中)体育选课走班课程处于"提出—实施"阶段,体育学科教师教学评价方式仍参照旧版本实施,不少细节尚待完善。没有科学合理的评价方式,教师的积极性会受到影响,也会影响教学质量和课程的有效推进。

2. 体育教师课程实施能力有待提高

教师是教育事业的具体实践者和直接推动者,是学生健康成长的引路人,他们的境界和能力决定学校教育的质量。[7]体育教师专业素养的提升,对促进学校体育教育发展有着重要的意义,体育教师的专业素养直接关系到体育课堂教学的质量,更影响体育长效育人。体育选课走班可以有效改善"蜻蜓点水、低级重复、浅尝辄止、半途而废"的体育课教学现状,通过"教会、勤练、常赛"的教学模式和创新教学方法,能有效培养学生运动专长,形成终身体育的习惯和能力。体育选课走班的实施对学校以及教师都有着更高要求,如果体育教师的课程实施能力与体育选课走班所需的匹配度不高,将直接影响走班实效。

3. 体育选课走班家校协同育人受阻

当前家校协同育人突出表现在政策制度支持不足、家庭体育教育缺失、学校体育治理缺位、缺乏良好的参与环境。首先，家长参与学校体育教育治理缺乏法律法规的硬性规定，即家长治理主体的合法性难以得到校方的认同和确认；其次，家长积极主动参与学校体育教育治理的意识薄弱，且家庭体育教育缺失；最后，目前尚未形成平等的沟通协商环境、多元的决策环境、家校充分信任的环境、良好的激励环境来促进家长参与学校体育教育治理并发挥有效治理作用。体育选课走班的有效开展需要政府、学校和家庭多方合力，共同作用。

四、结语

体育选课走班制教学是立足高中体育与健康课程标准，贯彻"教会、勤练、常赛"的教改精神，促进学生全面而有个性发展的有效路径。当前，体育选课走班教学的实施过程中面临教师教学业绩评价方式尚待完善、体育教师课程实施能力有待提高、体育选课走班家校协同育人受阻等问题，影响了选课走班育人的实效性和课程的高质量发展。因此，学校在课程的开发与实施过程中，要根据学校办学目标和办学特色做好顶层设计，使学校课程的开发者、建设者、实施者形成共识，自上而下构建科学合理的考核评价机制，在评价中体现体育学科特点，客观公正评价体育教师教学能力，以此提高教师工作的积极性。学校通过"教-学-练-赛-评"五位一体，不断提升体育教师的教学理念和专业素养，创建个性化家校协同育人方式，推动体育选课走班持续、渐进、稳步向前发展。在选课走班教学过程中践行"教会、勤练、常赛"的教学模式，对学生体育核心素养的培养、教师专业发展、体育学科文化建设和学校高质量发展具有重要意义。

参考文献

[1] 曹羽婷.普通高中选课走班育人的困境与治理路径[J].教学与管理,2020(28):19-22.

[2] 王明娣.普通高中如何有序推进新型的选课走班教学组织方式[J].当代教育与文化,2019,11(4):73-75+79.

[3] 毛振明,邱丽玲,杜晓红.中国学校体育改革与发展若干重大问题解析——从当下学校体育改革5组"热词"说起[J].上海体育学院学报,2021,45(4):1-14.

[4] 贾建国.区域推进学校课程体系建设的思路、机制与模式[J].中国教育学刊,2022(3):86-90.

[5] 张细谦.体育与健康课程校本化实施的涵义与路径[J].体育学刊,2019,26(6):98-102.

[6] 段桂洁.黄梅县晋梅中学选课走班教育改革探索与实践研究[D].黄冈:黄冈师范学院,2016.

[7] 王淑芬.校本课程建设的困境和路径[J].课程·教材·教法,2018,38(6):105-110.

基于全学习环境下生命课程育人模式构建与实施

张莉[1]　金凯[2]　姚菁[3]

1.黄石市沈家营小学;2.黄石市沈家营小学;3.湖北师范大学教师教育学院

作者简介:张莉,女,湖北黄石人,黄石市沈家营小学,中学高级教师;金凯,沈家营小学党支部书记,名师工作室主持人,湖北五一劳动奖章获得者;姚菁,湖北师范大学教师教育学院副院长,硕士、副教授,硕士生导师,教育部学位评审专家。

摘　要:黄石市沈家营小学历经25年实践探究,首创了全学习环境的生命课程;提炼了生命教育价值,延伸出十五大操作性目标体系;凝练了"课程—社团—校本"模式;完成了生命课程有效升级,将课内课程与课外实践、知识传授与德育渗透、节日活动与仪式教育、文化传承与文化创新相结合。

关键词:全学习环境;生命课程;育人模式

一、问题的提出

(一)背景

1. 生命课程,作为一种全学习环境的升值必然

生命作为独立个体成为世界的显性存在,丰富的生命状态也成就了世界的多彩斑斓。因此生命教育就是直面人的生命、重视人的生命、为了生命质量提高而进行的社会实践活动。随着教育改革的不断深入,小学教育也在"双减"政策的实施下,不断提升"以学生素养"为中心的多元生命本体塑造。从传递学科知识、解读生命认知到科学的生命观测等,都需要全学习环境的沉浸式教学与引导,成就孩子们对不同生命存在的感知,从生命安全、生命种植、生命吟诵、生命健康到生命万象,都可能成为学生思考人生的基础。因此,生命课程的全学习环境培养已成为当今教育的一个重要趋势。

2. 生命课程,作为一种教育方式的责任应然

习近平总书记说,让每个人都有人生出彩的机会。生命课程的核心目标在于,通过生命管理,让每一个人都成为"我自己",都能最终实现"我之为我"的生命价值,即把生命中的爱和亮点全部展现出来,为社会、为人间焕发出自己独有的美丽光彩。学校要将生命课程看成与语文、外语、数学等学科的教学同等重要,并基于全学习环境下进行跨学科衔接。普及"珍爱生命",推广生命文化,让学生增强生命安全意识和超越生命困顿能力,已经成为提升生命质量的关键。因此,构建一个有利于促进学生核心素养提高和生命感知可持续发展完美对接的教育理论框架,并在生命认知训练上找到行之有效的操作途径,已成为当前小学教育亟待解决的问题。

3. 生命课程,作为一种优效教育的推介实然

生命课程作为全学习环境的思维载体和教学方式,既是一种生命认知的传授、全面性表达生命和情感的形式,也是"对话生命、守护成长"解决学习和生活中相关问题的有效载体。因此,生命课程如果运用于跨学科的全学习环境中,就具有方法论意义上的优效性。

(二)力图研究与解决的主要问题

学校应确立以生命课程为主线,以全学习环境下教学变革为驱动,以课程体系建构为方法的整体变革创新之路。主要解决以下三大问题。

(1)解决小学生认知系统"点状布局、碎片呈现"的问题,建构契合小学生生命有效感知和文化沉浸的全学习环境生命课程新体验。

(2)解决小学生思维系统"顾此失彼、模糊内隐"的问题,提出符合小学生生命外显思维和内生可能的全学习环境生命教学新策略。

(3)解决小学生能力系统"简单重复、被动束缚"的问题,开辟适合小学生生命跨科学习和能力迁移的生命体悟新范式。

二、解决问题的过程与方法

(1)理念创生(1997—2003):运用线性因果论证开启生命安全课程理念,研究生命安全网格制度,把"珍惜生命,安全出行"的宣传融入日常教学中,1997年成立全市唯一的少年交通警校,开辟了交通安全教育工作新局面(见图1)。

图1 生命课程——少年交通警校

(2)策略应用(2003—2016):运用拓展实践、案例推进、活动规范,实现生命安全多学科应用教学,创研"四维生命课程"新策略方向,习传统滋养生命源泉,勤劳动润泽生命载体,入社团实现生命绽放,定评价关注生命发展。2003年,湖北省政协副主席来校指导工作,并题词"向老师和交警学习"。本阶段研究获"全国生命教育工作室""全国生命教育科研先进单位""全国文明交通示范学校"和"全国消防安全教育示范学校"

(见图2)。

(3)突破检验(2016—2020):运用小课题研究、游园演绎、多元评价,实现从"简单生命课程"到丰富的全学习环境下"生命大教育"的升级,形成沉浸式生命体悟模式,创生了15个目标体系(见图3),再进一步研究以"沈小币"为校园流通币,以"文明行为、道德善举、学习品质"为内容,以"储蓄"为手段,以榜样教育为途径,以激励提高为目的的育人模式,反哺各学科的学习,打通能力迁移路径,提升师生自主、合作、探究的生命品质。

图2　生命教育示范学校

图3　全学习环境下生命课程15个目标体系

(4)深化拓展(2020—2022):运用诊断观测、课程调查、螺旋上升,深入开展跨校际、跨区域合作实践,进行辐射推广和应用检验。全国人大常委会副委员长、湖北省公安厅厅长、教育厅厅长、交管局局长等领导先后来我校视察交通安全教育工作,并给予高度评价。已有10多个省市的30多批次的教师团队来校调研、学习培训,还到各院校讲座10余场次,并先后承办湖北省综合治理现场观摩会、湖北省交通安全宣传推进会、湖北省"丁名交警进校园"网络直播活动(线上线下参与者达3000余人),引领创建省级"阳光护苗工作室",获批"省级名师工作室"。

三、成果的主要内容

(一)概念界定与理论成果

生命课程:生命是生物体所具有的活动能力,生命课程理解为在以人为本思想的指导下,追求以人的发展为本的一种教育理念。生命课程是以学生为主体,课堂为阵地,开展人与人之间的一种充满生命活力的思想、文化、情感交流活动,引导学生成为有智慧和德行的人。

全学习环境：学校充分利用公共空间让学生随处可停留、可学习、可交流，"遇见"带来了思维的碰撞，也带来了成长的可能。将学校校本课程与相应空间进行集成化和复合化设计，使学校公共空间成为支撑学校课程开展与活动举办的实践场所。

学校应注重实践能力的塑造，利用学校现有空间，实现功能延伸，为学生提供更多实践活动的机会。全学习环境不仅是现有教学空间的整合，更是公共空间的充分利用和开发，有机结合学校课程与文化理念，促进学校全空间、全学科、全维度育人，实现学生全面发展。

(二)主要策略与实施示例

1. 传统文化课程浸润生命

学生通过传统文化课程，弘正气，学礼仪。学校开发和实施渗透传统文化的校本课程，让师生在课程学习中深入了解传统文化，体验节日民俗、诗词、剪纸等传统文化精华，树立国家意识，增强民族自豪感，自觉弘扬民族文化，传承民族精神。

中华优秀传统文化是中华民族的精神家园，是滋养社会主义核心价值观的丰厚土壤和重要源泉。近年来，学校将传统节日、二十四节气等内容融入教育教学活动中，坚持形式上注重节日的快乐和仪式的庄严相结合，内容上注重知识的传授和德育的渗透相结合，途径上注重课内的学习与课外的实践相结合，传承上注重文化的继承和文化的创新相结合的课程开发原则，形成了独具特色的传统文化课程。

课程以班主任为"绳"，把学生放在课程最中央，链接校本课程开发组、学科教师群、家长及社会资源圈，多方联动，共同促进节日课程的推动与实施。语文课程坚守中国传统文化特点，组织整书阅读、诗词吟诵、汉服展示、课本剧表演、小课题研究等多种形式的传统文化学习活动，触摸传统文化的脉搏，获得生命滋养。数学课程植根于中国传统文化中久远幽深的数理要脉，教师应从数学绘本阅读、数学历史、中国建筑、益智游戏中抽绎传统文化中的数学元素，从而让学生品源至慧、巧思飞翔，成为具备良好人文与科学素养的现代公民。比如结合学校的二十四节气的校本课程，在数学课上用到九九乘法表，让孩子们了解"冬至"数九。学校从传统文化中寻求对青少年进行社会主义核心价值观教育的资源支持，让孩子感受传统文化的底蕴，学习传统文化的精粹，用现代的生活去融合传统文化的精髓，用优秀传统文化铸就育人的精神滋养。

2. 劳动实践课程体验生命

劳动教育是新时代党对教育的新要求，为深入贯彻习近平总书记关于教育的重要论述，落实《中共中央 国务院关于全面加强新时代大中小学劳动教育的意见》的精神，培养学生的劳动价值观念，我校将立德树人融入劳动教育的方方面面，开设劳动实践课程，注重劳动教育与多学科整合，引领学生热爱劳动，热爱大自然，认识生命的价值（见图4）。学校开展节气种植活动，让学生动手动脑，在劳动中学会尊重劳动、热爱劳动、体验劳动，感受植物的生长变化，感受大自然中生命的力量，学会合作。

开设特色种植课程，感受生长魅力。学校以"实践学习"为导向，坚持实践性、趣味性、综合性的原则，确立了"爱动手、能生存、会生活、爱生命"的课程总目标。低年级侧

图 4 劳动实践特色课程

重"辨五谷,知百草",即了解不同植物的形态、习性、生长周期、影响生长的各种要素等,并适当参与种植活动;中高年级侧重"快乐实践,合作探究",在种植活动中提升动手实践、合作探究能力,提升意志品质。

学校将顶楼改建为种植园,购置花盆、营养土等种植必需品,为学生开辟劳动实践基地。每年植树节,我校都要开展"种植活动启动式",各班都会精心设计班级基地小标牌,让校园里每一个角落都呈现独特的劳动文化(见图5)。各个班级学生根据兴趣爱好组成6～8人的活动小组,讨论制定种植方案,明确各自职责。学生们在教师指导下体验农事劳动,并以自然笔记、观察日记等形式详细记录农作物的生长过程、劳动感悟等。种植课程将课堂教学与校内外活动有机结合,通过"读、种、写、画"等方式,学生在活动中运用知识技能动脑思考、动手体验。

图 5 种植特色实践课程

手作课程打造小小"工匠"。劳动可以创造美,学校劳动实践课程还开设了木艺、陶艺等传统工艺学习课程。通过"去玩、去学、去想",学生从科学、技术、数学、工程、艺术五个维度,实现动手能力、专注力、创新能力、系统思维能力的全面提高。制作教学中,老师教孩子们观察每一个作品,分析每一项制作的结构原理,分析需要使用的工具、材料、工艺,然后列计划分步实施。这种教学方法让孩子们学会运用系统思维对待要完成的任务,训练孩子们学习规则并理解尊重规则的重要性。培养孩子认真、细致、耐心的工作态度及热爱劳动的工匠精神。

劳动实践课程是沈家营小学"小花"成长过程中的一门必修课。劳动,不只是单纯的"干活",而是有丰富内涵的"干活"。

3. 艺术创新课程绽放生命

学生通过艺术创新课程,展潜能,显风采。学校以学生核心素养的培育为重点,利用校内外资源开设丰富多彩的社团课程,为学生搭建个性展示的平台,让每一个孩子都能找到"最亮"的自己。

艺术能够抚慰心灵,能够在孩子内心播下幸福和快乐的种子;科技创新课程能够激发青少年崇尚科学、追求真理、探索未知、创造未来的热情。我校坚持"校内人人是课程,校内外处处有课程"的理念,充分挖掘教师资源、家长资源、社区资源、社会资源等,着力构建特色的生活化、多样化、生态化的艺术创新课程体系,形成了"全员参与、活动育人"的社团课程新格局。

(1)艺术课程感受艺术美。在以书法、绘画、舞蹈、古筝、合唱为主的艺术课程实施中,我校打破注重单纯技艺训练的传统模式,倡导"活动—互动体验式"的艺术教学,将艺术教育的人文性和技艺性进行完美结合,让每一位学生在艺术体验中发现自我、关心他人、热爱集体,为健康人格的形成奠定坚实基础。

(2)科技创新课程体验创造美。超高人气的科学小实验,富有创造性的STEM活动、3D打印等科技创新课程,使学生在理论与实践的结合中,经历发现问题、分析问题、提出假设、验证假设、解决问题的全过程,在尝试和解决问题的过程中经历挫折和失败,享受成功和喜悦,体验创造的美感。

(3)棋类课程享受智慧的碰撞。象棋、围棋富有娱乐性、创造性、趣味性和竞技性,具有益智教化、陶冶性情的功能,能培养学生从小爱动脑筋的习惯和解决问题的能力,更能培养学生树立必胜的信念和锲而不舍的精神。学校开设的棋类课程和每年一度的"智运会"能让小棋手们一展才智,尽情展现自己的智慧,享受脑力碰撞的快乐。

(4)体育课程实现力与美的融合。啦啦操、足球、篮球、武术、游泳等体育课程,以"增强身体素质,强健体格;启迪身心智趣,滋养性格;塑造坚韧勇敢,完善品格"为价值导向,通过"校长杯"足球比赛、篮球班级联赛、啦啦操展示赛、武术技巧展示赛等活动,用力与美的魅力带着学生爱上锻炼,增强生命活力,促使学生在强健体魄中实现"身心智趣"的和谐发展。

(三)课程跨界融合塑造生命

生命的孕育需要多种养分,孩子的成长也需要多样课程。每一类课程都有其独特的价值,学生核心素养的全面发展需要多种课程的融合。学校以生命教育为理念,尊重生命的多样性,构建多样的育人课程并注意课程之间的有效融合(见图6、图7)。传统文化课程让学生树立国家意识、增强民族自豪感,自觉弘扬民族文化、传承民族精神;劳动实践课程让学生体验劳动乐趣、感受劳动精神、学习劳动技能,将热爱劳动、尊重劳动的种子深深植于孩子心间;社团艺术课程给学生提供了发掘自身潜能的渠道,与人类智慧结晶的碰撞让学生变得坚韧、自信。三类课程各有体系,同时又互相融合,最终指向学生的全面发展。传统文化课程中的节日、节气课程里融入了劳动课程和艺术课程。我们打破课程界限,用整合的思维找到学科之间、知识之间、知识与生活之间以及人和人之间的联系,构建满足学生需要,有趣、有用的课程。

图6　生命课程跨学科体系

图7　多元游园趣味评价

根据生命、艺术、科学、社会四个领域目标,结合小学生各年段的认知水平,我校分别对节气节日内容进行梳理,将古诗吟诵课程、种植课程、剪纸课程纳入其中,即根据节气节日的时令,学习吟诵对应的古诗词;根据节气节日的物候特征,引导学生种植和观测植物;根据节气节日的特点,确定剪纸教学主题,形成融合四个领域的多学科的综合性学习研究。例如,春分节气,语文老师教学生们认识春分的来历,认识物候,带领孩子走进大自然去观察春天万事万物的变化,然后记录自然笔记,阅读春分节气的文章,吟诵《春日》《泊船瓜洲》等诗词;美术老师则教学生们设计春分节气农民开展农事活动的剪纸;夕会课老师会和学生们玩一场竖蛋游戏;种植课上,学生们在老师的指导下,亲手种下了第一颗凤仙花的种子;操场上,学校组织了以"筝舞蓝天"为主题的春分节气放风筝比赛;周五的公益讲堂上,食堂的师傅们正在教小朋友做春分艾叶粑粑,学生们品尝着自己做的节气美食,感受古人过节的气氛,节气文化就这样慢慢浸润孩子的心灵。学生在亲身经历与研究中,结合自己的观察所得,发现问题、提出问题、收集问题、解决问题,并在学校组织的小课题研究成果展示中进行汇报交流,从而培养学生的综合素养。

(四)多元取向评价荣耀生命

科学有效的课程评价能保证课程目标的达成。为了实现"让每个生命成为最好的自己"的育人目标,学校改变了"唯分数"论的单一评价方式,构建多样、富有特色的课程评价模式。在传统文化课程的评价中,学校不采用书面考试或考查的方式,而是以激励为主,采取学分制评价学生的成长和发展。

学分评定综合考虑三个方面的因素。一是学生学习传统文化课程的学时总量,不同的学时给不同的分数。教师不仅要关注学生的学业成绩,而且要发现和发展学生多方面的潜能,了解学生发展中的需求,帮助学生认识自我。二是学生在学习过程中的表现,要求学生能积极参与节日、节气、剪纸等相关实践活动,并以自己最喜欢的方式展示成果,或主动参与传统文化主题活动等,由任课教师综合考核并给出一定的分数。三是学习的客观效果,教师可采取适当的方式进行考核。三个方面的因素中,以学生参与学习的学时和态度为主,结果为辅,但最终的学分评定要把三个方面的因素综合起来考虑。

在劳动实践课程的评价中,教师应重视对劳动意识的评价,注意培养学生的学习兴趣与创造能力,同时兼顾学生劳动的实践操作能力。在这样的过程中,学生得到肯定的、激励性的评价,体验到获得成果的快乐,理解到劳动价值的内涵,形成尊重劳动、热爱劳动的真挚情感。

孩子们参与了课程学习之后,相关课程教师会根据学生参与学习课程的学时总量,学生在学习过程中的表现、学习的客观效果,发给他们的相应数额的"沈小币",这一元、二元、五元的"沈小币"记录了学生的参与程度、态度情感、行为表现等要素。它伴随并记录着学生在校生活的每一天。

"沈小币"作为校园流通币,在校园范围内已经使用五年了,学校以学生的"文明行为""道德善举""学习品质"等为内容,旨在鼓励学生们堂堂正正做人,踏踏实实做事,认认真真学习。学生通过老师教导、自我管理来获得相应的币种(见图8)。"沈小币"的使用,改变了过去单一的评价体系,合力营造良好育人环境,促进未成年人全面健康成长,构建多元评价体系,变他律为自律,实现了全员管理、自主成长的德育育人目标,极大地调动了学生们的积极性,培养了学生的进取意识和良好的行为习惯。

四、效果与反思

学校历经25年的实证检验形成了可操作的教学策略,直接推动了学生生命素养学校结合综合素质评价改革新要求,将"校园币"全面升级为"品德币、体育币、学习币、艺术币、劳动币"5种类型。表现优秀的学生可以获得不同面值的"沈小币",在期末的校园兑换活动中可换得学习用品。新版"沈小币"的使用改变了单一的评价体系,实现了全员管理、自主成长的育人目标。

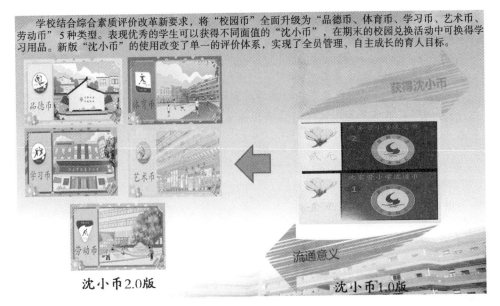

图8 沈小币评价体系

的提高和生命成长能力、生命坚毅精神的培养,从生命安全拓展到思政、种植、传统节气、劳动课程体系的衔接、构建与实施,促进了学生适应未来社会的核心素养的培养。

(一)促进小学生关键能力阶梯式提升

学校从生命安全课程进入生命教育模式的构建,提高了教学育人质量——"让每个生命成为最好的自己",实现生命个体成长;开发了"菜单式"社团课程,共设30余门校本课程,全校2039名学生基本实现100%自主走班选修课程学习。

生命课程打破了传统模式,以全学习环境下的"活动—互动体验式"多学科融合教学,将艺术教育、人文素养、技艺内涵和劳动意识进行完美结合。近两年全校近千名学生参与戏剧、舞蹈、合唱、科技、足球、啦啦操等各项活动竞技与展演近200场次,获奖项的占95%,其中被中央电视台、省市电视台和各大媒体播出、报道、转载100余次,并获全国啦啦操比赛第一名、省校园戏曲成果一等奖、省"金蕾杯"少儿才艺团体二等奖。学校利用生命教育进行跨学科迁移,助推学生综合素养不断提高,每年有近50%学生获得区级以上各类荣誉,并在各级学生素养测试或展评中取得优异成绩。

(二)推动一专多能型教师抱团式成长

团队中1名省特级教师、1名黄石市有突出贡献专家、2名市级名师,2名高校教授,其余课题组成员均被评为市教坛新秀或区学科骨干。近三年课题组在全国各地教学展示20余次,专题讲座40余次,累计听课人数6千余人次,获教育部"艺术工作坊"二等奖。课题组成员共有30余篇论文(课例)在国家级刊物发表,参与创编省市级公开出版教材6部,还共同创编了5部校本特色教材。

(三)形成特色鲜明的办学品牌化辐射

学校实现从传统课程到全学习环境下生命跨界课程深入实践,并形成品牌效应。教材《生命安全教育》出版发行,《研究性学习》获全国综合实践活动优秀课程资源二等奖,“润泽生命、静待花开”获教育部首批“一校一案”落实《中小学德育工作指南》典型案例(见图 9)。《“小学学科课探究性学习课例研究”课题阶段研究报告》获省级创新教育研究成果二等奖。近年来已有 10 多个省市的 30 多批次考察培训团来校学习或应邀去对方单位交流培训。

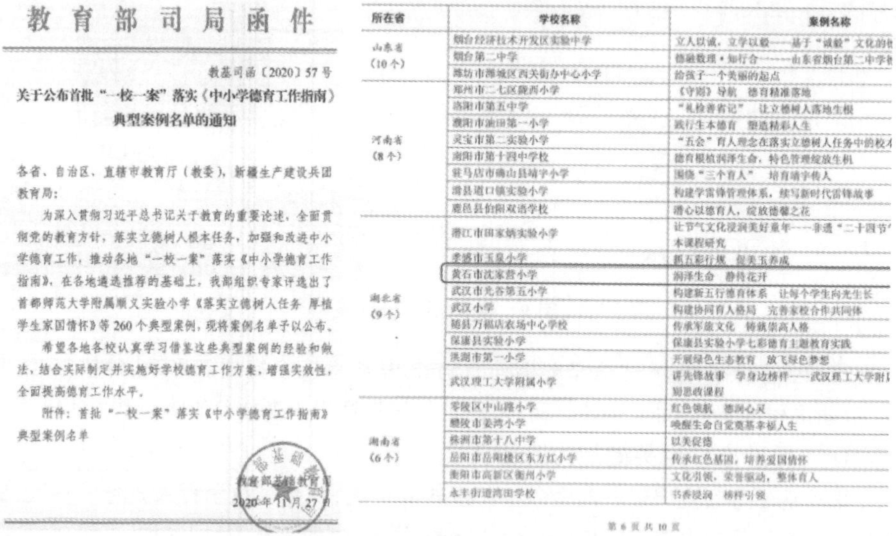

教育部司局函件

教基司函〔2020〕57 号

关于公布首批“一校一案”落实《中小学德育工作指南》典型案例名单的通知

各省、自治区、直辖市教育厅(教委),新疆生产建设兵团教育局:

为深入贯彻习近平总书记关于教育的重要论述,全面贯彻党的教育方针,落实立德树人根本任务,加强和改进中小学德育工作,推动各地“一校一案”落实《中小学德育工作指南》,在各地遴选推荐的基础上,我部组织专家评选出了首都师范大学附属顺义实验小学《落实立德树人任务 厚植学生家国情怀》等 260 个典型案例,现将案例名单予以公布。

希望各地各校认真学习借鉴这些典型案例的经验和做法,结合实际制定并实施好学校德育工作方案,增强实效性,全面提高德育工作水平。

附件:首批“一校一案”落实《中小学德育工作指南》典型案例名单

教育部基础教育司

2020 年 11 月 27 日

所在省	学校名称	案例名称
山东省(10个)	烟台经济技术开发区实验中学	立人以诚,立学以毅——基于“诚毅”文化的德
	烟台第二中学	德融数理·知行合一——山东省烟台第二中学德
	潍坊市潍城区西关街办中心小学	给孩子一个美丽的起点
河南省(8个)	郑州市二七区陇西小学	《守则》导航 德育精准落地
	洛阳市第五中学	“礼检善省记” 让立德树人落地生根
	濮阳市油田第一小学	践行生本德育 塑造精彩人生
	灵宝市第二实验小学	“五会”育人理念在落实立德树人任务中的校本
	南阳市第十四中学校	德育根植润泽生命,特色管理绽放生机
	驻马店市确山县靖宇小学	围绕“三个育人” 培育靖宇传人
	滑县道口镇实验小学	构建学雷锋管理体系,续写新时代雷锋故事
	鹿邑县伯阳双语学校	潜心以德育人,绽放德馨之花
湖北省(9个)	潜江市田家炳实验小学	让节气文化浸润美好童年——非遗“二十四节气”校本课程研究
	孝感市玉泉小学	抓五彩行规 促美玉养成
	黄石市沈家营小学	润泽生命 静待花开
	武汉市光谷第五小学	构建新五行德育体系 让每个学生向光生长
	武汉小学	构建协同育人格局 完善家校合作共同体
	随县万福店农场中心学校	传承军旅文化 铸就崇高人格
	保康县实验小学	保康县实验小学七彩德育主题教育实践
	洪湖市第一小学	开展绿色生态教育 放飞绿色梦想
	武汉理工大学附属小学	讲先锋故事 学身边榜样——武汉理工大学附属小学励志课程
湖南省(6个)	零陵区中山路小学	红色领航 德润心灵
	醴陵市姜湾小学	唤醒生命自觉奠基幸福人生
	株洲市第十八中学	以美促德
	岳阳市岳阳楼区东方红小学	传承红色基因,培养爱国情怀
	衡阳市高新区衡州小学	文化引领,荣誉驱动,整体育人
	永丰街道湾田学校	书香浸润 榜样引领

第 6 页 共 10 页

图 9　生命课程典型案例

高质量教育体系背景下体育中考改革"生家校"三方协同策略研究

付志琴[1] 沈全龙[2] 杨帆[3]

1. 黄石市第二中学;2. 黄石市教育科学研究院;3. 湖北师范大学附属中学(黄石一中)

摘 要:本文在高质量教育体系背景下,采用文献资料法、问卷调查法、数理统计法、访谈法,以黄石市城区初中三个年级考生、家长、体育教师为调查访谈对象,了解考生、家长、教师对考试办法的认识程度。在考试办法的指导下,探讨体育中考改革对高质量教育体系建构的影响。

关键词:体育中考改革;三方协同;应对策略

Research on the Strategy of Tripartite Cooperative Response of "Students, Families and Schools" in the Reform of Physical Education High School Entrance Examination in the Context of High Quality Education System

Fu Zhiqin[1]　Shen Quanlong[2]　Yang Fan[3]

1. Huangshi No. 2 Middle School
2. Huangshi Educational Science Research Institute
3. High School Affiliated to Hubei Normal University (Huangshi No. 1 Middle School)

Abstract: Under the background of high-quality education system, this paper adopts the method of literature, questionnaire, mathematical statistics and interview to investigate and interview examinees, parents and physical education teachers of the three grades of middle school in Huangshi, to understand the degree of examinees, parents and teachers' understanding of the examination methods, and exploring the influence of the reform of physical education examination on the construction of high quality education system under the guidance of the examination methods.

Key words: Reform of physical education high school entrance examination; Tripartite coordination; Coping strategy

一、研究目的

构建高质量教育体系,关键是改革和优化教育评价体系。改革是教育高质量发展的根本动力,要使各级各类教育更加符合教育规律、更加符合人才成长规律、更能促进人的全面发展,就必须深化教育体制改革,健全立德树人、五育并举的落实机制。笔者通过查阅文献资料,发现关于体育中考存在的问题的相关研究不少,但提出的对策偏向从考试制度本身提出改革建议,对家长、社区、学校等协同的研究很少。作为体育中考的主要参与者,学生和家长更应该积极主动地提高对中考考试办法的认知,只有学生、家长、学校三方协同,才能将体育中考改革的初衷真正落地、落实。本文旨在为学生、家长、社会提供可供参考的备考指南,为学校、体育教师的体育教学推进提供有操作性的教学参考,从学生、家长、学校三方协同育人着手,探究应对措施,为推动黄石市高质量教育体系构建提供理论支撑与实践参考。

二、研究对象与方法

(一)研究对象

以家长、学生、学校教师为问卷调查对象,从内容知晓度、细则理解度、评分标准达标率、学生参与度、备考策略等多个维度对三方主体进行调查。

(二)研究方法

1. 问卷调查法

从初中学生、家长对该考试办法的认知度、理解度、困惑点、备考策略等维度进行调查。

2. 访谈法

对2022级参加黄石市体育中考的考生及家长进行访谈,了解考生及家长存在的困惑。

3. 测试法

召集不同身体素质水平的学生对考试办法中新设定的球类考试项目进行实验性测试。

4. 数理统计法

运用SPSS19.0对问卷调查结果及学生体质测试数据进行数理分析。

三、结果与分析

(一)问卷调查结果分析

笔者对黄石城区50名初中学生家长、50名学生、10名体育教师发放了调查问卷。问卷发放、回收具体情况见表1。

2023年九年级学生体育升学考试已顺利结束。本次调查对象包含初中三个年级的学生及家长,以及初中学校的体育教师。2021年考试办法中对考试人群做了明确规定:集中现场测试从2022届毕业生开始实施。故调查对象的分配比例为七年级30%、八年级40%、九年级30%。问卷回收率均高于85%。

表1 问卷发放对象、回收情况

发放	七年级(份)	八年级(份)	九年级(份)	总计
家长	15	20	15	50
学生	15	20	15	50
教师	3	4	3	10
回收	份数(回收率)			
家长	14(93%)	17(85%)	14(93%)	45
学生	15(100%)	20(100%)	14(93%)	49
教师	3(100%)	4(100%)	3(100%)	10

1. 考试办法内容知晓度调查结果分析

调查显示,71.4%的学生、60.0%的家长不知道初中体育与健康考试办法,80%的体育教师知晓这一考试办法(见表2)。学生明确知晓自己本学年体育与健康学科考试项目的情况随学生年级递增,七年级有53.3%的学生、八年级有50%的学生不知道自己本学年应该参加的体育与健康学科考试的具体项目,九年级学生均明确知晓自己本学年的考试项目(见表3)。

表2 对初中体育与健康考试办法的知晓情况

统计项目	学生		家长		教师	
	人数	百分比(%)	人数	百分比(%)	人数	百分比(%)
知道	11	22.4	13	28.9	8	80.0
不知道	35	71.4	27	60.0	2	20.0
不清楚	3	6.2	5	11.1	0	0
总计	49	100.0	45	100.0	10	100.0

表3 对自己本学年的测试项目的知晓情况

统计项目	七年级		八年级		九年级	
	人数	百分比(%)	人数	百分比(%)	人数	百分比(%)
知道	7	46.7	10	50.0	14	100.0
不知道	7	46.7	8	40.0	0	0

续表

统计项目	七年级		八年级		九年级	
	人数	百分比(%)	人数	百分比(%)	人数	百分比(%)
不清楚	1	6.6	2	10.0	0	0
总计	15	100.0	20	100.0	14	100.0

初中三个年级学生平时考核体育项目测试,每学年2项(项目1选一项);九年级毕业前参加的集中现场测试,男女生考试项目均为3项(项目1为必考项目,项目2选一项,项目3四选一)。选测项目的设置目的在于供学生根据自身特长和特色进行自主选择,通过选择性测试,在尊重学生体育运动特色发展的前提下对学生体质健康状况进行考核和赋分。学生可根据自身体育特色,选择自己擅长项进行测试考核。考虑到初中阶段学生年龄尚小,家长要参与学生项目选择,体育教师也可以给予合理建议。调查显示,大部分学生都能自主或询问体育教师后自己选择选测项目,但七年级、八年级学生"临考前随意选择""听学校安排"的人数占近三成(见表4)。

表4　新增球类项目、其他项目的选测的选择情况

统计项目	七年级		八年级		九年级	
	人数	百分比(%)	人数	百分比(%)	人数	百分比(%)
根据自身情况选择擅长项	6	40.0	9	45.0	7	50.0
咨询体育教师后选择	4	26.7	6	30.0	6	42.9
临考前随意选择	2	13.3	3	15.0	0	0
听学校安排	3	20.0	2	10.0	1	7.1
总计	15	100.0	20	100.0	14	100.0

八年级学生是第一批参加集中现场测试新增球类选测项目的学生,男女生考试项目均为3项(项目1为必考项目,项目2二选一,项目3四选一)。考试办法对四个球类项目的场地设置、考试规范操作及要求、犯规行为、评分标准都进行了详细说明。明确这类项目的考试方法和要求是合理做出选择的基本前提。但调查结果显示,55%的学生及58.8%的家长不了解这类项目的考试方法(见表5)。

表5　八年级家长、学生对新增球类选测项目考试方法的了解情况

统计项目	学生		家长	
	人数	百分比(%)	人数	百分比(%)
知道	9	45.0	7	41.2
不知道	11	55.0	10	58.8
总计	20	100.0	17	100.0

2. 考试办法细则理解度调查结果分析

调查结果显示,55.1%的学生、57.8%的家长不知晓初中体育与健康学科学业水平考试由平时考核和集中现场测试两部分综合评定。79.6%的学生、75.6%的家长对于免考、缓考办理程序不明确(见表6、表7)。

表6　对毕业成绩由三年的平时考核和集中现场测试组成的知晓情况

统计项目	学生		家长	
	人数	百分比(%)	人数	百分比(%)
知道	22	44.9	19	42.2
不知道	27	55.1	26	57.8
总计	49	100.0	45	100.0

表7　对免考、缓考办理程序的知晓情况

统计项目	学生		家长	
	人数	百分比(%)	人数	百分比(%)
知道	10	20.4	11	24.4
不知道	39	79.6	34	75.6
总计	49	100.0	45	100.0

3. 平时考核合格标准达标难易度、现场测试得分难易程度结果分析

参照表8中的考核合格标准,超过半数学生认为自己能顺利通过平时考核测试,33.3%的七年级学生、45%的八年级学生、50%的九年级学生认为自己通过集中体能训练后能顺利达标,极少数学生认为自己不能达标(见表9)。

表 8　黄石市初中体育与健康学科学业水平考试平时考核合格标准

	项目	50米(秒)	立定跳远(厘米)	坐位体前屈(厘米)	—
七年级	男生	10″2	155	−2.6	
	女生	10″9	140	2.0	
	项目	1000米(分秒)	800米(分秒)	引体向上(次)	仰卧起坐(次)	实心球(米)
八年级	男生	5′05″	—	5	—	4.20
	女生	—	4′50″	—	21	4.60
	项目	1000米(分秒)	800米(分秒)	引体向上(次)	仰卧起坐(次)	一分钟跳绳(次)
九年级	男生	4′55″	—	6	—	64
	女生	—	4′45″	—	22	58

表 9　平时考核能否达标

统计项目	七年级		八年级		九年级	
	人数	百分比(%)	人数	百分比(%)	人数	百分比(%)
能	9	60.0	10	50.0	7	50.0
经集训后能达标	5	33.3	9	45.0	7	50.0
不能	1	6.7	1	5.0	0	0
总计	15	100.0	20	100.0	14	100.0

4. 学生、体育教师参与度调查结果分析

对于学校是否面向学生对新增球类项目的测试方法及要求进行演示、讲解、摸底测试这一问题,我们对七八年级学生及体育教师进行了调查,结果如下(见表10、表11)。

表 10　学校是否组织体育教师对新增球类选测项目测试方法进行讲解、演示

统计项目	七年级		八年级		体育教师	
	人数	百分比(%)	人数	百分比(%)	人数	百分比(%)
是	2	13.3	2	10.0	7	70.0

续表

统计项目	七年级		八年级		体育教师	
	人数	百分比(%)	人数	百分比(%)	人数	百分比(%)
否	13	86.7	18	90.0	3	30.0
总计	15	100.0	20	100.0	10	100.0

针对新增球类项目,学校是否已经采取相应措施进行摸底测试,60%的教师表明,已经进行摸底测试。参照考试办法中男女生现场集中测试评分标准,除篮球项目外,参加摸底测试的学生中均有拿满分的学生(见表12)。70%的教师表明学校已经着手或已经对新增球类项目制订训练计划(见表13)。

表 11 学校对新增球类选测项目是否进行摸底测试

统计项目	体育教师	
	人数	百分比(%)
是	6	60.0
否	4	40.0
总计	10	100.0

表 12 摸底测试学生是否能拿满分

统计项目	足球		篮球		排球		乒乓球		总计	
	人数	百分比(%)	人数	百分比(%)	人数	百分比(%)	人数	百分比(%)	人数	百分比(%)
是	1	16.7	0	0	4	66.6	3	50.0	8	33.3
否	5	83.3	6	100.0	2	33.4	3	50.0	16	66.7
总计	6	100.0	6	100.0	6	100.0	6	100.0	24	100.0

表 13 学校是否着手或已经对新增项目制订了训练计划

统计项目	体育教师	
	人数	百分比(%)
是	7	70.0
否	3	30.0
总计	10	100.0

四、建议

（1）家长应营造良好的家庭氛围，帮助考生养成良好的体育锻炼习惯，从容不迫应对考试。初中升学考试体育与健康学科满分50分计入中考总分，而且是采用过程性与目标效果测试相结合的方法进行考评。家庭良好的体育锻炼氛围，能帮助考生养成终身体育意识。家长对考试办法的提前关注，能引导考生明智选择选测项目。

（2）教师应充分把握考试内容及方法，并为学生备考提供有力指导。首先，教师应公平公正评定学生平时课堂表现并给予评分。其次，教师运用教学经验，按照学校现有的教学计划对学生传统测试项目进行指导训练。针对新增球类项目，教师应克服畏难情绪，在明确考试要求的基础上为学生提供指导。最后，在日常体育教学中，教师要注意观察学生，因材施教。引导学生发掘体育特长，帮助学生精益求精。

（3）学校应加强考试政策宣传，让学生、家长引起充分重视。从初一进校开始，学生及家长就应当知晓初中体育与健康学科毕业成绩的构成，对每学年的具体测试项目、选测项目、评分标准，要有明确的认知。另外，针对九年级考生，学校应就考试办法中新设定的球类测试进行推广性教学培训，帮助学生科学合理选择选测项目。

（4）学校作为考试组织引导主体，除有序组织平时考核工作之外，还要对执裁教师进行业务培训，对体育教师进行考试方法的集中培训。学校应加大场地、设备保障，为各项目的日常学习、备考训练创造条件。

（5）三方协作，将体育中考考试内容常规化、课堂化、生活化。体育中考项目虽说是应试项目，但考生在课余体育活动、课堂体育活动、家庭体育活动时都可以接触。学校可以在举行校园体育比赛时将考试项目设为常规比赛项目进行推广；体育教师可在教授常规教材内容之外，将考试项目作为学生拔高技能进行练习；亲子活动时，家长可有意识引导考生对自选球类项目进行趣味练习。

参考文献

[1] 罗卫东.高质量多维度理解高质量教育体系建设[N].人民政协报，2023-08-09(10).

[2] 黄石市教育局.黄石市初中体育与健康学科 学业水平考试办法（试行）[EB/OL].（2022-09-01）[2024-12-24].http://jyj.huangshi.gov.cn/zfxxgk/zcl/gfxwj/202212/t20221215_975114.html.

[3] 沈全龙,李朝霞,余泽忠.中小学体质健康监测与对策研究[J].学科教研，2020(38):131.

初中阶段开展心理健康教育的实践研究
——以黄石市第十五中学为例

朱亮[1] 李峻[2]

1. 黄石市第十五中学；2. 黄石市第十五中学

作者简介：朱亮，中学高级教师，任职于黄石市第十五中学，主要研究方向是心理健康教育、青年教师培养、校本课程的建设等；李峻，黄石市第十五中学教师，主要从事中学教育、心理健康教育。

摘　要：作为教师教育共同体建设的参与者，黄石市第十五中学（以下简称黄石十五中）在开展"初中阶段心理健康教育模式的探索"的研究过程中，创造性地提出"一个中心、两个基本点、三种教育网络、四种教育方式结合"的心理健康教育模式，为中小学开展此类活动提供了一定的借鉴，为教师的职业发展提供了有力的支撑。

关键词：初中心理健康教育；心理测量；教师专业发展

一、坚持一个中心：以面向全体学生的健康发展为中心

加强学生心理健康教育工作是新形势下全面贯彻党的教育方针、实施素质教育的重要举措，是促进学生全面发展的重要途径和手段，是学校德育工作的重要组成部分。学生心理健康教育工作是学生日常教育与管理工作的重要内容，同时也是全体教职员工义不容辞的责任。

黄石十五中作为黄石港区的单设初中，积极参与了黄石市教师教育综合改革实验区专项课题的研究活动。黄石十五中是黄石市流动人口子女定点学校，生源结构复杂，学生家庭教育缺失明显，学生心理素质差异性显著。由于生活环境比较复杂，学生容易产生一些心理问题，影响身心健康发展。为此，学校课题组力图探索一套操作性较强的中学生心理健康教育模式，纾解学生的心理困惑，帮助他们健康成长。

目前，学校共有教师87人，其中男性41人，女性46人，20岁至30岁13人，30岁至40岁22人，40岁至50岁22人，50岁以上30人，学历为大专的有26人，学历为本科的有56人，学历为研究生的有5人，新进教师无职称的8人，中学二级教师20人，中学一级教师21人，中学高级教师38人。从性别上分析，女性教师多于男性教师，占比为52.87%。从年龄结构上分析，40岁以上教师52人，占比为59.77%，教师队伍中老龄化现象比较严重。从职称上分析，高级职称的教师38人，占比为43.67%，青

年教师的职业发展急需有力指导。从学历上分析,具有研究生学历的只有5人,占比为5.74%,不利于学校教科研工作的顺利开展。学校课题组希望以探索初中阶段心理健康教育模式为契机,帮助青年教师不断成长,提升青年教师的教育教学水平。

二、依托两个基本点:以教师的教育与家长的合作为途径

中学生心理健康教育关键是教师,教师要学习心理卫生和心理健康知识,掌握心理调节的方法,学会纾解学生的心理压力。同时,教师还要尊重学生,为学生们创设和谐、宜人的教育教学环境,让学生们能够快乐学习,健康成长。青年教师大多刚刚离开师范院校,有一定的教研能力,但是对义务教育阶段的教育教学工作缺乏全面而深刻的认识,对青春期初中生的心理健康状况不甚了解,缺少开展有针对性的心理健康教育的工作方法和工作技巧。此课题研究以对全体学生开展心理健康教育为重点,而不是事后的咨询与分析,通过具体的案例示范让青年教师能够迅速掌握正确开展德育工作的方法和技巧。心理健康教育以学生的具体问题为突破点,重在解决学生成长过程中的问题与困惑。

学生的心理压力和心理问题不仅来自学校,也来自家庭。家长不健康的心理、不恰当的教育方式等因素都会直接引起学生的心理问题,影响学生的心理健康。黄石十五中采取开展"家长学校"的策略,增强家长的心理教育意识。

三、建立三种心理健康教育网络

建立健全心理健康教育的网络体系,该网络体系的主体包括领导、教师、班主任、教辅人员和学生等。这些人员根据不同的分工要求建立起一支群众性的心理健康教育工作队伍,形成信息畅通的网络,从而对学生的心理问题做到及时发现、及时解决。具体包括下面三种网络。

(一)组织网络

组织网络由学校领导、德育处、班主任和科任教师构成。由学校领导牵头,德育处进行活动组织,由年级组长指导各班级开展心理健康教育活动。

(二)行动网络

行动网络由学校教育、咨询与辅导、家校合作三个部分组成。学校心理健康教育以教育为中心,由心理专家开展心理咨询和心理辅导,由德育处领导各班级,积极同家长及家长委员会开展合作,共同帮助学生健康成长。近几年来,中国教育学会、北京四中网校、黄石市心理健康辅导中心都派专家学者到黄石十五中开展心理健康教育专题讲座,获得了家长的好评,同时开展家长问卷调查,收集了大量的相关数据,为开展课题研究提供了数据支持。

(三)评估网络

评估网络由预警、记录、总结三个阶段构成。课题研究不仅要开展行动,更要注重学生心理问题的调查与研究,通过采用问卷调查、学生成长袋等方式,及时记录并总结学生的心理问题,形成了一套比较完善的学生心理评估机制。

四、积极探索四种心理健康教育结合模式

(一)心理健康教育与心理测量相结合

近年来,学校开展学生心理问卷调查,了解学生的心理情况,分析学生心理情况的成因,探索解决学生心理问题的途径。学校采用中国科学院心理研究所王极盛编制的中学生心理健康量表(MSSMHS)开展心理测量,测量结果见表1～表3。

表1 2021级学生心理健康情况统计分析

(单位:人)

心理状态	强迫症状	偏执	敌对	人际关系紧张与敏感	抑郁	焦虑	学习压力	适应不良	情绪不平衡	心理不平衡	总体心理健康水平
健康	322	402	425	379	382	353	283	389	310	442	399
轻度	195	117	96	137	132	145	185	132	178	93	131
中度	27	24	18	27	25	39	64	23	52	10	16
偏重	2	3	7	3	7	9	14	2	6	1	0
严重	1	1	1	1	1	1	1	1	1	1	1
合计	547	547	547	547	547	547	547	547	547	547	547

表2 2022级学生心理健康情况统计分析

(单位:人)

心理状态	强迫症状	偏执	敌对	人际关系紧张与敏感	抑郁	焦虑	学习压力	适应不良	情绪不平衡	心理不平衡	总体心理健康水平
健康	237	299	297	273	283	250	234	297	227	312	286
轻度	125	68	65	90	76	93	107	79	128	62	87
中度	20	14	13	17	17	33	28	5	21	7	8
偏重	0	1	7	2	6	3	12	1	5	0	1
严重	0	0	0	0	0	3	1	0	1	1	0
合计	382	382	382	382	382	382	382	382	382	382	382

表3 2023级学生心理健康情况统计分析

(单位:人)

心理状态	强迫症状	偏执	敌对	人际关系紧张与敏感	抑郁	焦虑	学习压力	适应不良	情绪不平衡	心理不平衡	总体心理健康水平
健康	345	409	423	406	415	397	371	416	378	426	425
轻度	115	62	45	67	57	63	86	58	92	51	52

续表

心理状态	强迫症状	偏执	敌对	人际关系紧张与敏感	抑郁	焦虑	学习压力	适应不良	情绪不平衡	心理不平衡	总体心理健康水平
中度	21	10	10	9	9	18	18	8	7	4	6
偏重	2	2	5	1	2	5	6	1	6	2	0
严重	0	0	0	0	0	0	2	0	0	0	0
合计	483	483	483	483	483	483	483	483	483	483	483

由上可知：2021级学生心理健康率为72.94%，2022级学生心理健康率为74.86%，2023级学生心理健康率为87.99%。

(二)心理健康教育与心理培训、咨询相结合

学校联合中国教育学会家庭教育专业委员会湖北分支机构、湖北师范大学教育科学学院、北京四中网校黄石分校，共同合作开展心理健康教育的培训与辅导，由心理教育专家定期讲课，对教师、家长和学生进行心理教育方面的培训。三年来，共召开心理教育专题培训会6场，参加培训的教师、家长和学生超过1800人次。

除心理教育培训以外，学校还积极开展心理咨询活动，建立了学生心理咨询室，由专人定期开展心理咨询活动。学校特聘黄石市中心医院精神科专家参与学生心理咨询工作。

(三)心理健康教育与心理行为矫正相结合

一方面，学校通过个别辅导矫正由于心理障碍而导致的问题行为，如恐惧、说谎等。另一方面，学校以活动为依托对学生进行心理辅导，通过开展各种竞赛活动、体育活动、审美活动等集体活动，使学生自觉地、有意识地养成符合心理健康标准的良好行为。

学校鼓励和支持学生积极参与各项文化体育活动，通过开展大课间活动和文化体育第二课堂活动，引导学生培养文艺特长，热爱体育活动，帮助学生形成阳光、洒脱的心理素质。学校的大课间活动重点落实阳光体育一小时，开展跳绳、跑步等活动，有效地调动了学生的情绪，活跃了校园文化氛围，受到了湖北省教育督导组的表扬，市区领导多次点名视察，在同行间广为称赞。学生参与的足球赛、篮球赛、课间操、才艺表演等活动多次在省、市、区级比赛中获奖。

班主任通过开展定期家访、座谈等方式对学生进行心理行为矫正。对于问题学生，则开展一对一对话，疏导情绪，排解心结，及时矫正学生的不良心理。为此，学校建立了家访工作记录，要求班主任定期做好记录，并及时上交学校德育处存档。青年教师和资深教师结对，共同参与家访活动，通过教师和家长的交流、教师和教师的交流，不断增强青年教师的德育工作能力。

对于出现心理问题的学生，先由学校心理咨询室教师按照科学的操作流程，对学生的心理状况进行初步评估，根据评估结果开展心理辅导。如果学生的心理问题比较

严重,学校再联系特聘的心理专家进行专业咨询和辅导,帮助学生克服心理障碍,纾解心理困惑,助其健康成长。

(四)心理健康教育与德育工作相结合

学校高度重视班主任工作,大力实施青年班主任培养工程,特别是通过开展主题讲座,播放心理健康教育视频,有针对性地提升班主任的心理教育与干预的能力,指导开展校本课程活动,做到有教材、有教师、有活动。此外,学校还建立了学生成长档案袋,由班主任将学生的行为表现纳入记录,为心理健康教育提供支持。

除班主任参与心理健康教育外,学校还鼓励科任教师积极参与心理健康教育活动,引导教师思考并参与学科教学的德育渗透,使心理健康教育全方位走入中学课堂。

参考文献

[1] 迟雅.点亮心灯拨动心弦——中小学心理健康教育教程[M].北京:中国少年儿童音像电子出版社,2008.

[2] 鲁赫.心理学与生活[M].北京:人民邮电出版社,2014.

体验式学习在小学数学教学中的应用

邓丽萍

湖北省黄石市阳新县兴国镇中心小学

作者简介:邓丽萍,女,小学数学二级教师,本科学历,2010年毕业于湖北大学,毕业以来一直从事小学数学教学工作并担任班主任,教学成绩优秀,年年获得优秀班主任、优秀教师称号,并发表多篇论文,且获得多次一等奖,现任教于湖北省黄石市阳新县兴国镇中心小学;教育格言为用爱心、耐心、诚心去启迪孩子纯洁的童心。

摘　要: 传统小学数学教学中存在学生学习兴趣低、课堂教学形式单一、教学氛围枯燥等问题,这既影响教师的教学效率,也阻碍学生的学习发展。在教学改革过程中,体验式学习受到了师生的欢迎与喜爱,学生通过亲身体验,对数学知识有了更加深入的理解。基于此,本文对体验式学习在数学教学中的应用进行了阐述,以期对小学数学教学实施有所帮助。

关键词: 体验式学习;小学数学;情境;实践;游戏;应用

体验式学习是以学生为主体,强调学生的自主学习以及在教学中的积极参与。因此,它要求数学教师在教学设计中根据教学需求以及学生学习的兴趣特点,为学生设计多样化的体验学习活动,比如游戏体验、实践体验、情境体验以及探究体验等,通过丰富的体验活动让学生感受到数学学习的趣味,让学生对数学逐渐产生热爱。同时,在体验与参与的过程中,学生的综合能力及素养能得到训练和提升,促进学生的全面发展。

一、体验式学习概述

体验式学习是一种以学生为主体的教学方法,这种以学生为核心的教学方式并不是指将课堂完全交给学生,而是指在教师的科学引导以及合理组织下,为学生提供良好的学习环境,让学生可以在适当的情境以及学习条件中充分思考、亲身体验,从而达到深度学习的效果。体验式学习与传统教学有着明显的区别,在体验式学习中突出了学生学习的自主性,也强调了学生的主体地位,学生在接受知识的过程中能够主动思考、探究、交流、体验,而非机械性地接受知识。这种教学方法可以提高学生的学习效率以及对知识的掌握程度,属于一种高效的教学方法。体验式学习在应用的过程中要掌握相应的原则,比如要遵循趣味性与科学性的原则,也就是既要让体验式学习活动满足学生的兴趣需求,同时也要让体验式学习活动满足学生知识学习与能力发展的需求,不能只强调趣味性而忽略教学效果。另外,还要遵循个体性与整体性的原则,教师既要考虑班级学生整体的水平,科学地设计学习任务,又要根据个体之间的差异性来进行学习任务的细化与分层,保障每一个学生能够在学习中有更好的体验。

二、体验式学习在小学数学教学中应用的意义

小学数学具有较强的抽象性与逻辑性,导致部分学生因学习困难而失去对数学的兴趣,再加上传统灌输式教学使课堂教学氛围沉闷枯燥,更加影响了学生学习数学的积极性。体验式学习是根据现阶段小学生学习兴趣及需求而研究出来的一种新型教学方法,将其应用到小学数学教学中的意义主要体现在以下几方面。其一,有利于活跃课堂教学氛围。课堂教学氛围的活跃度直接影响小学生学习数学的兴趣和积极性,比较活跃的课堂往往可以更好地激发学生的热情,调动学生参与学习的兴致。在体验式学习中,教师通过设计多种具有可参与性、互动性以及趣味性的体验活动,让课堂氛围变得热闹而有趣,使学生在轻松的环境中学习,体验学习的快乐。其二,有利于培养学生的核心素养。小学生数学核心素养发展对于提高其数学学习水平以及未来长远发展有着重要的意义,但是以往的数学教学中多数教师忽视对学生数学核心素养的培养,也缺少培养学生数学核心素养的能力。学生在体验式学习的过程中会通过生活体验以及合作体验等方式提升合作学习能力以及解决生活问题的能力等,对促进学生核心素养全面发展有着重要意义。其三,有利于丰富课堂教学形式。丰富的教学形式不仅对学生有着较强的吸引力,可以让学生更主动地参与课堂学习活动,而且丰富的教学形式能够针对学生不同的能力及核心素养进行针对性的培养和提升,是学生能力发展以及核心素养提升必不可少的基本条件,体验式学习中包括多样化的体验形式,因此对丰富课堂教学的形式有着重要帮助。

三、小学数学教学中存在的问题

体验式学习是改善传统教学模式下小学数学教学的重要举措,也是满足小学生学习需求和发展需求的重要途径,这就要求数学教师要先对数学教学中存在的问题有准确的了解,才能为体验式学习的应用制定科学的策略。一方面,学生数学学习动力不足。学生学习动力的缺失是影响学生学习主动性和积极性的关键,而对于小学生而言,学习动力在很大程度上受到兴趣的影响。传统枯燥的理论灌输以及单一的教学形式,让学生对数学学习严重缺乏兴趣,多数小学生都是被迫学习,这样会严重影响学生的身心健康发展,也不利于学生数学核心素养的发展。因此,在应用体验式学习的过程中可以以激发学生兴趣为目标设计有趣的体验学习活动。另一方面,实践教学缺失。从传统的小学数学教学中可以看到,多数课堂教学都是以理论知识灌输为主,学生缺少实践体验的机会,主要是因为教师没有认识到数学教学中实践教学的重要性,

也未能掌握数学实践教学的方法。由于缺少数学实践,学生只是掌握了基础的数学知识,却不能在实际问题中灵活运用知识,影响了学生数学综合能力的发展。数学教师可以从数学实践教学的角度出发,设计实践体验活动,让学生在实践中强化对知识的运用。

四、体验式学习在小学数学教学中的具体应用策略

(一)情境体验

情境体验是体验式学习中的一种比较常用的方法,主要是指教师根据教学内容和学生学习的需要,设计相应的体验情境,让学生可以通过融入情境的方式进行体验学习,既提高了学生的参与性,同时也对学生真实体验学习数学的价值以及加深学生对数学知识的理解深度有很大帮助。在构建体验情境的过程中,数学教师需要注意结合学生的实际生活,围绕学生的认知范围选择合适的情境,才能提高情境体验式学习活动开展的效果。例如:在进行有关"元、角、分"的教学过程中,如果教师采用枯燥的课本知识灌输,很难激发小学生学习"元、角、分"相关知识的兴趣,而在小学生实际生活中的很多场景都需要用到钱,教师可以给学生构建一个生活化的情境,让学生在情境中体验,激发学生学习兴趣的同时让学生对学习"元、角、分"相关知识的价值与意义有准确认知。比如,数学教师在课堂上搭建一个售货小摊,摆上学生喜欢的各类物品,并在上面标注好价格,教师将学习用的不同面额的钱币道具发给学生,让学生选择喜欢的物品并根据标价付款。通过情境体验,学生可以真实地了解不同面值的钱币的实际价值,教师也对学生进行了元、角、分之间转换的训练。

(二)探究体验

探究体验主要是指在体验式学习中,教师给学生设置一个具有探究性的学习任务,让学生通过自主探究或者合作探究的方式来完成这一学习任务。在此过程中,学生通过探究体验能够对知识进行深入分析和研究,并可以整合以往所掌握的知识,构建完善的知识体系,通过深度思考以及多角度辩证来提高学习任务的完成质量。例如,在完成"因数"以及"积"等概念的教学后,教师可以给学生设置这样一个探究性的学习任务:积和因数之间是否存在某种特定的大小关系?这时班级的学生在进行简单的思考后,按照自己以往的认知会给出"积比因数大"这样的结论,教师不要对学生的回答进行直接评判,而是引导学生进一步思考:真的是这样吗?然后教师将学生分成几个小组,让学生在小组探究中思考,并引导学生通过"提出假设—验证假设—得出结论"这样的步骤来进行问题的探究。学生通过探究发现,当一个因数乘上另一个比1大的数时,得出的积要比这个因数大;而当这个因数乘上1时,得出的积与该因数自身相等;如果这个因数乘上的数比1小,则得出的积要比该因数小。学生最终得出结论,因数与积之间并不存在特定的大小关系,因数与积之间的大小关系取决于所乘数的大小。在探究体验中,学生的逻辑思维能力得到了更好的训练,而且实现了深度

学习,有了更深入的思考体验。

(三)实践体验

实践体验主要是指在数学教学中,数学教师根据教学内容给学生设计相应的实践活动,让学生在实践中体验学习,完成学习任务,从而收获相关的数学知识,提升学生的综合学习能力。在实践体验的构建中,要求数学教师应注重围绕学生的生活,以及结合学生的兴趣特点,使实践活动能够对学生有较强的吸引力,这样才能确保在实践活动的支撑下顺利完成体验式学习任务。例如,在进行有关"统计表和条形统计图"的教学过程中,教师按照以往书本知识教学以及利用题目训练的方式会让学生感到学习乏味,同时也不利于提高学生解决实际问题的能力。因此,数学教师在完成基础知识的教学后,可以给学生设计一项实践体验活动,结合现实生活中的各类问题,让学生在实践体验中来应用统计表和条形统计图的相关知识。比如,数学教师可以就下个星期要举办的数学兴趣活动,让学生通过在班级中开展实践调查与统计,对喜欢各个数学兴趣项目的人数进行统计,并制作成统计表,最终根据统计表完成统计图的制作。教师鼓励学生根据统计图和统计表中的数据,简单地阐述班级学生数学兴趣情况,并为要举办的数学兴趣活动提供有价值的建议。

(四)游戏体验

游戏体验是指在体验式学习中,教师根据学生的兴趣需求融入相应的游戏活动,使学生在参与游戏体验中完成对知识的巩固以及数学学习能力的提升。例如,在进行加减乘除的混合运算教学中,教师教学的重点在于训练学生的计算准确性以及提高学生的计算速度,这就需要通过大量的数学练习题来实现,但只是解数学题会让学生感到枯燥。因此,数学教师可以将游戏活动融入其中,采用游戏体验的方式来巩固学生的数学基础以及提高学生的数学计算能力。比如教师可以组织学生开展"闯关解救同伴"的游戏体验活动,一名学生被坏人抓住并在身上放上了定时炸弹,另一名学生需要通过层层闯关后方能到达同伴的身边拆除炸弹完成营救,每一个关卡都设置一道数学计算题,共十个关卡,定时炸弹时间为 1 分钟,顺利营救则获得奖励,失败则受到惩罚。

五、结语

体验式学习是目前比较受学生欢迎的一种学习方式。在教学改革中,体验式学习强调将"教"与"学"进行转换,使课堂成为学生学习的主阵地,让学生在自主学习中完成对知识的理解以及知识运用能力的提升。体验式学习在数学教学中的有效应用既可以提高学生在教学中的主体地位,实现数学课堂教学中"教"与"学"的转换,也对促进学生数学综合水平以及综合能力发展有着重要作用。因此,小学数学教师要在教学中不断研究与实施多样化的体验式学习方法。

参考文献

[1] 慕艳琴.体验式学习在小学数学教学中的应用研究[J].数学学习与研究,

2022(22):128-130.

[2] 俞钦.体验式学习在小学数学教学中的应用分析[J].课堂内外(小学教研),2022(4):88-89.

[3] 吴金华.体验式学习在小学数学教学中的应用[J].课堂内外(小学教研),2022(6):106-107.

数字化转型下的初中语文智慧课堂构建探析

陈泽林

黄石市第十四中学

摘　要：数字化转型正深刻改变着初中语文课堂。智慧课堂的构建，旨在通过数字化工具激发学生的学习兴趣，提高教学质量。其价值在于，能够为学生提供更加丰富、多元的学习资源，并通过个性化教学满足学生的不同需求。智慧课堂构建模式应充分利用电子教材、在线课程等数字化资源，同时注重师生之间的互动交流，形成线上线下的有机结合。在智慧课堂构建过程中，须处理好技术与教学、教师与学生以及线上与线下的关系，确保技术辅助教学而非主导教学，学生主体地位得到尊重，线上线下教学相互补充。总之，数字化转型为初中语文课堂带来了新机遇，智慧课堂的构建将为学生的全面发展提供有力支持。

关键词：数字化；初中语文；智慧课堂

语文，作为中华文化的瑰宝，承载着传承与创新的双重使命。在初中阶段，学生的语文基础正在打牢，思维能力也正处于发展的关键时期。因此，构建一个既能够传承经典，又能够融入现代科技元素的智慧语文课堂，显得尤为重要。

一、技术融合与教学资源创新

随着数字化时代的到来，教育领域迎来了前所未有的变革。对于初中语文教学而言，构建智慧课堂已成为提升教学质量、激发学生兴趣的重要途径。在智慧课堂的构建中，技术融合与教学资源创新是关键所在，它们不仅为教学提供了更多可能性，也为学生的学习带来了全新的体验。技术融合是指将先进的信息技术手段融入教学过程中，实现技术与教学的深度融合。在初中语文教学中，技术融合可以打破传统课堂的局限，使教学内容更加丰富多样、教学方式更加灵活多变。教学资源创新则是利用技术手段对教学资源进行创新和改造，使其更符合学生的学习需求和认知特点。这种创新不仅可以提高学生的学习兴趣和积极性，还可以提升教学效率和质量。[1]

例如，以《红楼梦》中《刘姥姥进大观园》的教学为例。首先，教师精心准备一段关于《刘姥姥进大观园》的动画短片。这部短片以细腻的笔触和丰富的色彩，生动地展现了刘姥姥初入大观园的情景,以及她与贾府众人的互动,为学生提供了一个直观且引人入胜的学习材料。在课堂上,教师播放这部短片,迅速吸引学生的注意力,并引发他们对这一经典片段的兴趣。接着,教师利用在线教学平台发布相关的预习资料和课后练习。预习资料包括《红楼梦》的背景介绍、作者曹雪芹的生平、大观园及其人物关系的简介等,旨在帮助学生快速进入学习状态,并初步了解故事背景。课后练习则围绕《刘姥姥进大观园》这一片段,设计阅读理解题、人物形象分析题等,以检验学生对该片段的理解程度。此外,在教学过程中,教师还利用社交媒体工具搭建一个学习社群。学生们可以在这个社群中分享自己对于刘姥姥角色的理解、提问有关《红楼梦》的问题、讨论刘姥姥与其他人物的互动等。教师可以通过社群实时了解学生的学习进度和问题,并给予及时的指导和帮助。这种互动合作的学习方式不仅激发了学生的学习兴趣和热情,还锻炼了他们的合作精神和沟通能力。最后,教师还可以利用智能教学系统收集学生的学习数据。通过分析这些数据,教师可以深入了解每位学生的学习习惯、兴趣爱好以及在学习《刘姥姥进大观园》这一片段时遇到的困难等信息。基于这些数据,教师可以为每位学生提供个性化的学习建议和资源推荐。例如,对于理解能力较强的学生,教师可以推荐一些更深入的阅读材料;对于表达能力较弱的学生,教师可以提供一些口语表达和写作练习的机会。总之,通过融入技术和创新教学资源,《刘姥姥进大观园》的教学在智慧课堂中焕发出新的活力。这种教学方式不仅丰富了学生的学习体验,还提高了教学质量和效率,为初中语文教学注入了新的活力。

二、个性化学习与智能评估

在数字化转型的浪潮中,初中语文智慧课堂的构建不仅要求课堂教学技术的深度融合,更强调个性化学习与智能评估的应用。这两者相辅相成,共同推动初中语文教学的创新与发展。个性化学习作为智慧课堂的核心要素之一,强调根据学生的个体差异和学习需求,量身定制学习路径和资源。在理论层面,个性化学习基于对学生的全面了解和评估,通过智能教学系统收集学生的学习数据,分析他们的学习习惯、兴趣爱好和薄弱环节,从而为他们提供精准的学习建议和资源。这种学习方式能够更好地满足学生的个性化需求,激发他们的学习动力和潜能。智能评估则是个性化学习的有力支撑。它利用先进的技术手段,实时跟踪学生的学习进度和效果,为教师提供全面的反馈数据。这些数据可以帮助教师及时了解学生的学习情况,发现问题并进行针对性的指导。同时,智能评估还能够为学生提供个性化的学习反馈和建议,帮助他们更好地认识自己的学习状况,明确改进方向。[2]

在教学实践中,个性化学习与智能评估的应用让初中语文课堂焕发出新的活力。以部编版《语文》八年级下册 24 课《古诗三首》的教学为例,教师首先利用智能教学系统对学生进行预习评估,了解他们对古诗的熟悉程度和兴趣点。然后,根据学生的评估结果,教师为每位学生推荐适合他们的预习资料和阅读材料,帮助他们提前了解古诗的背景和意境。随后,在课堂上,教师利用多媒体教学工具展示古诗的意象和情感,引导学生通过朗读、赏析等方式感受古诗的韵味。同时,教师还利用智能评估系统实时监测学生的学习状态,对表现积极的学生及时给予鼓励和表扬,对遇到困难的学生则提供个性化的指导和帮助。最后,教师课后利用在线教学平台发布作业和练习,要求学生根据自己的学习情况进行巩固和提升。智能评估系统能够自动批改作业和练习,并为学生提供个性化的反馈和建议。学生可以根据反馈结果调整自己的学习策略和方法,实现自主学习和进步。通过个性化学习与智能评估的应用,初中语文智慧课堂不仅提高了教学质量和效率,还激发了学生的学习兴趣和积极性。学生能够在个性化的学习路径中充分发挥自己的优势和特长,实现自我价值的最大化。同时,智能评估的应用也为教师提供了全面的反馈数据,帮助他们更好地了解学生的学习情况和需求,为教学改进提供了有力的支持。

三、互动合作与社群学习

在数字化转型的浪潮中,初中语文智慧课堂的构建越来越注重互动合作与社群学习的理念。互动合作鼓励学生间的协作与交流,通过知识共享和思维碰撞,深化对语文知识的理解和运用。而社群学习则通过搭建学习社群,让学生在社群中相互学习、相互帮助,形成浓厚的学习氛围,从而提升学习效果。在智慧课堂中,教师可以通过在线教学平台、社交媒体等工具,搭建学生之间的学习社群,鼓励学生进行互动交流、分享学习心得和成果。此外,教师还可以组织线上或线下的合作学习活动,让学生在互动中相互学习、相互启发,提升语文学习的质量。这种互动合作的学习方式有助于培养学生的合作精神、沟通能力和创新思维。[3]

以《水浒传》的教学为例,在教学之初,教师利用在线教学平台或社交媒体工具,搭建一个名为"水浒英雄传"的学习社群,并邀请所有学生加入。这个社群不仅是一个交流的平台,更是学生们共同学习、成长的园地。在社群中,教师发布《水浒传》的预习资料和引导问题,如"你认为《水浒传》中的哪位英雄最具特色?为什么?"学生们纷纷在社群中提前阅读预习资料,并就引导问题进行热烈的讨论和思考。他们的观点在社群中碰撞、融合,为后续的课堂学习打下了坚实的基础。进入课堂后,教师引导学生们就预习中的问题进行深入讨论。学生们积极发言,分享自己的观点和看法。同时,教师组织学生们进行小组合作探究,让他们分组讨论《水浒传》中的某个情节或人物。在小组内,学生们相互协作、共同探究,通过合作找出问题的答案,并准备小组汇报。这种互动合作的学习方式不仅激发了学生们的学习兴趣,还培养了他们的团队协作能力和沟通能力。课后,教师将课堂讨论和小组合作的内容整理成学习资料,发布到"水浒英雄传"社群中。这些资料不仅供学生们回顾和复习,还成为他们持续学习和进步的宝贵资源。同时,教师布置与《水浒传》相关的作业或项目,要求学生们完成后提交到社群中。在社群中,学生们相互点评、讨论,共同提高。教师也能及时查看学生们的作业和点评,并给予反馈和建议,促进他们在社群中的持续学习和进步。智慧课堂不仅为学生们提供了一个广阔的学习平台,还通过互动合作和社群交流的方式,激发了学生们的学习兴趣和积极性。这种学习方式能够更好地适应学生的学习需求和发展趋势,为他们提供更优质的教育资源和学习体验。

总之,在数字化转型的浪潮中,初中语文智慧课堂的构建不仅为我们展示了教育技术的无限可能,更为学生的全面发展提供了有力支撑。多种教学模式的实施打破了传统课堂的界限,让学生在更为开放、多元的学习环境中自由探索、交流互动。这种全新的教学模式不仅激发了学生的学习兴趣,也锻炼了他们的团队协作和沟通能力,为他们未来的成长奠定了坚实基础。

参考文献

[1] 林顺霞."互联网+教育"背景下初中语文智慧课堂构建[J].智力,2024(2):69-71+75.

[2] 朱加银.基于"互联网+教育"的初中语文智慧课堂构建[J].中学课程辅导,2023(35):114-116.

[3] 张艳清.智慧课堂模式下初中语文高效课堂构建——以初中语文现代文阅读教学为例[J].西部素质教育,2021,7(24):135-137.

初中语文阅读教学创新策略研究

程分继

阳新县富川中学

作者简介:程分继,男,湖北阳新人,本科,阳新县富川中学,初级教师,研究方向为初中语文阅读教学。

摘　要:初中语文教学历来注重知识点的落实,学科涵盖范围较广,学习难度大。而实际上的初中语文阅读教学方式较为单一,教学过程与内容趋于同质化,未能体现语文学科应有的多样化与丰富性;教学情境单一化也是导致学生学习效率低下的重要因素之一。基于此,本文以阅读教学的情境化整合、阅读教学的多元化整合为抓手,制定阅读教学策略,务求丰富阅读教学实践方向,使初中语文阅读教学观产生新的发展。

关键词:情境;多元;整合;阅读

Research on Innovative Strategies for Teaching Chinese Reading in Junior High School

Cheng Fenji

Abstract: Chinese language teaching in junior high schools has always focused on the implementation of knowledge points, covering a wide range of subjects and making learning difficult. In fact, the teaching method of Chinese reading in junior high schools is relatively single, the teaching process and content tend to be homogeneous, and the comprehensive implementation of literacy is often deliberately pursued, failing to reflect the diversity and richness that the Chinese subject should have; the singularity teaching situation is also one of the important factors leading to low learning efficiency amony students. Based on this, this article takes integrated reading teaching as the main line, starting from the contextualized integration of reading teaching and the diversified integration of reading teaching, to build an integrated reading teaching strategy, in order to enrich the practical direction of reading teaching, and create a new perspective on Chinese reading teaching in junior high schools.

Key words: Context; Diversity; Integration; Reading

一、研究背景和意义

(一)研究背景

1. 课程标准明确

语文课程是一门学习国家通用语言文字运用的综合性、实践性课程。工具性与人文性的统一,是语文课程的基本特点。语文课程应引导学生热爱国家通用语言文字,在真实的语言运用情境中,通过积极的语言实践,积累语言经验,体会语言文字的特点和运用规律,培养语言文字运用能力。

2. 核心素养要求

《义务教育语文课程标准(2022年版)》要求学生在阅读中了解文章的表达顺序,体会作者的思想感情,初步领悟文章的基本表达方法;在交流和讨论中,敢于提出看法,做出自己的判断;学会运用多种阅读方法,具有独立阅读能力;能阅读日常的书报杂志,初步鉴赏文学作品,能借助工具书阅读浅易文言文;学会倾听与表达,初步学会用口头语言文明地进行人际沟通和社会交往;能根据需要,用书面语言具体明确、文从字顺地表达自己的见闻、体验和想法,全面提升核心素养。[①]

设计语文学习任务,要围绕特定学习主题,确定具有内在逻辑关联的语文实践活动。语文学习任务群由相互关联的系列学习任务组成,共同指向学生的核心素养发展,具有情境性、实践性、综合性特征。

(二)研究意义

1. 理论意义

初中语文阅读教学主要是引导学生"阅读—品读—自读"的过程,学生从初步读懂文章材料到形成一定鉴赏能力,最后折射到生活中读懂自我,读懂社会与人生。初中语文阅读教学应激发学生阅读热情,帮助其形成优秀的阅读习惯;掌握阅读的基本方法;让学生在阅读中获得对自我、社会和人生的相关知识及体验,在阅读中享受美的熏陶,从而达到享受阅读、爱上阅读的境界。从某种意义上来说,独立阅读是学生成人成才必不可少的重要能力。

2. 实践意义

阅读的重要性在理论层面已经得到了充分的认可,但在实际教学过程中仍存在许多问题。笔者在一线教学中注意到,大部分语文课堂教学针对阅读的培养是脱离学生和阅读本身的。教师在课堂上讲得淋漓尽致,而学生由于注意力不集中、自身对阅读

---

① 中华人民共和国教育部. 义务教育语文课程标准(2022年版)[M]. 北京:北京师范大学出版社,2022:1-4.

兴趣不浓厚等原因,使得课堂效率不高,阅读能力的培养基本落空。此外,在阅读教学中教师拥有绝对的话语权,过分强调文本内容的讲解和教学参考中的各类繁杂知识点的落实,将文本阅读教学彻底形式化、套路化,也是导致课堂效率低的一个重要因素。加之教师常常将阅读文本的个体理解附加于学生整体之上,忽略了学生的自主思考意识,忽视了阅读教学中学生的主体地位,使得初中语文阅读教学的课堂效果不尽如人意。

阅读是培养学生听、说、读、写各项基本能力的重要手段,也是培养学生阅读兴趣和提高学生阅读能力的重要环节。阅读教学研究对中学语文教师具有重要的意义,值得每一位中学语文教师认真探索和钻研。因此,笔者从阅读教学的情境化、阅读教学的多元化和阅读教学的整合策略三个方面进行论述,务求丰富阅读教学实践方向,使初中语文阅读教学观产生新的发展。

二、研究现状

(一)国内研究现状

近几年,国内对中学语文阅读教学的研究范围逐步扩宽,涉及阅读理论拓展、阅读教学方法及策略研究、学生阅读参与获得感反馈、教师专业发展规划和多学科阅读联系等方面。在教师专业发展和学生阅读能力培养方面,研究者们强调教师专业素养和教学能力是影响阅读教学效率的重要指标,学生的阅读兴趣、阅读速度、阅读时间和阅读后的思维表达是评价学生阅读能力的重要参考量。多元化阅读也成为研究热点。

(二)国外研究现状

国外对中学语文阅读教学的研究成果也十分丰富,尤其在阅读教学理论流派、学生阅读技能培养、教师阅读教学策略、多元文化背景下的阅读教学与科技整合等方面有深入研究。在学生阅读能力培养方面,国外研究者注重学生的阅读技巧和策略培养研究,并通过实证研究证明这些技能对提高学生阅读能力有显著效果。

三、情境化阅读

(一)情境化阅读的概念

情境化阅读是教师在阅读教学中营造特定的教学情境,旨在提高学生参与课堂的兴趣和效率,让学生自然地融入阅读文本中,增强特定情境下的语言感知力。让学生在情境感悟中领略阅读文本的深刻内涵和主旨,在实践中锤炼对各类文本的阅读能力。

情境化阅读是一种有效的阅读教学方法,通过创设与课文相关的一种或多种情境,激发学生对阅读产生浓厚兴趣,让学生获得对阅读文本内涵的切身感受,从而增强学生的阅读能力,提高学生的思维水平。

(二)情境化阅读现状

纵观初中语文阅读教学,师生的阅读任务都不轻。主要反映在平时课堂阅读教学与课外阅读的阅读量上,既耗费教师大量时间筛选阅读文本,落实阅读知识点,又要求学生在课外阅读的文山题海中去寻求一丝破题生机。大部分学生面临阅读都无可奈何,反馈在阅读时间和阅读量上只会越来越少。一方面,中学生的每一节语文课都由阅读组成,每节课都少不了阅读,但正是由于经年累月的疲劳感,使得学生早已丧失为数不多的兴趣,对阅读教学产生抵触,最终导致阅读教学的效率低下。另一方面,初中学校师生比虽有向好,逐年逼近国家线1∶13.5①(见表1),但各级各类学校教师的缺编情况、学生数量增长与师资力量不匹配等问题依旧显著。教师深受繁重课业任务压力的困扰,在各类评比竞赛和会议中难以抽身。笔者也在一线工作中观察到,教师们确实难有情境化教学的心力和时间。

表1 2022年中国初中教育师生比

地区	2008	2012	2016	2022
北京	1∶10.23	1∶9.89	1∶9.62	1∶8.88
湖北	1∶15.72	1∶13.22	1∶10.40	1∶12.72
广东	1∶16.83	1∶14.87	1∶12.88	1∶13.83
全国	1∶16.67	1∶13.59	1∶12.41	1∶12.72

(三)情境化阅读策略

1. 创设情境,激发兴趣

创设情境是情境化阅读教学的首要环节。教师在进行情境化阅读教学过程中应首先联系学生学情,抓住阅读文本自身的情境特性,以学生为主体,设计合理且满足学生兴趣点的情境,使学生得以由兴趣出发,进入文本阅读的情境,与教师产生高度的配合和共鸣。如在讲授《蝉》时,可以播放一段有关蝉的视频,让学生观察蝉在不同环境下的生长变化,从而引出课文主要内容。

2. 角色扮演,切身体验

角色扮演是情境化阅读教学的一种有效方法。通过让学生扮演课文中的特定角色,可以帮助学生进入角色身份,更好地理解角色内心状态和情感变化的脉络,从而获得对阅读文本的深刻体验。在讲授《周亚夫军细柳》时,教师可以组织学生进行分角色扮演,让学生通过表演汉文帝与周亚夫等角色,感受周亚夫治军之严和汉文帝识人之明。借助分角色表演的阅读方式,所有学生都能全神贯注地去亲身体验每一个细节,如角色表演时的表情、动作、语言等都可以细微观察,得出自己的见解,培养观察能力,甚至"纠结"于角色演绎整体效果,在讨论中迸发"思想之花"。

3. 配乐渲染,情感互通

音乐能够丰富情感表达和韵味。在情境化阅读教学中,教师可以通过播放与课文

---

① 国家统计局.中国统计年鉴[M].北京:中国统计出版社,2023:21-21.

情感基调相符的音乐,来增强学生的情感体验。如在讲授《荷叶母亲》时,教师可以播放一段轻柔的曲调,让学生在音乐的渲染下感受荷叶母亲无私的爱和浓厚韵味;亦可将配乐朗诵环节加入阅读教学中,让学生从品读中获得更美的感受和体验,自然地升华对母亲的感情。这一类亲情阅读教学,还适用于《背影》《秋天的怀念》和《散步》等。

4. 图片展示,实物情景

图片展示是帮助学生阅读抽象事物时的一种有效情境策略,让学生对其获得具象化的直观理解。教师可以选择阅读文本中的一个片段配以相应图片,学生则能直接从图片中感知饱满的情境内容,尤其适用于风情人物等阅读文本。

5. 合作讨论,互动情境

组织学生在互动情境中学习,也是阅读教学的有效策略。学生在互动与合作中迸发更加深刻的灵感和见解,这种灵感和见解可以在交流中放大和根植,阅读效果会在集体中传递。例如组织辩论赛、演讲赛等形式的情境活动教学。

四、多元化阅读

(一)多元化阅读的概念

多元化阅读教学是指教师阅读思维的多元化和教学方式的多元化。充分解放教师教学思路和方法,让学生在多元化的阅读教学中,持续获得创新体验和能力渐进培养。在阅读教学活动中,教师可以站在不同的文本角度开展教学,而初中语文这门学科丰富的内容和外延恰好可以为教师多元化阅读教学提供海量而深刻的内容储备。①同时,教师也可以加入大量的课外教学资源,让学生的学习变得丰富多彩。② 初中语文阅读教学中不仅有丰富的阅读知识、深刻的情感体验,还有多维度、全方位的人生和社会的生存与发展养分。

(二)多元化阅读现状

目前初中语文阅读教学仍滞留于静态式教学模式,教师在授课过程中着重归纳字词、段落大意、语法句式、文章主旨等基础知识的落实,反映在学生能力上则以考查学生对试卷阅读试题选项的正确率为标准,尚未形成综合多元的能力评价标准。在语文阅读的拓展上,学生阅读内容和形式单一化普遍存在,或只对感兴趣的阅读题材加大阅读量,其阅读能力则也略显单薄,不能形成多元合力。

(三)多元化阅读策略

1. 教师提升多元化素养

欲渡人,先渡己。语文教师自身能力和知识领域的单一,必然使学生的阅读效果受限。教师在阅读教学中,会接触到各类学科知识,诸如自然、人文、社科和理化等。这对语文教师的综合理解力与多元钻研有很高要求。当然,若只是停留在阅读知识点

---

① 何涛.中学语文文本的多元化解读及实践策略[D].西安:陕西师范大学,2018.
② 李丽.多元化教学方法在语文阅读教学中的应用[J].林区教学,2017(11):36-37.

落实的表层,不深入剖析理解文本的核心要义,那么语文教师兴许也只能就阅读文本中的某一点或某几点提出一些见解,而对于阅读来说,放置文章的深刻内涵和丰富内容于一边,拾人牙慧的做法无异于浪费资源。

教师自身不能多元深入理解阅读文本,又怎么能将阅读教学深入学生内心呢?为了降低教师自身因素对阅读课堂的影响,语文教师在教学实践中要增加对各领域知识的阅读量,主动培养多元化阅读素养。当然,与学生共同阅读,也是促成教师多元化阅读能力培养不可多得的方式。语文教师应树立高度的责任意识,将培养学生的阅读能力当成一项系统工作来做,将阅读教学作为一个综合工程来考虑。

如八年级下册《关雎》一文,在进行阅读教学时,"窈窕淑女,钟鼓乐之"中的钟鼓,教师可以将其与文史知识整合教学——钟鼓不是民间可用的器物,是封建时期贵族专用的器物。由此可见贵族是要遵守礼乐制度的,在《关雎》主题理解上可以进一步加深对《诗经》的"礼乐教化"的理解。

《关雎》中的"参差荇菜,左右流之",针对"参差"一词,如果要理解得生动直观,可以整合生物学中植物生长影响因素——均衡的光照和水肥等条件。教师通过整合语文与生物,引导学生联系多学科与生活实践,去探究阅读文本中的问题,提升阅读理解能力。

2. 精细备教阅读教学

教师在进行多元化阅读教学前,可以充分思考学生对于该阅读文本的认知水平,采取多元化的角度,选取多种材料和教学设定;在设置师生互动环节时,也可以采取多种形式为学生设计阅读计划。

3. 自主阅读多元合作

师生有效的互动配合可以为阅读课堂增添许多活力与生机。教师应努力提高学生阅读积极性,鼓励学生在阅读中提出问题,在互相交流中解决问题,在表达观点时增强阅读能力。教师和学生将各自发现的问题带到课堂上共同探讨,从不同的角度对文章进行分析,以求获得全方位解读。

4. 强化阅读表达与写作

在阅读教学中,师生激烈的思想碰撞通常会有一些好的观点出现,如果不能及时记录下来,思想火花则容易被忽视。因此,教师应鼓励学生在阅读教学或课外阅读中及时记录。学生通过将思考表达成文字的过程,可以提升其阅读感知能力和语言表达水平。随着阅读表达的次数增多,对不同类型的文本思考增多,学生的写作能力也会得到培养。

五、阅读教学整合策略

(一)阅读教学整合的概念

在初中语文阅读教学中,单元整合是一种重要的教学策略。它通过对关联度较高的学习内容进行整合,旨在引导学生形成系统的阅读认知,掌握整合知识,提高阅读效率。具体则可以采用主题整合、文体整合、作家整合、课内课外整合、知识点整合和自由整合等,不同类型的阅读文本可以进行对比整合阅读。

(二)阅读教学整合现状

笔者在一线教学中注意到,现阶段初中教学中,很少有教师主动选择对阅读课文进行整合教学。部分教师虽然采取整合教学,但尚属初级的单一知识点的整合,而不是有计划、有针对性地剖析教材,进行多角度整合教学。

(三)阅读教学整合策略

1. 主旨整合

主旨整合是指将相同或类似主旨的课文整合在一起进行教学。这种策略有助于学生进一步深入理解课文主旨,提高学生对不同作者、不同手法的作品的阅读水平。例如,可以将《故都的秋》《昆明的雨》《春》等以"四季"为主题的课文放在一起进行教学,引导学生比较不同作者在对同一主题的描写手法和写作逻辑上的区别。当然也可以将不同主旨同一手法的文章整合。

2. 文体整合

文体整合是指将相同文体的课文整合在一起进行教学。这种整合方式有利于让学生全面认识目标文体的基本特点,对目标文体的写作技巧有更深刻的感知。可以将先秦散文《列子》与《庄子》进行整合,也可以将《诗经》和《飞鸟集》进行整合,相信在整合课堂中会迸发出无限可能,思想碰撞之下,学生阅读效果大幅提升。

例如,九年级上册第三单元《岳阳楼记》《醉翁亭记》《湖心亭看雪》《行路难》《酬乐天扬州初逢席上见赠》和《水调歌头》的诗文整合教学,整合思路是找到文章中的相似点,同时找到诗歌里的相容点,最后分析文章与诗歌的契合点,从而寻找到诗文整合线索——情怀。进而将课程设计为文中情怀、诗中情怀和我们的情怀三个部分,落脚点在学生的情怀。

选择"诗文炼字"的角度展开整合。教师在课堂引入山顶自然风光图片,启发学生从图片中理解诗文意境,如山水、朝阳、云彩或者天空之景,并将学生引入"看山是山,看水是水;看山不是山,看水不是水;看山还是山,看水还是水"的思考中,引导学生探究人生情怀,从而进入阅读文本分析,让学生从多篇文章中寻找作者心情的字词。如《岳阳楼记》中的"悲""喜""忧""乐",《醉翁亭记》中的"醉"与"乐",《湖心亭看雪》中的"独"与"痴"。教师通过对多篇文章内容进行整合,让学生体会到与作者相似的家国情怀。如"先天下之忧而忧,后天下之乐而乐"的政治情怀、"寄情山水的乐观情怀"和"忠于故国的忠贞情怀"。所以在探究《行路难》《酬乐天扬州初逢席上见赠》和《水调歌头》三首古诗的情怀上,教师可以举一反三,引导学生学习并训练此种"炼字析情"的方法,采用这种方法来探究诗中情怀——找出古诗词里间接体现出作者情感的字词。教师通过情怀的整合,使得学生在上面三篇文言文和三首诗歌的庞大体量之下产生"新的化学反应"——学生不仅能学会"炼字析情"的方法,也能发掘并读懂诗文里的情怀主旨,从而去感悟和学习李白、刘禹锡和苏轼身上相同的在人生失意时的豁达胸襟与情怀。

3. 作者整合

作者整合是指将同一作者的不同作品整合在一起进行教学。这种策略有助于学生全面了解作者独特的创作风格和思想内涵，提高某一领域的文学鉴赏能力。例如，可以将鲁迅的《社戏》《孔乙己》等作品放在一起进行教学，引导学生分析鲁迅的作品风格和思想内涵。

4. 读写整合

读写整合是指将阅读和写作教学整合在一起进行教学。在阅读教学实践中，可以有计划、有目的地引导学生正确看待阅读材料，既可以将之变成日常积累的写作表达素材，也可以提炼文本立意，作为日后之用。在品读中写作，在写作中阅读，这是一个良好的循环与增进。

5. 课内外整合

课内外整合是指将课内外的知识整合在一起进行教学。这种策略有助于学生拓展知识面，提高综合素质。例如，可以将课外的相关文章、历史背景等引入课内教学，引导学生将课内外的知识联系起来进行分析和理解。

6. 开放整合

这是最有创意的整合策略，即由学生主动选择配置课文，让他们自主思考所整合的目标课文间存在的联系与区别，讲出整合理由。教师在授课中以学生为主体，由学生自主引导，推动阅读教学的开展，这也不失为一种化被动为主动的有效策略。当然，此种方式也不是任由学生"完成"，该过程仍须在一定框架之内进行，这对学生与教师的素养都有更高要求。

六、结语

阅读教学的根本目的是提升学生阅读参与度下的能力培养与转化，语言表达是初中语文教学必须培养的核心素养与能力，构成语言基础的又是阅读本身，学生在模仿中学习，在感知中领悟，在阅读中成长。因此，要达成提高阅读教学效率的目的，还有很长的路要走，不仅需要教师全面提升素养，采取恰当的阅读教学策略，还需要学生主动参与，做到师生共进。

参考文献

[1] 王丹.初中语文阅读写作一体化教学探索[J].学周刊，2024(3)：131-133.

[2] 顾立群.例谈初中语文阅读教学的有效性[J].新校园，2023(12)：31-33.

[3] 魏琦.初中语文课堂中群文阅读教学的开展策略探讨[J].学周刊，2024(3)：104-106.

[4] 刘文存.初中语文教学中学生阅读素养养成的策略[J].学周刊，2024(3)：128-130.

[5] 张惠锋.初中语文任务驱动型群文阅读的实践研究[J].考试周刊，2023

(50):36-40.

[6] 王英.初中语文阅读多元化教学策略探讨[J].中学课程辅导,2023(34):39-41.

[7] 李志霞.比较阅读在初中语文阅读教学中的应用[J].语文世界(中学生之窗),2023(12):32-33.

[8] 周勇.初中语文阅读教学中的合作学习策略探析[J].考试周刊,2023(48):56-59.

[9] 肖琴.初中语文主题单元整合阅读课堂教学的实施探索[J].中学课程辅导,2024(13):96-98.

基础教育音乐课程改革的推进与建议

陈欣[1] 李言娇[2]

1.大冶市金牛镇初级中学；2.大冶市金牛镇初级中学

摘 要：基础教育在整个教育体系中占据着至关重要的地位，它为个体的成长和发展奠定了坚实的基础。音乐作为基础教育的重要组成部分，不仅能够培养学生的审美能力和艺术素养，还对学生的情感、认知和社交发展具有积极的影响。然而，长期以来，基础教育中的音乐课程在教学理念、教学方法、课程设置等方面存在着诸多问题和不足，难以满足学生日益增长的多样化需求和社会发展的要求。因此，推进基础教育音乐课程改革，提高音乐教育的质量和水平，成为当前教育改革的重要任务之一。

关键词：基础教育；音乐课程改革；推进；反思

在当今全球化和信息化的时代背景下，社会对人才的需求日益多元化和综合化。音乐教育作为培养学生综合素质和创新能力的重要途径，需要不断适应时代的变化和发展。通过基础教育音乐课程改革，更新教学理念、创新教学方法、优化课程设置、提高教学质量，有助于培养具有创新精神和实践能力的高素质人才。同时，音乐课程改革也有助于促进教育公平，缩小地区和城乡之间的教育差距，让更多的学生享受到优质的音乐教育资源。

一、基础教育音乐课程改革的目标

基础教育音乐课程改革的主要目标在于转变过于注重知识传授的倾向，学生形成积极主动的学习态度，使其获得基础知识与基本技能的过程同步成为学会学习与形成正确价值观的过程；改变课程内容"难、繁、偏、旧"以及过度注重书本知识的情况，强化课程内容和学生生活、现代社会及科技发展的联系，注重学生的学习兴趣与经验，精选终身学习必备的基础知识与技能；改变课程实施过度强调学生被动接受学习、死记硬背与机械训练的状况，提倡学生主动参与、乐于探究与勤于动手，培育学生搜集与处理信息的能力、获取新知识的能力、分析与解决问题的能力以及交流与合作的能力；改变课程评价过度强调甄别与选拔的功能，发挥其促进学生发展、教师提升以及改进教学实践的功能；改变课程管理过于集中的情形，施行国家、地方、学校三级课程管理，增强课程对地方、学校及学生的适应性。

在改革理念方面，强调以学生为中心，关注学生的兴趣和需求，注重培养学生的音乐素养和综合能力。强调音乐教育的审美性、人文性和创造性,鼓励学生通过音乐体验和表达来发展个性和创造力。强调音乐教育与其他学科的融合和互动,培养学生的跨学科思维和综合素养。强调音乐教育的实践性和社会性,鼓励学生参与音乐实践活动和社会文化活动,培养学生的社会责任感和团队合作精神。

二、基础教育音乐课程改革的成果

(一)教学理念的转变与创新

随着基础教育音乐课程改革的推进,教学理念发生了显著的转变。传统的以教师为中心、注重知识传授的模式逐渐被摒弃,转而强调以学生为主体,关注学生的个性发展和兴趣培养。这种转变促使教师更加注重激发学生的音乐兴趣和创造力,鼓励学生积极参与音乐实践活动,使音乐课堂变得更加生动活泼。

创新的教学理念还体现在对多元文化音乐教育的重视上。改革后的课程强调让学生接触和了解不同国家、民族和地区的音乐文化,培养学生的全球视野和跨文化交流能力。这不仅丰富了学生的音乐体验,也有助于培养他们的文化包容意识和尊重多样性的价值观。

(二)教学方法与手段的丰富多样

改革带来了教学方法和手段的多样化。情境教学、体验式教学、合作学习等新的教学方法被广泛应用,使学生在情境中感受音乐、在体验中理解音乐、在合作中创造音乐。多媒体技术、网络资源等现代教学手段的运用,也为音乐教学提供了更加丰富的素材和便捷的教学方式。例如,教师通过播放音乐视频、展示音乐图片等方式,让学生更直观地感受音乐的魅力;利用在线音乐平台,拓宽学生获取音乐资源的渠道。

此外,项目式学习、探究式学习等也在音乐教学中得到尝试和推广,教师应鼓励学生通过自主探究和团队合作解决音乐相关问题,培养他们的综合能力和创新思维。

(三)课程设置与资源整合的优化

基础教育音乐课程改革对课程设置进行了优化调整。除传统的音乐欣赏、歌唱、器乐演奏等课程外,还增加了音乐创作、音乐与舞蹈、音乐与戏剧等综合性课程,为学生提供了更多元的学习选择。同时,改革强调将音乐课程与其他学科进行整合,如与美术、文学、历史等学科融合,拓展音乐教育的内涵和外延。

在资源整合方面,学校应积极开发和利用校内外音乐资源,包括邀请专业音乐人士到校指导、组织学生参加音乐社团活动、利用社区音乐文化资源等。此外,网络资源的整合也为音乐教学提供了更广阔的空间,教师可以通过在线课程、音乐教育平台等获取优质的教学资源,丰富教学内容。

(四)学生音乐素养与综合能力的提升

通过基础教育音乐课程改革,学生的音乐素养得到了显著提升。学生在音乐感知、表现、创造等方面的能力都有了明显的进步,他们能够更加准确地感受音乐的情感、节奏、旋律等要素,并用恰当的方式表现出来。同时,学生的音乐创造力也得到了激发,他们能够在教师的引导下进行简单的音乐创作,表达自己的音乐想法。

音乐素养的提升也带动了学生综合能力的发展。学生在音乐学习过程中,培养了团队合作能力、沟通能力、创新能力、审美能力等,这些能力对于学生的全面发展和未来的学习生活都具有重要意义。此外,音乐教育对学生的情感、态度和价值观也产生了积极的影响,使他们更加热爱生活、积极向上。

(五)推动了教师专业发展和教学团队建设

教师通过参加培训、学术交流、教学研究等活动,不断更新教学理念,提升教学技能和专业素养。同时,学校也加强了对音乐教师的培养和引进,提高了音乐教师队伍的整体水平。

教学团队建设方面,学校鼓励音乐教师之间的合作与交流,共同探讨教学问题、分享教学经验。此外,学校还积极与校外音乐教育机构、专业音乐团体等合作,邀请专家到校指导教学,拓宽教师的视野和思路。通过教师专业发展和教学团队建设,为基础教育音乐课程改革的顺利推进提供了有力的保障。

三、基础教育音乐课程改革面临的挑战与问题

(一)地区差异问题

我国地域辽阔,不同地区之间存在着经济、文化等方面的差异,这也导致了基础教育音乐课程改革在实施过程中面临着地区差异问题。在一些经济发达地区,学校有更好的音乐教学设施和师资力量,能够更好地实施音乐课程改革;而在一些经济欠发达地区,学校可能缺乏必要的音乐教学设施和师资力量,难以有效地实施音乐课程改革。此外,不同地区之间的文化差异也可能导致学生对音乐课程的需求和兴趣存在差异,这也给音乐课程改革带来了一定的挑战。

(二)教学资源不足与不均衡

虽然基础教育音乐课程改革取得了一定的成果,但在一些地区,仍然存在着教学资源不足和不均衡的问题。例如,一些学校缺乏音乐教材、乐器、音乐教室等必要的教学资源,这不仅影响了学生的学习效果,也给教师的教学带来了一定的困难。此外,不同地区之间、城乡之间、学校之间的教学资源也存在着不均衡的现象,这也影响了基础教育音乐课程改革的整体推进。

(三)教师素质与专业发展的瓶颈

教师是基础教育音乐课程改革的重要实施者,教师的素质和专业发展水平直接影响着音乐课程改革的效果。然而,在实际工作中,一些音乐教师缺乏必要的音乐专业知识和技能,不能有效地指导学生进行音乐学习;一些音乐教师缺乏创新意识和教学方法,不能有效地激发学生的学习兴趣和积极性。此外,一些学校对音乐教师的培训和专业发展支持不够,也影响了音乐教师的素质和专业发展水平。

(四)课程评价与质量监控的困境

课程评价和质量监控是基础教育音乐课程改革的重要环节,然而,在实际工作中,

一些学校对音乐课程的评价和质量监控还存在着一定的困境。例如,一些学校对音乐课程的评价主要以学生的考试成绩为依据,忽视了学生的学习过程和对学生综合素质的培养;一些学校对音乐课程的质量监控不够严格,导致一些音乐教学活动不能有效地开展。此外,一些学校缺乏科学合理的音乐课程评价指标体系和质量监控机制,也影响了音乐课程改革的效果。

(五)与其他学科的融合及协调发展不够

基础教育音乐课程改革不仅要注重音乐学科本身的发展,还要注重与其他学科的融合及协调发展。然而,在实际工作中,一些学校对音乐课程与其他学科的融合及协调发展不够重视,导致音乐课程与其他学科之间存在着脱节的现象。例如,一些学校的音乐课程与语文、历史、地理等学科的教学内容没有很好地结合起来,不能有效地培养学生的综合素养;一些学校的音乐课程与体育、美术等学科的教学活动没有很好地协调起来,不能有效地促进学生的全面发展。

四、基础教育音乐课程改革的建议

政府应强化顶层设计,制定更具针对性和前瞻性的政策,明确各级部门的责任和任务。同时,加大对农村和偏远地区的扶持力度,通过资源倾斜、教师交流等方式缩小地区差距。还要注重教学内容的与时俱进,结合时代特点和学生需求,不断更新和优化课程内容。

政府应持续增加对音乐教育的投入,包括师资培养、教学设施建设等方面。建立专项基金,用于扶持优秀音乐教育项目和奖励突出贡献的教师。加强与社会各界的合作,吸引更多资源投入音乐课程改革中来,形成多元支持的良好局面。

学校应构建系统的教师培训体系,定期组织教师参加专业培训和学术交流活动。鼓励教师开展教学研究,将研究成果应用于教学实践。通过师徒制等方式,发挥骨干教师的传帮带作用,促进全体教师专业素养的提升。

学校应改变单一的评价模式,综合考虑学生的学习过程、学习成果、创新能力等多方面因素。引入多元化的评价主体,包括教师、学生、家长等,使评价更加全面和客观。评价结果要及时反馈给教师和学生,以便针对性地改进教学和学习。

在音乐课程中融入多元文化元素,培养学生的文化包容和理解能力。加强与其他学科的交叉融合,如与美术、文学等结合,拓宽学生的艺术视野和综合素养。通过跨学科的学习和实践活动,激发学生的创造力和综合应用能力。

参考文献

[1] 周世斌.中国基础音乐教育改革的回顾、反思与创新探索[J].中国音乐教育,2019(11):4-11.

[2] 王安国.我国学校音乐教育改革与发展对策研究[J].中央音乐学院学报,2004(4):3-12.

石韵华彩：本土美术资源课程的开发与实施

贾静娟

黄石市花湖小学

作者简介：贾静娟，女，湖北黄石，本科，黄石市花湖小学高级教师，教科处主任，研究方向为小学美术教育教学。

摘 要：黄石市花湖小学以本土国家级非遗大冶石雕为依托，打造出极具地方特色的美术课程。此课程开发依循教育改革要求，与学生生活环境和认知特点紧密相连，增强学生文化认同并推动学生全面发展。学校通过多层次、多学科融合及多策略实施的教学手段，构建起大冶石雕课程的全新模式。借助丰富拓展与多元评价体系，学生参与率达100%，教师专业能力提升，课程推广效果良好。

关键词：本土美术资源；校本课程；核心素养；文化传承；大冶石雕

Stone Rhyme and Splendor: The Development and Implementation of Local Fine Arts Resources Curriculum

Jia JingjuanHuangshi City Huahu Primary School

(Huangshi City Huahu Primary School, Hubei Province, 435002)

Abstract: Huangshi City's Huahu Primary School, with the local national intangible cultural heritage Daye Stone Carving, has created a fine arts curriculum with extremely local characteristics. The development of this curriculum follows the requirements of educational reform and is closely linked to the living environment and cognitive characteristics of students, enhancing cultural identity and promoting the all-round development of students. Through the teaching methods of multi-level, multi-disciplinary integration and multi-strategy implementation, the school has constructed a new model of the Daye Stone Carving curriculum. With the help of rich expansion and a diversified evaluation system, the student participation rate has reached 100%, the professional ability of teachers has been improved, and the promotion effect of the curriculum is good.

Key words: Local art resources; School-based curriculum; Core qualities; Cultural inheritance; Daye Stone Carving.

中华传统文化博大精深,学习和掌握其中的思想精华,对学生树立正确的世界观、人生观、价值观很有益处。因此,如何全面深化课程改革,落实立德树人根本任务,培养小学生的核心素养,如何对我国传统历史文化遗产进行传承与保护,如何解决新时代校本课程建设所面临的新问题,都成为摆在教育工作者面前亟待解决的问题。

一、研究背景

黄石市作为受楚文化影响的重要地区、青铜文化的发祥地,有着丰富的地方文化资源。将这种本土文化纳入校本美术课程,不但可以丰富美术课程系统,让培养学生核心素养的工作变得更加具体,还可以让学生通过美术课程接触、了解这些地方文化,从小将本地独有的文化镌刻在脑海中,伴随其成长发展,增强对自身文化的认同感,从而彰显美术课程的民族特色和本土意义。

黄石市花湖小学历经几代人的艰苦奋斗,学校规模由小变大,办学条件不断改善,目前拥有52个教学班,近2800名学生,8名专职美术教师,均为本科以上学历,美术教育质量也逐步提高。近年来,学校以教育科研为先导,探索"自主、合作、探究"课堂教学模式,全面开展课程改革实验。校本课程的开发为学校的发展带来了新的机遇与挑战。学校认识到要发展必须进行创新,必须努力探索符合校情的具有特色的学校文化和育人途径。在学校领导经过认真的思考和研究之后,一致决定根据"学生有特长、学校有特色"的原则开发本土的国家级非遗大冶石雕课程,把它作为学校开发的校本课程的重要内容。

大冶石雕自唐朝开始,在大冶的尹解元村世代相传,石雕艺人创作的石雕艺术作品广泛留存于桥梁栏杆、门牌、碑记、窗栏上,经典作品主要有《渔樵耕读》《盲人摸象》等。这些石雕传人凭借一锤一錾,在民间留下了大量的艺术珍品,使大冶石雕成为国家级非物质文化遗产传统美术项目。[1]

非物质文化遗产是中华民族传统文化的重要组成部分,是中华民族的瑰宝。然而,随着现代化进程的加速,非物质文化遗产面临着严峻的传承危机。在小学教育中,非遗课程的开展对于传承和弘扬中华民族传统文化具有重要意义。然而,传统的非遗课程往往存在着与小学生认知特点和学习需求不相适应的问题,难以激发学生的学习兴趣和积极性。校本化是非遗课程在小学教育中得以有效实施的重要途径。通过校本化,可以将非遗课程与学校的教育理念、教育特色相结合,使非遗课程更具有针对性和实效性。如何在"双减"背景下有效实施本土非遗资源课程,使其更好地与小学生的认知特点和学习需求相适应,从而达到传承和弘扬中华民族传统文化的目的,是我们开发与实践大冶石雕课题面临的问题。

二、课程开发

（一）课程开发的依据、原则、方法与目标

1. 依据

《义务教育艺术课程标准(2022年版)》指出："从内容和方法上拓展艺术课程的空间，使艺术教学更具有直观性、互动性和时代感，促进学生学习方式的转变。""开发新的教学资源，促进教学方式、方法的转变和创新发展。"[2] 因此，在课程的开发过程中要竭尽所能地发挥主动性和创造性，开发出有利于课程发展的本土美术资源。

大冶石雕课程的开发将地方特色与普遍教学相结合，其内容结合学生的生活环境能激发学生自主学习兴趣及个性发展的需求；其美术资源所表现出的人文价值可以有效地引导学生了解本地特色，提高学生的审美鉴赏能力；融合当地自然和文化资源，能增强与美术教学文化的联系，适应本土学生的学习需要；引导学生自主学习、研究性学习和合作化学习，可以培养学生的思维意识；引导学生养成善于观察和乐于探究的习惯，鼓励学生勇于创新和实践，可以培养学生善于自主解决问题的能力；其实施以学生全面素质的培养为主线，能体现多主体的评价标准、开放性特点、使用表现性评价、成长记录评价等，强调培养学生自主自我评价的能力，可以培养和帮助学生学会判断自己学习的态度、方法与成果，从而能够有主见地确定自己的发展方向。

2. 原则

大冶石雕课程力求体现本土文化特色。课程内容与学生生活密切联系，尽可能反映地域文化中最典型、最具有教育价值的内容；学校、教师和学生成为课程的创生者、教材的开发者；激发学生、教师参与度；在学习内容、活动设计、阅读拓展、评价等方面，为师生提供选择余地和创新空间。

3. 方法及方向

上海师范大学胡知凡教授指出：在今天多元文化的基础上，人们已经认识到保护传统文化、继承和发展传统文化的重要性，教师在教学过程中，可充分挖掘和利用当地的民间艺术资源，组织学生访问民间艺人和其他传统文化传承者，搜集、记录有关资料。[3]

大冶石雕课程聘请国家级、省级大冶石雕传承人尹国安、尹国平兄弟每学期来校授课，还带学生前往大冶石雕发源地大冶尹解元村与大冶石雕展示馆参观学习，搜集、记录有关资料。

4. 课程目标

核心素养是大冶石雕课程育人价值的集中体现，是学生通过课程学习逐步形成的适应个人终身发展和社会发展需要的正确价值观、必备品格和关键能力。大冶石雕课程围绕核心素养，体现艺术课程性质，反映了学校"生长"大课程理念(见表1)。

表 1　大冶石雕课程目标

学段	审美感知	艺术表现	创意实践	文化理解
第一学段 （1～2年级）	感知身边大冶石雕的美，认识美存在于我们周边，初步形成发现、感知、欣赏美的意识	尝试使用不同的工具、材料和媒介，以平面、立体或动态等表现形式表达石雕艺术作品	学会从外观和使用功能等方面了解石雕特点，提出自己的改进意见，进行装饰和美化，初步形成设计意识	知道中国传统石雕工艺是中华民族文化艺术的瑰宝，增强中华民族自豪感
第二学段 （3～5年级）	学会运用造型元素、形式原理和欣赏方法欣赏、评述大冶石雕作品，感受大冶石雕作品的魅力	探索用传统与现代的工具、材料和媒介创作浮雕或圆雕，表现自己所感所想，与他人交流分享	了解"实用与美观相结合"的设计原则，为班级、学校的活动设计含石雕元素的物品，体会设计能改善和美化我们的生活	学习工艺师敬业、专注和精益求精的工匠精神
第三学段 （6年级）	运用造型元素、形式原理和欣赏方法欣赏、评述世界不同国家和地区的石雕作品，领略石雕艺术的多样性和差异性，养成尊重、理解和包容的态度	运用传统与现代的工具、材料和媒介，以及所习得的石雕知识、技能和思维方式创作石雕作品，提升创意表达能力	根据"人与自然和谐共生"的设计原则，对学校或社区进行石雕环境规划应用，增强社会责任意识	体会石雕传统工艺"守正创新"的内涵与意义

大冶石雕课程的核心素养具体表现为以下 4 个方面。

一是审美感知。审美感知的培育，有助于学生发现美、感知美，丰富审美体验，提升审美情趣。具体指向是学生在雕刻艺术活动或表现作品中的艺术语言、艺术形象、风格意蕴、情感表达等。

二是艺术表现。雕刻艺术表现的培育，有助于学生掌握石雕艺术表现的技能，认识雕刻艺术与生活的广泛联系，增强形象思维能力，涵养热爱生命和生活的态度。具体指向是学生在雕刻艺术活动中创造艺术形象、表达思想感情、展现艺术美感的实践能力以及情感的沟通和思想的交流。

三是创意实践。创意实践的培育，有助于学生形成创新意识，提高雕刻艺术实践能力和创造能力，增强团队精神。具体指向为学生综合运用多学科知识，紧密联系现实生活，进行雕刻艺术创新和实际应用的能力，生成独特的想法并转化为雕刻艺术成果。

四是文化理解。文化理解的培育，有助于学生在雕刻艺术活动中形成正确的历史观、民族观、国家观、文化观，尊重文化多样性，增强文化自信。具体指向是学生感悟雕刻艺术活动、雕刻艺术作品所反映的文化内涵，领会雕刻艺术对文化发展的贡献和价值,阐释雕刻艺术与文化之间的关系。

大冶石雕课程的4个核心素养相辅相成,相得益彰,贯穿雕刻艺术学习的全过程。

(二)课程开发的内容

大冶石雕课程以雕刻实践为基础,以学习任务为抓手,有机整合学习内容,构建一体化的内容体系。

雕刻艺术实践包括欣赏(欣赏·评述)、表现(造型·表现)、创造(设计·应用)和联系/融合(综合·探索),是学生学习雕刻艺术、提升艺术素养必须经历的活动和过程。学习内容是学生在雕刻艺术实践中需要掌握并有效运用的基础知识和基本技能。学习任务是雕刻艺术实践的具体化,是学生在现实生活或特定情境中综合运用所学知识、技能等完成的项目、解决的问题等。

大冶石雕课程内容包括"欣赏·评述""造型·表现""设计·应用"和"综合·探索"4类艺术实践,涵盖10项具体学习项目,分学段设置不同的学习任务,并将任务学习内容嵌入项目化学习中(见图1)。

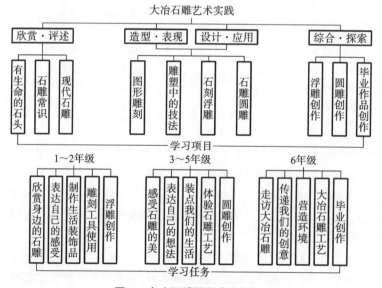

图1　大冶石雕课程内容框架

通过"欣赏·评述",学生学会解读雕刻作品,理解其发展概况。通过"造型·表现",学生掌握雕刻知识、技能和思维方式,围绕题材提炼主题,采用平面、立体或动态等多种表现形式表达思想和情感。通过"设计·应用",学生结合生活和社会情境,运用设计与工艺的知识、技能和思维方式,开展基于问题的学习、基于项目的学习,进行传承和创造。通过"综合·探索",学生将所掌握的雕刻知识、技能和思维方式,与自然、社会、科技、人文相结合,进行综合探索与学习迁移,提升核心素养。

每一学段均设置2～3个项目、多个学习任务,将美术雕刻语言(造型元素和形式原理)贯穿其中。每个项目中的学习任务既各有侧重,又相互联系。每一学段均以注重发展学生审美感知和文化理解素养的"欣赏·评述"为起点,到以强调发展学生雕刻艺术表现和创意实践素养的"造型·表现"和"设计·应用",再到大冶石雕课程内容、社会生活与学生经验之间联系的"综合·探索"(见表2)。

表2 大冶石雕课程内容

年级	审美感知	艺术表现	创意实践	文化理解
一年级上	欣赏大冶石雕桥栏杆、九龙图浮雕景墙等	彩泥制作动物、植物		
一年级下			用彩泥设计、制作奖杯	说说石雕的精神意义
二年级上	欣赏大冶石雕石牌坊、石狮子	绘制石狮子、小神兽		
二年级下		绘制石牌坊等	设计、绘制浮雕植物图案	说说动物、植物图案的吉祥寓意
三年级上	欣赏园林装饰石雕	用石膏表现文字、祥云、水纹等图案浮雕		
三年级下			用石膏设计、制作班牌	说说体验石雕工艺的感受
四年级上		用石塑泥制作圆雕动物		
四年级下	大冶民间石雕的历史		用石膏设计、制作吉祥挂饰	说说大冶石雕在我们生活中的精神传递及工匠技能
五年级上		用石塑泥制作景观小件		
五年级下	欣赏大型的纪念雕像		用石膏设计、制作纪念章	绘制分析纪念石雕艺术作品中传递中华精神的思维导图
六年级上	欣赏中外石雕艺术	用人造石制作线雕作品	校园石雕设计	
六年级下			石雕元素文创构想	说说石雕传统工艺"守正创新"的内涵或意义

三、大冶石雕课程的实施

黄石市花湖小学依托"生长教育"校园文化,围绕"让学校成为引导儿童掌握生活知识、发展生存技能、领悟生命意义,促进儿童生长力提升的成长乐园"这一愿景,秉承"关注每位学生每天的生长"的办学理念,确立"人人参与,个性发展"的课程理念,围绕一个核心、两种品质、四个艺术实践,构建大冶石雕课程实施范式(见图2)。

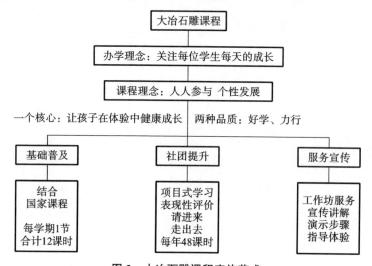

图 2　大冶石雕课程实施范式

(一)多维的课程设置

1."普及—进阶—引领"的课程推进

(1)基础普及。在国家美术课程的课堂教学中融入大冶石雕课程,设置2~3课时,学生随班参与学习,参与率达100%,旨在培养学生根植家乡本土艺术的基本素养。

(2)社团进阶。对大冶石雕艺术有兴趣的学生,可以班级为单位自愿申报进社团,学生参与率达10%。开展时间为每周一至周四中午 12:30—13:30 的课后服务时间,3~6 年级以年级组开展社团进阶活动,每个年级社团每学期 24 课时,每年约 48 课时。以真实情境的项目为主,在完成项目中提升雕刻艺术素养。以"走遍中国"项目为例,春季从每个班选出 3~5 人自愿申报进社团的种子学生,围绕"家乡"主题,三年级以文字设计为主,四年级以图案设计为主,五年级以家乡故事为主进行文创。这些石雕社团的学生既是共同完成项目的合作者,也是竞争者。他们需将所学知识与技能辐射至各班级,在班级演示雕刻步骤,提出设计草图要求,从同学设计的草图中挑选符合要求的提出修改意见,发石膏板指导同学雕刻体验,收集作品并牵头以班级为单位进行布展,最终使参与项目人数达到 90%,学生入展作品达 30%。

(3)工坊引领。工作坊的成员大部分由石雕社团的优秀学员组成,每周五中午

12:30—13:30"石雕小传承人"接待提前预约的学生进行体验,并为其讲解大冶石雕的相关知识。在遇到市区大型赛事时,社团还会外出进行展演和宣传服务。

2. "必修—选修—展演"的实施策略

(1)必修课程。以普及和体验性教学策略为主,提升美术课程的有效性。在第二学段(3~5年级)的学生能够在石膏板上体验石雕技法,雕刻字牌、图案、故事等,感受石雕的工匠精神。

(2)选修课程。以项目导学册的六大任务引导学生"入项—欣赏—技法—构思—创作—出项"的策略为主,提升学生的综合能力。"吉祥挂饰"项目中,社团学生需要经历从博物馆青铜器、漆器上寻找民族记忆,设计问卷进行市场调研,以及设计草图、选择雕刻板形状倒石膏板、雕刻完成、装框、展示推广等一系列操作,体验一个产品的产生与推广过程。学生的文创品还曾作为学校的伴手礼送往远在山东威海的"黄石舰",为舰上的战士们送去美好的祝福。

(3)展演课程。以同伴互助、参与、演示的教学策略为主,增强学生责任与服务意识,提升社会适应的综合能力。例如,在工作坊接待学生或家长参观石韵工作坊展览、体验石雕雕刻工作时,学生需要转变为"布展员""体验师""讲解员""石雕传承人"等角色,介绍各展区作品、传播石雕文化知识、介绍工具的使用方法,最后在石板上演示雕刻步骤与方法,并能够给予指导。

(二)丰富的课程拓展

学校遵循"全体参与、全力策划、全面展示"的原则,通过"请进来、走出去、跨学科"的形式开展多样的石雕课程活动(见图3)。

(1)请进来。学校每学期都会邀请国家级、市级传承人尹国平、尹国安兄弟来校授课,每学期次数不少于4次。授课内容除传统石雕技法外,还拓展了传拓活动,让学生能以另一种非遗技法保存自己雕刻好的作品。此外,湖北美术馆特意为学生送来一节雕塑课,教学生们使用铁丝和锡纸仿照石雕创作运动中的人。

(2)走出去。学校与黄石博物馆、文化馆、科技馆等近十个基地建立共建关系,为学生提供全面了解家乡本土文化的场所,也为石雕课程开拓了创作思路。学校每学年还会带领工作坊服务志愿者走进大冶石雕发源地尹解元村,探寻石雕文化。

(3)跨学科。开设跨学科石雕项目,各学科知识相互融合。"吉祥字牌"项目,以真实情境下的校园文创礼品开发为基础,与书法课相结合,要求学生认识两种以上的字体及其对应的书法家;"家乡故事"项目与道法课相融合,要求学生能根据地图知道家乡所在省级行政区的地理位置,并在"小导游"活动中增进对家乡的了解,从而培养学生热爱家乡、热爱祖国的情感;石雕项目与劳动课相联系,使学生能够正确安全地使用劳动工具。

(三)三级综合评价框架

1. "同伴—家长—社会"分层评价机制

(1)同伴互评:强化学生互动,通过小组讨论和互评,鼓励建设性反馈,促进学习。

(2)家长评价:通过家长开放日、联络本和反馈问卷等方式,增强家校合作,让家长参与孩子学习过程。

(3)社会评价:通过社区展览和与文化机构合作,收集专业人士和公众对学生石雕作品的评价,以评估文化传承质量和社会反响。

2."态度—质量—习惯"评价指标

评价指标见表3。

(1)学习态度:通过活力(情感参与)、奉献(行为投入)、专注(认知集中)三个指标衡量学生的积极性和注意力。

图3 课程实践剪影

表3 评价指标

维度	学习态度			学习质量			学习习惯		
指标	活力(情感参与)	奉献(行为投入)	专注(认知集中)	目标达成	作品效果	展示效果	遵守课堂纪律	安全使用工具、材料	收拾整理保持卫生

(2)学习质量:通过目标达成、作品效果、展示效果三个指标关注学习成果和作品质量。

(3)学习习惯:评估学生遵守课堂纪律、安全使用工具、整理卫生等的自律性和安全性。

3. 实施与记录

(1)综合评估报告:结合表现性—阶段性—终结性评价,形成全面的评估报告。

(2)记录工具:使用生长足迹联系册、星级评价表、成长档案袋记录学生成长轨迹。

(3)定期审议:确保评价体系适应性和有效性,进行定期更新和改进。

四、大冶石雕课程的成果

(一) 大冶石雕课程的开发成果

(1)校本课程。

涵盖三个学段、四类艺术实践活动的项目式课程。

(2)课程纲要与理论支架。

(二)大冶石雕课程的实践成果

(1)学生作品:学生在课程学习过程中创作的美术作品,可以展示学生的创意、技能和审美能力。

(2)课程设计:包括课程目标、课程内容、教学方法、教学资源等方面的设计,体现了课程的系统性和科学性。

(3)教学案例:教学过程中的具体案例,可以展示教师的教学方法和教学效果,同时也可以为其他教师提供参考。

(4)教学评价:对学生学习效果和教师教学质量的评价,可以帮助教师了解学生的学习情况和课程的教学效果,并为课程改进提供依据。

(5)教师成长:教师在课程实施过程中的专业发展和教学反思,可以展示教师的专业素养和教学能力的提升。

(6)课程推广:通过课程展示、研讨会、讲座等形式,向其他学校和教师推广课程,扩大课程的影响力和受益面。

黄石市花湖小学先后获得"全国启发式教育先进单位""湖北省劳动技术教育课题先进单位""湖北省活动课程实验与研究先进单位"等。2022年被教育部、中央军委政治工作部评为全国"八一爱民学校"。

学生参与课程学习达100%,学生参加校内外的实践活动达98%。通过近两年实践研究,学生综合素养得到了全面提升。

教师的专业能力有明显提升,美术教师团队有省特级教师1人,市骨干教师2人;从师德师风来看,美术组教师乐于奉献、勇于进取、有教育理想与教育情怀;从教科研能力看,美术组8名教师近3年主持和参与省市级课题多达25人次,1人次获得国家级论文案例二等奖,4人次获得省级论文案例一、二等奖,在省级以上期刊发表相关文章2篇。

大冶石雕课程获得区级优秀课程成果奖。每年大冶石雕课程送教2次,学校每年承办市级校本课程研讨和展示活动。

参考文献

[1] 中国非物质文化遗产数字博物馆.石雕(大冶石雕)[EB/OL].[2024-12-26].https://www.ihchina.cn/project_details/14115.

[2] 中华人民共和国教育部.义务教育艺术课程标准(2022年版)[M].北京:北京师范大学出版社,2022.

[3] 胡知凡.谈美术作为一种文化的学习[J].中国美术教育,2003(5):10-14.

第五篇　教育心得

数学考高分的六个好习惯

袁迁

作者简介:袁迁,高级教师,主要研究方向为基础教育研究。

摘　要:数学考高分的六个好习惯是勤思考、打草稿、仔细审题、重视基础题、公式别死记硬背、挖掘错因。勤思考有助于理解概念和思路,打草稿可减少计算失误,仔细审题能提高正确率,重视基础题可扩展解题思路,公式要理解背后原理,挖掘错因有助于理解知识点。这些习惯有助于稳定地拿高分,尤其对于升学考试的重要性更加凸显。

关键词:勤思考;基础;草稿;审题

随着拔尖创新人才培养各种招考政策的出台,数学考高分的重要性尤为突出,很多家长和学生迷茫起来:怎么样才能持续稳定地拿高分？对于尖子生来说,数学偶尔一次考高分不是特别难,难的是每次都能稳定地考高分。数学想要考高分,一定要养成六个好习惯。

一、勤思考

考数学就是考逻辑。所以对概念和思路的理解,是数学学习的核心。平时做题多想想,每个题中包含的知识点是怎么运用的？找出已知和未知条件,观察题与题之间的联系和变化,结合掌握的内容总结出思路。如果高度依赖老师讲解,遇到问题自己不敢、不愿花时间琢磨思考,那肯定是学不好的。比如有些同学遇到难一点的题,就做不了。你鼓励他做,但他所做的每一步都要老师或家长的确认。无论现在处于哪个学习阶段,这个习惯都有必要尽早改掉。

二、打草稿

复杂的题目一定要打草稿。心算容易出错,打草稿的时候要一行一行条理清晰地写,这样有助于培养清晰的思路,快速找出答案,还可以减少计算失误。另外也有助于在检查时,发现可能存在的错误。

平常的填空题,对于那些口算能力本身就一般,还不喜欢打草稿的同学来说,很容易出错。

三、仔细审题

在练习或考试的时候,如何让读题的正确率更高一些呢？遇到大题、难题、分值高的题,一定要像做阅读理解那样仔细审题。关键地方做好标记,看清楚条件再下笔。步骤也很简单:降低我们的阅读速度,并且一定要用笔去读题。

比如一道数学题往往有多个条件,你用笔把每一个条件圈画出来,就会加深这个条件在你脑子中的印象,从而知道每一个条件是什么、怎么用,这样做题就没有那么难了。当然在正确率提升起来的前提下,可以逐步提高阅读速度。

四、重视基础题

课本上的例题必须吃透,多做配套基础练习,搞懂例题有哪些变化,举一反三。建立更宽的解题思路,确保基础题全对。

五、公式别死记硬背

要学会自己推理出公式背后的来龙去脉,没有理解公式就无法灵活运用。自己把公式推导一遍,推导过程中有什么不理解的,一定要搞清楚。这样你才能彻底掌握一个公式,而不是记住一个公式。因为数学公式千千万,只有理解公式才能真正记住公式。

绝大多数同学为什么学不好理科?因为在死记硬背公式结论。你记住的公式是孤零零的。只有通过推导才能掌握这个公式的来龙去脉,建立起公式之间的联系。

六、挖掘错因

所有错误都是因为对知识点理解不到位。出现错误了,要仔细挖掘错因,而不是抄一遍错题。应该详细到具体哪一步自己不懂,这才叫找到漏洞,下次才会进步。

论多元智能理论
——在小学第一学段语文绘本阅读教学中的应用

杨丹丹

洋港镇胡桥小学

作者简介:杨丹丹,二级教师,本科,主要研究多元智能理论在语文教学中的应用。

摘 要:绘本对于学生而言,无疑是具有多元价值的,其作为儿童喜爱的文学书籍,正以丰富多彩的阅读形式走进语文课堂,因此如何开发绘本的价值,是极为重要的。多元智能理论的运用,恰好契合绘本的多元教学,如果将二者相互结合,不但可以提高学生的阅读兴趣,还可以达到促进学生全面发展的教育目的。

关键词:多元智能理论;绘本阅读;意义

一、多元智能理论和绘本概念特征

哈佛大学霍华德·加德纳教授提出了多元智能理论,认为人有多种智能,每种智能既是独立的个体,也是相互依存的整体,打破了人们对传统智能的认知,在教育界产生了重大影响。多元智能理论的运用,可以更好地开发课堂教学的优势和发展学生的智能。

霍华德·加德纳教授提出的多元智能理论,改变了人们对单一智能的认知,认为人的智能具有多元性和创造性,他认为人有八种智能,包括语言智能、逻辑智能、音乐智能、空间智能、身体运动智能、自我认识智能、人际交往智能和自然观察智能。通过深入研究,我们会发现人的智能是多元化的,而且这种多元化是具有创造性、发展性的。

通过阅读霍华德·加德纳教授撰写的《多元智能新视野》和向志斌、林川等老师编写的《小学生多元智能发展探索》,笔者发现多元智能理论在教学中普遍存在三个特点:第一个是可以建设多元智能的课堂,第二个是可以制定多元有效的计划,第三个是可以应用科学多元的评价方式。每一个特点的运用,都会帮助教师提高课堂效率,调动学生学习积极性。

(一)建设多元智能的课堂

一节丰富多彩的授课,可以吸引学生的注意力,长久地坚持,会让学生爱上学习。

在了解学生智能的前提下,进行各种各样的教学活动,譬如诗歌朗诵、歌唱比赛、激情辩论、创意话剧等新颖有趣的教学活动,会让学生积极地参与进来,由此调动他们的学习积极性。在轻松欢乐的学习氛围下,学生的每种智能都会得到培养和调动。例如一、二年级的教学内容"看图写话",学生如何将多幅图画联系在一起,从而叙述出完整的故事内容,这就涉及了学生的语言智能、音乐智能、逻辑智能等,因此建设多元的课堂,有利于提高学生的整体智能水平。

(二)制定多元有效的计划

制定长久有效的计划,可以培养学生的学习习惯,但是传统固有的教学思维让教师们侧重于制定提高学习成绩的计划,而忽视培养学生的道德情操。运用多元智能理论,根据学生的智能发展制定多元计划,更有益于学生今后的发展。针对小学生语文素养的提高,教师可以挑选出小学阶段要阅读的书籍,让学生吸收课外知识。小学生具有天马行空的想象力,纯文本的课本他们可能不喜欢,第一学段的学生语言智能和空间智能是比较发达的,因此教师可以推荐一些图文并茂的文学作品。除此之外,也要让学生经常欣赏音乐作品,在上课前播放舒缓音乐,让学生在音乐中放松心情,更有利于之后的学习,还可以发展学生的爱好。

(三)应用科学多元的评价方式

多元智能理论下的评价方式更适合当下全面发展的教学理念。将总结性评价和否定性评价转变为形成性评价。总结性评价是以学生期末成绩来评价学生,导致平时学习很努力,但是考试成绩不理想的学生丧失学习的热情。而形成性评价会更加客观地让教师观察学生,发现学生的优秀之处,全面了解学生,绘制成长记录袋,记录学生的成长过程,制作分析档案袋,对学生进行横向或纵向比较,教师也可以及时调整教学策略,从而更好地完成教学目标。

二、绘本阅读

日本图画书之父松居直认为,绘本阅读本质上是亲子阅读,绘本是家长为孩子朗读的书,而不是孩子自主阅读的书[1];台湾学者林美琴在《绘本有什么了不起》一书中认为绘本中图文的结合就像二重奏,两者互相搭配,才会传递出完整信息,她指出在进行绘本阅读时,要充分利用图画去理解文字的意义[2]。日本的河合隼雄更是指出了绘本阅读的价值,他认为绘本是儿童和成人共读的,对于所有人都是有阅读价值的[3]。综合起来,绘本阅读是阅读者利用图文获得信息,主动理解,从而获得阅读意义的构建过程。

---

[1] 甘丽华.绘本在小学低段语文教学实践中的应用研究[D].昆明:云南师范大学,2018:4.
[2] 胡笑盈.小学低段绘本教学中学生口头表达能力[D].广州:广州大学,2018:23-27.
[3] 李菁菁.绘本阅读对小学新生学校适应性的影响研究[D].昆明:云南师范大学,2019:6.

课程标准对于第一学段(1~2年级)的阅读提出了具体明确的要求:"学生要具有热爱阅读的意识,并从中感受到阅读的喜悦。"绘本不是简单的图文结合的书籍,而是一本将丰富的知识简单化,并富有趣味性的文学书籍,对学生既有教育意义,又能提高学生的阅读兴趣。一、二年级的学生对语文教材中大量的文字阅读缺乏兴趣,而有趣的图文可以消除他们对语言文字的恐惧感,帮助学生逐步地从依赖性阅读过渡到流利的独立阅读,这是由学前教育过渡到义务教育必不可缺的阶段。

绘本文字生动简洁,故事趣味性浓厚,深受成人和学生喜爱,因此更适合亲子阅读教育和在学校开展绘本阅读教学。绘本具有如下三个特征。

(1)绘本图画具有叙述性。绘本三元素之一的图画具有隐藏故事的功能,也间接告诉我们图画具有叙述性,与文字不一样的是,图画带给学生的是视觉语言,通过捕捉图画色彩和大小的变化,吸引学生的注意力,夸张抽象的图画更容易让一、二年级的学生理解,让他们感受阅读的快乐。大卫·维纳斯的《疯狂星期二》是一本无字图画书,里面梦境般的画面、大胆的想象,每一个人物和动物的表情都十分夸张丰富,带有戏剧性。

(2)绘本文字具有简洁性。简洁生动的文字是绘本最大的特色,是辅助图画的存在,对于初入学校的一、二年级学生,有趣且简洁的文字更容易让他们理解。比如安东尼·布朗的绘本《我妈妈》就用比喻性强的语言吸引了学生的注意力,在绘本中每一页几乎都有一个动物的形象跃然纸上,再配上符合妈妈性格特点的语言,譬如作者为了表达妈妈的美丽,将妈妈比喻为漂亮的蝴蝶,一、二年级的学生对蝴蝶等动物已经有了明确的认识,通过具体事物的比较,自然会对妈妈有一个明确的认识[①]。绘本文字除了简洁,还具有韵律性,有节奏感的语言更能够让学生在轻松快乐的氛围中感受到阅读的快乐。

(3)绘本内容具有趣味性。绘本内容的趣味性主要体现在两方面,一是文字的趣味性,二是图片的趣味性。文字的趣味性,主要体现在生动的语言上,比如绘本《是谁嗯嗯在我头上》中[②],绘本语言虽然比较简单,但是生动形象,通过鼹鼠向儿童普及了动物生理知识,不仅贴近现实生活,还符合儿童的认知,形象生动的比喻使得原本平平淡淡的语言变得富有童趣和可爱性。图片的趣味性,主要体现在图画表达故事的内容上和插画的整体布局上,在绘画色彩方面作家通常会选择明亮鲜艳的颜色,比如天蓝色、浅绿色、大红色等。在人物绘画上以动物、植物、童话人物为主,《神奇糖果店》中作者将糖果分成多种颜色,每种颜色的糖果代表一种超能力:黄色的代表大力士超能力;红色的代表隐形超能力。因此无论是明亮鲜艳的颜色还是生动形象的勾画,都会为绘本增添趣味性,提高学生的阅读兴趣。

---

① 杨双双.小学低年级绘本阅读教学研究[D].长沙:湖南师范大学,2015:6.
② 黄润灵.小学低年级绘本阅读教学策略研究[D].上海:上海师范大学,2018:6.

三、多元智能理论应用于绘本阅读教学的意义

(一)丰富学生想象力,锻炼学生看图写话能力

一年级学生练习写作的方式以"看图写话"为主,根据图画中出现的人物,结合自己的理解,写出一段比较完整的故事内容,重点在于锻炼学生的想象力、观察力和创造力。教师通过猜读结合的方式进行绘本阅读教学,让学生在读的基础上去猜测绘本内容,根据一定的线索去推理故事情节,去想象人物的情感变化,并让学生之间进行交流。

教师讲授《不一样的小豆豆》绘本时,视觉空间智能发达的学生通过观察绘本首页,可以大胆猜测故事的主人公小豆豆为何与其他豌豆粒不同,并教授学生观察图画的方法,实际上就是通过绘本阅读锻炼学生"看图写话"的能力。绘本中每一幅插图都互相关联,结构严谨,学生容易进行联想,在猜读绘本的过程中,学生的好奇心被激发,喜欢去探索,最重要的是在此过程中学生的想象力也得到了发挥。

(二)调动学生积极性,增强学生识字、认字能力

语文课程标准对于第一学段学生的识字和认字做出了具体要求:"学生要对学习汉字具有主动性,认识 1600 个左右的汉字。"[①]因此小学阶段的绘本与幼儿绘本是有区别的,针对小学生阅读的绘本,其内容是不断丰富的,字数也是不断增加的,绘本作为图文结合的文学书籍,其文字是作为补充图画内容存在的,目的是解释图画内容,一年级的学生在幼儿园时期就已有一定的识字量,因此在观看绘本插画内容时,为了明确故事内容,猜测故事情节,会在文字中寻找答案,确定自己的猜想。教师通过多元有趣的教学活动,会调动学生的学习积极性,带动他们识字、认字。

四、小学第一学段绘本阅读教学的要求

儿童绘本种类丰富,主题广泛,有科学主题的、友情主题的,还有亲情主题的,但并不是所有的儿童绘本都适合第一学段的学生,因此选择绘本时,教师要考虑到学生的心理认知发展水平,绘本是否贴近学生的生活经验,是否契合小学语文教材教学目标等[②]。

(一)绘本阅读要符合学生认知发展

认知发展理论是由著名儿童心理学家皮亚杰提出的,不同年龄阶段的儿童,他们大脑的认知发展存在不同,小学第一学段的学生大多是 6~8 岁,大脑处于形象思维、抽象思维两者之间[③]。第一学段的学生需要运用抽象思维,去理解和感受纯文字文章,但是这一阶段他们的抽象思维并不发达,由此也导致了他们对阅读缺乏兴趣。但是低年级学生对绘本阅读却有极大的兴趣,是因为绘本中的图画符合他们目前的认

---

① 孙秀娟.绘本阅读在小学低段语文综合性学习中的有效利用研究[D].苏州:苏州大学,2014:13.
② 张琰.小学低段语文绘本教学的应用研究——以重庆大学城树人小学低段绘本课为例[D].重庆:重庆师范大学,2019:6.
③ 张洁琼.小学低段绘本阅读教学现状调查研究[D].上海:上海师范大学,2018:27-28.

知,因此教师在选择绘本时,不应以识字、认字为主,挑选文字较多的绘本,而应该选择图画内容丰富、句式简单的绘本。学生在读图的过程中,就会充分理解故事内容,并且对韵律性强、有节奏的文字印象更深刻。如绘本《逃家小兔》文字简单,重复性强,反复出现"如果你变成……,我就变成……"等逻辑性强、比喻性强的句子,教师在讲述时,也可以顺势对学生提问:"你想变成什么,让妈妈去追你呢?"以此来调动课堂气氛和学生的积极性,因此小学绘本阅读教学一定要符合学生的认知发展,否则教学效果会适得其反。

(二)绘本阅读要贴近学生生活经验

美国教育家杜威提出"教育即生活",教学离不开学生的生活经验,语文课程标准指出:要培养学生将所学知识运用到生活实际的能力,从而锻炼学生的动手实践能力和创造力。

选择贴近学生生活经验的绘本,在一定程度上可以帮助学生提高他们的阅读热情和积极性。在学生进行绘本阅读时,对故事内容中的人物和情节发展,会更好地代入自己的情感。比如绘本《大卫,上学去》中大卫上学迟到、拽女生头发等调皮捣蛋的行为,是在学校中经常发生的现象,学生很容易将自己代入进去,教师也可以借此教育学生要遵守学校的规章制度。因此绘本阅读不可以随意选择,根据学生的生活经验和情感变化进行选择才更具有教育意义。

五、绘本阅读教学中存在的问题

(一)重视阅读方法,忽视学生兴趣

教师在传统教学观念下,习惯性地先教授学生阅读方法、阅读技巧,再让学生按部就班一页一页地阅读绘本,并对学生进行随机提问,帮助学生完成阅读任务,但是对于一年级的学生来说,他们很难长时间专注一件事情,而且这一时期的他们有自己的爱好,对于自己喜欢的内容会长时间地阅读,喜欢的插画会反复观看,他们对阅读并没有时间观念。

(二)重视思想教育,学生被动理解

绘本拥有丰富的人文主义内涵,用简单质朴的语言和温馨的图画,带给学生不同的情感体验,因此教师多选择具有教育意义的绘本,对学生进行思想上的教育。在绘本课上,经常让学生谈谈对主人公的感受,如阅读《逃家小兔》就一定要懂得母爱的伟大,将原本轻松快乐的绘本课变成一节思想品德课,学生缺少独立思考。教师也喜欢向学生提具有教育价值的问题,却忽视了学生的接受程度。其实有时虽然学生的回答略显稚嫩,但却是他们的真实感受,是他们童真的体现。

六、多元智能理论在绘本阅读教学中的应用

(一)视觉空间智能的运用——思维导图法

视觉空间智能发达的同学擅长大脑想象、空间推理和图像构造等,利用思维导图法教学,则可以很好地帮助学生整理清楚人物关系等,在制作绘本思维导图时,学生会

运用到逻辑数学智能,思考事件前因后果,可以很好地锻炼学生的概括能力、思维能力、想象力等。此处以绘本《乌鸦面包店》为例,介绍学生如何利用绘本制作思维导图[①]。

乌鸦妈妈生了四个颜色不一样的小宝宝,他们的名字也不一样,在这个故事情节中,我们可以引导学生画一个中心状的思维导图,以树状图为例,大树代表乌鸦一家,以大树为中心,分别画出乌鸦妈妈、乌鸦爸爸和四个小宝宝(见图1)。

图1 乌鸦一家树状图

通过这个简单的树状图,我们就可以让学生弄清楚故事中的主要人物了,这个方法比绘本教师直接提问更加有趣,我们还可以让学生在课堂中利用树状图整理自己的家庭成员(见图2),做到知识活学活用,这样我们就很好地将绘本内容与学生实际生活经验联系到了一起。

图2 家庭成员树状图

通过这种方法,可以很好地利用视觉空间智能锻炼学生的思维、归纳整理、逻辑分析等能力,在阅读中也可以发散学生的思维。

(二)身体运动智能的运用——表演法

身体运动智能指人们通过协调身体,表达思想情感、获得知识的能力,表演法便是

---

① 袁坚.带上思维导图读绘本[M].北京:北京出版社,2020,6:10-16.

运用此智能激发学生阅读兴趣,让身体运动智能发达的同学,发现有趣的学习方法,而不是将自己限定在充满语言智能的课堂①。为了更好地激发学生的学习乐趣,教师需要选择插画丰富、语言丰富、肢体动作多的绘本,再根据绘本的内容安排学生了解主要情节,选取精彩部分,或者让学生自行创编绘本。在此过程中,训练学生分工协作的能力和想象能力。

绘本《小黑鱼》中当小黑鱼的同伴都被吃掉,只剩下它自己时,它孤单伤心地游走在大海中,同学们通过肢体表演,可以更好地体验小黑鱼的这种情绪,在情感上产生共鸣(见图3)。

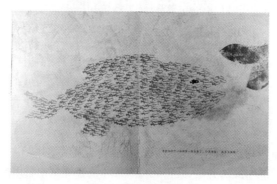

图3 绘本《小黑鱼》

(三)语言智能的运用——读赏法

语言智能指人们用口头语言和书面语言进行思考,用其表达复杂内涵和欣赏语言艺术的能力,主要涉及听、说、读、写这四个特点②。

听绘本,学生们只有学会倾听,通过倾听口头语言的语音音调、语言的节奏等才能感受作者想表达的情感,日本著名绘本家松居直在其著作《幸福的种子》中就告诉读者,绘本需要用一读一听的方法。教师在朗读时应采用饱满深情的语调,让学生在温暖的环境中体会到语言的魅力,体会作者的心情,对文中某些情感产生共鸣。

读绘本,通过播放背景音乐,导入学生的情绪,再让学生一起读重要的语句,第一学段的学生喜欢重复式的语句,通过朗读,让学生感受语言的节奏美。

说绘本,让学生互相讨论喜欢的情节,锻炼他们的口语表达能力和人际交往能力。

写绘本,可以锻炼学生的文字编辑能力,让学生认识更多汉字,如绘本《逃家小兔》里面反复出现的语句是:"如果你变成……,我就变成……"(见图4)。让学生模仿句式造句,可以让他们初步感知语言的节奏性和逻辑关系。

---

① 郑秀芬.多元智能与多维评价[N].山西日报,2016-08-23.
② 坎贝尔.多元智能教与学的策略[M].北京:中国轻工业出版社,2015:19.

图 4　绘本《逃家小兔》

参考文献

[1]　张玥.多元智能理论在小学语文教学中的应用[J].内蒙古教育,2017,7(14):6.

[2]　鲁婷.绘本在小学低段语文阅读教学中的应用研究[D].淮北:淮北师范大学,2018.

[3]　毛丁丁.小学低段绘本阅读教学研究[D].杭州:杭州师范大学.2017.

[4]　刘芳.绘本阅读提升小学生想象力的教学实验研究[D].长沙:湖南科技大学,2018.

[5]　李静.绘本在小学低年级语文教学中的应用研究[D].济南:山东师范大学,2017.

[6]　坎贝尔.多元智能教与学的策略[M].北京:中国轻工业出版社,2015:19.

[7]　武正营.加德纳:多元智能理论之父[N].中国教师报,2015-08-26.

[8]　薛国凤.多元智能理论实践之反思[J].江苏教育,2004,4(23):14.

[9]　侯雪薇.多元智能理论与实践的研究[J].山东工业技术,2018,5(22):224.

[10]　郑秀芬.多元智能与多维评价[N].山西日报,2016-08-23.

[11]　李菁菁.绘本阅读对小学新生学校适应性的影响研究[D].昆明:云南师范大学,2019.

[12]　胡笑盈.小学低段绘本教学中学生口头表达能力[D].广州:广州大学,2018.

[13]　甘丽华.绘本在小学低段语文教学实践中的应用研究[D].昆明:云南师范大学,2018.

[14]　朱园园.小学语文阅读教学中引入多元智能理论的研究——以《比尾巴》为

例[D].中国校外教育,2019(6):73.

[15] 黄润灵.小学低年级绘本阅读教学策略研究[D].上海:上海师范大学,2018.

[16] 杨双双.小学低年级绘本阅读教学研究[D].长沙:湖南师范大学,2015.

[17] 张琰.小学低段语文绘本教学的应用研究——以重庆大学城树人小学低段绘本课为例[D].重庆:重庆师范大学,2019.

浅谈语文教学中的古诗意境

柯艳阳

阳新县洋港镇胡桥小学

作者简介:柯艳阳,胡桥小学语文教师,二级,主要研究小学语文教学。

摘　要:意境是中国古典诗词理论中一个重要的美学范畴,也是中国传统美学的一个重要论题。意境是诗歌的本质,本文主要探究意境的产生与重要性,以及意境的美学特征与审美价值。意境教学则是古诗教学的精髓,本文着重探讨了意境教学的意义、特点、方法、原则以及注意事项等。

关键词:古诗;意境;古诗意境教学

我国古诗源远流长,从《诗经》开始,继之以《楚辞》《乐府》,经"建安""正始",历唐、宋、元、明、清,汇聚成一条浩浩荡荡的诗的长河,可谓是中国民族艺术宝库中一颗璀璨的明珠。古诗语言凝炼含蓄,意境深邃优美,倍受人们的喜爱。

一、古诗意境的含义

意境是中国古典诗词理论中一个重要的美学范畴,也是中国传统美学的一个重要论题。意境理论在我国传统文论中源远流长。唐代王昌龄最早提及"意境"一词,在《诗格》中他认为诗有三境:"物境""情境""意境"。诗僧皎然则是系统意理论的创始人,在《诗式》中他提出"诗缘情境发""情在言外"等揭示意境本质特征的重要论断。之后,晚唐诗僧司空图将皎然的意境说提高一步,意境说趋向成熟。他的《二十四诗品》是第一部研究诗歌意境的专著。清末王国维在《人间词话·附录》中说:"文学之事,其内足以摅己,而外足以感人者,意与境二者而已。上焉者意与境浑,其次或以境胜,或以意胜,苟缺其一,不足以言文学。"他揭示出意境的两个主要特征:"意与境深""言外之味"。可见王国维为诗歌意境说理论的最终完成作了归纳和总结。

中华人民共和国成立以来,意境说获得了更为丰富的解释,但宗白华先生对意境的解释最为形象生动:"在一个艺术表现里情和景交融互渗,因而发掘出最深的情,一层比一层更深的情,同时也透入了最深的景,一层比一层更晶莹的景,景中全是情,情聚象而为景,因而涌现了一个独特的宇宙,崭新的意象,为人类增加了丰富的想象,替世界开辟了新境,这是我的所谓意境。"

意境是诗歌的本质,是诗歌的灵魂。王国维明确提出把意境作为评判诗歌的重要标准,把情景交融、不可分割的诗歌看作上乘之作。他在《人间词话》中说道:"词以境界为最上,有境界,则自成高格,自有名句。""言气质,言神韵,不如言境界。有境界,本也。气质,神韵,末也。有境界而二者随之矣。"在《人间词·乙稿序》中又说道:"文学之工不工,亦视之意境有无与其深浅而已。"可见意境是评断诗歌高下优劣的标准和圭臬,而创造意境则是古往今来诗人永恒的追求和理想。

二、古诗意境教学的困境、意义与特点

(一)古诗意境教学的困境

现今仍有很多老师是这样教学古诗的:先简单解题,然后读诗释词,接着一句一句串讲,再归纳古诗的中心思想,最后检查背诵、默写古诗。这种教学方法,教师讲得干巴,学生学得枯燥。至于古诗的本质——意境,对于学生来说则是一种玄之又玄的东西,不可望也不可及,更不可能走进其中细细品味。学生学习古诗不但没有学得古诗的精华,反而成了一种负担,毫无兴趣可言,是老师"要我学"。

(二)古诗意境教学的意义

现代著名教育家徐特立曾指出:中国古代的诗教,今天的学校教育之中还用得着。新大纲也明确要求:小学阶段背诵优秀诗文不少于150篇(含课文)。并且新大纲后面还附录了80首"古诗文背诵推荐篇目"。可见在高呼素质教育的今天,古诗文学习仍旧十分重要。意境是古诗的本质,是古诗的灵魂,王国维认为"词以境界(意境)为最上""艺术接受的核心是意象的生成,即重建""意境是意象的升华"。学习古诗的核心问题应是古诗意境的重建。因此,古诗教学以意境教学为上,抓住了意境教学也就抓住了古诗教学的本质、灵魂和核心。

古诗意境把虚实之美、动静之美、含蓄之美巧妙地融为一体,具有特殊的审美功能。开展古诗意境教学,学生可以从中受到美的熏陶。体悟古诗意境的过程,就是鉴赏美的过程。古诗意境教学给了我们一个发挥想象的空间,发展创造性思维,进行艺术再创造。

诗人在创作时,塑造形象、描绘画面,将无限的情思融于有限的文字中,因而使得古诗意境深邃抽象。学生学习古诗时,要领悟诗句的言外之意,体会诗人的情思,就必须依靠自己运用想象力去补充和再现古诗意境,其中培养了学生的想象力。意境的重建是一个能动的再创造过程,当学生展开想象补充、再现意境的时候,也就是在大脑中主动地将记忆的各种意象进行再造组合,继而展开进一步的联想,创造一个属于自己的新的意境。由此可见,开展古诗意境教学,对于发展学生的创造性思维是一个有益的契机。

(三)古诗意境教学的特点

叶圣陶曾说:"作者胸有境,入境始与亲。"古诗意境教学,关键在于引导学生进入意境,体会意境,进而在自己的脑海中重建意境。俗话说:"良好的开端是成功的一半。"如何将学生引入古诗意境呢?这是古诗意境教学的难点。把学生引入意境,就是要想方设法让诗中的画面和诗人的情感在学生脑中"活"起来,从而使学生在如临其

境、如闻其声、如见其形中深入理解诗意,体会诗人的情感,最终获得审美体验,受到思想教育。不难发现,古诗意境教学强化学生内心的感受,淡化字词句烦琐的分析。

三、古诗意境教学的方法

(一)入境——审美感知阶段

"意境常常是静伏的、暗蓄的、潜在的,只有在创作者和欣赏者的头脑中,意境才浮动起来,呈现出来,生发出来。因此,意境具有因特定形象的触发而纷呈叠出的特点,它常常由于象、象外之象、象外之意的相互生发与传递而联类不穷。"在教学中,可以采用如下方法。

1. 画面再现

这实际上是把浓缩在诗句中的情境显现出来,利用插图或是绘制一幅幅形象真切的幻灯片或挂图,使学生直观地感受到诗歌中的美,由此直接进入诗歌的意境。如《山行》的插图,为我们展现出一幅动人的山林秋色图。那山路、人家、白云、苍劲的树木、停车观赏枫林的诗人,辉映着晚秋漫山遍野的红色枫叶,连画中的落日也被经霜的红叶染成红色。"霜叶红于二月花"可谓是尽在不言中,而诗人所要表达的赞美、热爱大自然的情感如春风化雨般滋润着每一位学生的心田。仔细观看插图,学生自然而然进入古诗意境之中。

2. 音乐渲染

音乐诉诸人的听觉,开启人的想象和联想,是打开人们情感闸门的钥匙。古诗中有不少本身就是广为流传的千古绝唱,古诗与音乐有着密不可分的联系。在教学中,把复杂多变的情感与悦耳动听的音乐旋律沟通起来,尽可能地将古诗中的"情"化为可作用于听觉的旋律,产生暗示效果,增强学生对美的感受,有利于学生调整自身的情感,展开丰富的想象、联想,不知不觉中披文入境,感受古诗的精妙。如《黄鹤楼送孟浩然之广陵》配以舒缓的古筝曲《送别》,《宿建德江》配以忧伤的小提琴曲,《早发白帝城》配以明快的钢琴曲,《江雪》配以幽怨的二胡曲等。

运用 PowerPoint、Authorware、Flash 等软件制作多媒体课件,可以将画面再现、音乐渲染两者结合起来,还可以适当添加动画,视听结合,效果更佳。

3. 语言描述

画面再现、音乐渲染,都是运用直观的教学手段,在再现古诗意境的过程中,直观手段必须与语言描述相结合。假如缺少教师的语言描述,就会将再现古诗意境变成盲目的、无计划的教学或是使学生陷入单纯的兴趣之中。相反地,教师贴切、优美的描述语言,不仅能将学生带入古诗的意境,还能使学生从中得到语言美的熏陶和享受。如在教学《枫桥夜泊》时,运用这样的语言引导学生进入意境:"夜晚,月亮渐渐落下去了,乌鸦不时地啼叫,茫茫夜色中似乎弥漫着满天的霜华,面对岩上隐约的枫树和江中闪烁的渔火,那是怎样一番情景啊! 同学们,这是哪里呀? 喜欢吗? 想亲自去看看吗?"教师优美的语言,不但为学生理解诗句作了铺垫,而且很快地将学生带入古诗优美的意境之中。

4. 诗眼锤击

"诗句以一字为工,自然颖异不凡,如灵丹一粒,点铁成金也。"这点铁成金的灵丹,自然指古诗中的点睛之笔——诗眼。诗眼能传神写照,传达出一首诗的精神。教学时引导学生抓住诗眼,重锤敲击,唤起想象、联想,进入古诗意境。如《泊船瓜洲》中的一个"绿"字,诗人确实费了一番心思。改用"到、过、吹、入"等字,春风还是春风,江南岸还是江南岸,两者没有发生内在联系,而一个"绿"字,将名词改为使动用法,春风使江南岸绿了,春风和江南岸发生了有机联系。一个"绿"字蕴含着江南岸无限春色。

5. 典故会意

古诗中常常用典,以典故蕴含诗人的思想感情。教师通过指明典故出处,明确用典的场景,引导学生体会用典所表达的不尽之意、不尽之情,让学生玩味欣赏,借此进入古诗意境。如教学王昌龄的《出塞》时,教师可先向学生介绍"飞将"是指汉将军李广。他守卫边关几十载,英勇善战,战绩累累,与守边士卒同甘共苦,深受士兵的爱戴。而匈奴人则是闻名丧胆,不敢越南山而牧马。尔后引导学生思考:月照边关,戍边战士为什么怀念飞将军?诗人用典的原因是什么?学生经过思考不难得出答案:现在的边关守将只知道吃喝玩乐,玩忽职守,敌人入侵,边关岌岌可危,戍边士卒何时可以返乡?由此想起了飞将军,假使那令敌人丧胆落魄的李广还在,戍边战士长征万里终有还!愤恨边关守将腐败无能的情感顿时萌生心头。诗人用典,引发共鸣,学生借此进入古诗意境。

6. 知人论世

"论古之人,颂其诗,读其书,不知其人,可乎?是以论其世也。"孟子这种知人论世的学习方法在我国古代颇有影响。古诗的意境,一方面必然打上时代的鲜明印记;另一方面又必然反映出作者的主观情感和思想倾向。教师对特定的背景和诗人的生平、思想加以考察,可以帮助学生进入古诗深邃的意境。如在教学《江雪》时,教师适当介绍柳宗元因"八司马事件"而被贬,以及之后他的处境和心情等,有助于学生加深理解,进入古诗意境之中。

(二)激情——美读品味阶段

在入境的过程中,学生对意境的感知并不是无动于衷的,同时伴随着强烈的情绪体验。因此,在引导学生入境之后,教师应想方设法,激起学生的情感体验,使得学生在自己的头脑中展开想象,完成对古诗意境的再创造,即古诗意境的重建。这是古诗意境教学的重点。如何激起学生的情感体验呢?格式塔心理学派认为:人的各种情感生活都有固定的力的模式,外物通过其表现形态(形状、色彩、质感等)所展示给人的也是一种力的模式,当这两种力的模式达到同形同构时,外物便会在人的思想中激起相似的情感体验。文字是古诗意境外在的载体,通过朗读,使得文字与朗读者的情感体验达到一种融合状态。即通过朗读,使得外物(古诗意境)之"力"与学生固有的情感之"力"达到某种程度的同形同构,此时外物(古诗意境)便在学生的思想中激起相似的情感体验。新大纲也明确指出:要让学生充分地读,在读中整体感知,在读中有所感悟,在读中培养语感,在读中受到情感的熏陶。因此,引导学生美读古诗,是激起学生情感体验的一条捷径。

著名教育家叶圣陶先生曾指出:叙事抒情的文章最好还要"美读",把作者的情感在读的时候传达出来,设身处地,激昂处还它个激昂,委婉处还它个委婉。古诗叙事抒情毋庸置疑。叶老所指的美读,是一种声情并茂的吟诵,是真正能以声传情、以情动人的感情朗读。美读古诗的好处在于能激发学生的情感,让学生在理解字词句篇的同时,接受语言文字所蕴含的思想情感,发乎情而动于衷,激起学生的情感体验,展开想象,最终完成古诗意境的重建。

(三)感悟——启迪明理阶段

1. 读一读

反复诵读古诗,有利于加强对意境的理解,深化对诗人情感的体会,有助于学生品味意境、重建意境。同时,诵读古诗也可以帮助教师分析学生对于意境的领悟究竟有多少。所谓"心生而言立"正是这个道理。

2. 画一画

小学生由于年龄特点,喜欢用画画来表现心中的想象。可以让学生依文作画,展开想象的翅膀。如教学杜甫的《绝句》(两个黄鹂鸣翠柳)时,让学生根据古诗自由发挥。黄鹂高高站在翠柳枝头鸣叫着,一行白鹭飞向云天,门口停泊着去东吴的船只,从窗口向外眺望,可看见远处西山上皑皑的白雪。学生边画边想象,犹如在画中游,自然而然产生一种热爱自然、赞美祖国大好河山的思想感情。学生对于意境的领悟早已跃然纸上。

3. 演一演

将意境中所描绘的情景演绎出来,对学生来说,的确有一定难度。但是学生非常喜欢这种方式。在演的过程中,学生的语言、动作、神情等,无不反映出对古诗意境的自我领悟。

4. 谈一谈

对于古诗意境的理解、感受,每个人都有所不同,有深浅高低之别。正如俗语所说:"有一百个读者,就有一百个哈姆雷特。"引导学生各抒己见,把自己读诗的心得和感悟说出来与大家交流,形成课堂信息传播的网状结构,达到取长补短、把个人对意境的个体感受推向深化的目的。同时教师也可以从中获得相关的反馈信息。

5. 改一改

让学生在领悟古诗意境的基础上,根据自己的理解,发挥想象,将古诗改写成小故事等。如学习了《赠汪伦》之后,要求学生将古诗改写成一篇记叙文。要求:保持原诗的基本内容不变;写出事情的起因、经过、结果,交代时间、地点、人物;展开想象、联想,进行适当补充;突出重点,即送别的过程。改写成的记叙文,是学生重建古诗意境的书面化形式。改写的过程中,学生开启想象,思维空间得以拓展,语文读写能力也从中得到了锻炼,而教师可以从中获得教学反馈信息。

四、古诗意境教学的原则

1. 全面性原则

古诗意境教学针对每个学生。教学过程中,教师应引导每个学生都积极参与。

2. 情境结合原则

古诗意境教学要求引导学生进入意境,体会诗情,重建意境,进而有所感悟。因此在教学中,要利用各种手段,尽可能地再现促使诗人有感而发、写下古诗之时的情境,使得学生如临其境,与诗人产生情感上的共鸣。

3. 启发引导原则

教学过程是教师教的主导作用和学生学的主动性相互影响的过程,学生是学习活动的主体,对于教材的感知、理解、感悟这一过程,只能由学生自己完成,教师不能代替学生完成。但是学生完成这一过程又必须由教师启发、引导,因此,在古诗意境教学中,教师应采用各种方法,激起学生的学习兴趣,启发、引导学生进入意境,体会诗情,重建意境。

4. 循序渐进原则

学生认识发展规律告诉我们,学生的认识是一个按照从已知到未知、从具体到抽象、从现象到本质、从简单到复杂的顺序逐渐深化的过程。古诗意境抽象而又深邃,因此学生领悟古诗意境必然是一个循序渐进的过程,这就要求教师的教学也是一个循序渐进的过程。

5. 及时反馈原则

按照现代系统科学理论,把教学过程看成一个由教师调控的工作系统,在这个系统中,教师要根据学生输出的大量反馈信息来调控教学活动,使教学活动的信息传输取得动态平衡,以保证教学目标的实现,获得良好的教学效果。

在引导学生学习新课时,不能让学生始终处于接收信息的状态,应创设条件,让学生有较多的个别表达的机会,只有在个别表达时,教师才能比较清楚地了解到学生是否理解了所学内容。如在古诗意境教学的感悟阶段,教师鼓励学生读、画、谈、演、改写等,通过以上教学活动可以及时反馈出学生对于古诗意境的领悟究竟有多深。

在课堂上,教师应注意观察学生的表现特别是面部表情,通过观察,可以了解学生的注意力是否被吸引到所学的内容上来,判断学生是否已经进入古诗的意境之中。如在教学古诗《悯农》时,若是已经进入古诗意境的学生,面部表情应是较为凝重的,如果某个学生依旧心不在焉或是满脸灿烂的笑容,那由此可以判断,该生仍未进入古诗意境。

参考文献

[1] 孙建章.论意境的审美价值——唤起审美鉴赏[J].辽宁商务职业学院学报,

2002(2):80-82.

[2] 孙建章.论意境的审美价值[J].渤海大学学报(哲学社会科学版),2002(2):34-35.

[3] 王小玲.浅谈中国古典诗歌的意境美[J].南昌教育学院学报,2001(1):29-30.

[4] 鲁渊.略论中国古典诗词的意境美[J].嘉应学院学报,2002(2):72-75.

[5] 辛保平.古典诗歌意境探微[J].语文学刊,2000(6):7-8.

[6] 冯国太,郝敬宏.入境 激情 明理——诗歌意境教学之我见[J].中学语文教学,2000(4):20-21.

[7] 汪开寿.古诗的意境美[J].安徽教育,1998(1):57.

[8] 朱东玉,石振华.古诗意境教学窥探[J].岱宗学刊,2001(1):87-89.

[9] 范伟军.中国古典诗歌意境"空白"论[J].文艺理论研究,2003(4):51-57.

[10] 方加衍.随风潜入夜 润物细无声——浅谈在古诗教学中如何将学生引入意境[J].辽宁教育学院学报,1999(1):104.

[11] 赵远利.在古诗教学中的意境导入[J].安徽教育,2002(16):33.

[12] 董文娟.古诗的意境教学[J].小学教学设计,2001(12):10-11.

[13] 汤克孝."美读"训练与情感熏陶[J].山东教育,1995(9):22-23.

[14] 徐地银.美读入境 精讲增效 博览实基——古诗词三步教学法举隅[J].江西教育,2000(Z1):51.

[15] 耿丽蓉.美读涵咏 以情引情——浅淡语文教学中的情感教育[J].绥化师专学报,1995(4):92-93.

[16] 胡寅生.小学教育教学教程[M].北京:人民教育出版社,1995:257-285.

[17] 蒋孔阳,朱立元.美学原理[M].上海:华东师范大学出版社,1999:229-271.

[18] 张大均.教育心理学[M].北京:人民教育出版社,1999.

[19] 王国维.人间词话[EB/OL].(2025-01-25).https://baijiahao.baidu.com/s?id=1822184531871782247&wfr=spider&for=pc.

文言文训诂辨正在语文教学中的智慧
——论《老子四章》"有无"解读之得失

李旭

黄石市有色第一中学

作者简介：李旭，中学三级教师，双学士，主要研究领域为文艺理论、古代文学、语文教育。

摘　要：本文探讨了文言文训诂辨正在高中语文教育中的重要作用，旨在通过阐释训诂与辨正的内涵，即通过对词语的解说分析和辨正纠谬，把握文本真谛，讨论训诂这一传统智慧对于培养学生的语言能力、思辨力，以及领会文化内核的深远意义。论文以《老子四章》"有无"之说的解读为例，具体分析了训诂辨正在文本解读中的运用，包括语词解说、语义分析、辨析纠正、会通阐发等环节，揭示了准确理解经典的过程，就如何在语文课堂中重视和发扬训诂辨正传统提出了建议。

关键词：文言文；训诂；语文教学；老子；道德经；会通阐发

语文教育素来被视为人文教育的核心。它不仅承载着中华民族源远流长的文化底蕴，更是思想观念、价值理念世代相传的重要载体。语文教学的根本任务，就是帮助学生在汩汩书香中开蒙启迪，在浸润经典中熏陶心智，在探讨文思中磨砺才思。在这一过程中，训诂辨正作为中国传统语言学的宝贵智慧结晶，发挥着不可或缺的重要作用。

训诂一词，本为注解训诂之意。它要求通过对词语进行解说、分析，揭示词语的本义及内在的文化内涵。辨正则是对词语的同义异义、虚实荒纬等进行鉴别辨析，并加以纠正。两者相辅相成，环环相扣，是理解文本真谛、领悟经典精髓的把关钥匙。

通过训诂，学生能对文言文字词造字本义、语义指涉等有更为深入的理解，对语境脉络的洞察力和敏锐度也将大幅提升。辨正则能锻炼他们辨识是非、析理探微的能力，培养科学严谨的思维品格。更重要的是，通过训诂与辨正，学生可以深入领会典籍所蕴含的思想智慧和文化精神，这对于语文核心素养的培养具有十分重要的意义。

一、文言文训诂辨正的内涵及重要意义

(一)内涵

训诂一词，本作"籍""志"之训，义为"考订""笔录"。后来它演变为对诗词文章中的词语进行解说、分析的专门名词。

而辨正顾名思义,就是对词语进行鉴别辨析并加以纠正。两者合璧,共同发挥了注疏训诂、斥正谬误的双重功能。

在中国古代注疏体系中,训诂与辨正是相辅相成、环环相扣的。训诂注疏者通过解说词语本义,分析词语引申义、语境义等,为领会文本真谛奠定基础。而辨正者则在此基础上,对词语的正误虚实、文理得失予以鉴别和判断。只有训诂与辨正两手并用,词语义理、文旨文理才能一一阐发,展现出经典文献的真实面貌。

(二)重要意义

1. 培养学生的语言敏感性和思辨能力

语文学习的基石是扎实的语言基础。训诂注疏是对词语表义理解的过程,能有效提高学生对词语的理解和运用能力。而词语辨正过程,则需要将词义与语境、文理相参照,鉴别分析,形成自己的判断。这种训诂与辨正的双重训练,有利于培养学生的语感和语言敏感性,也有利于锻炼他们的辨识能力和批判思维。

2. 引导体悟文化内蕴,领会文本精神本质

语言是文化的重要载体。训诂注解时,不仅要解析词语字面义,更需结合典故典制、语源文化等背景知识,领会词语所承载的文化内涵。辨正过程则需要对词语的虚实谬误、文理得失等进行辨析,把握经典蕴含的思想智慧和文化精髓。只有通过训诂与辨正的双重理解,才能真正领会文本的深层内涵,领悟其中的文化精神。

3. 培养主动探究和终身学习习惯

在学习过程中,学生需要不断主动求证、追根究底,遇到疑难便去查找、探讨。这种耐心钻研的学习过程,将潜移默化地培养学生的主动探究和终身学习的良好习惯,为日后建立终身学习的理念奠定基础。

二、《老子四章》"有无"之说的解读分析

(一)"有无"之说在《老子》思想中的重要地位

"有无"之辩可谓贯穿了整部《老子》的思想命脉。陈鼓应在《老子注释及评介》一书中指出,老子所论"有无"虽只简单两字,却蕴含着对万物本源和人生真谛的沉思,是道家哲学的核心主张之一。朱谦之也在《老子校释》中认为,"有无"之说体现了老子对宇宙人生的独特见解,是中国古代哲学的重要智慧资源。可见,"有无"之辩确实是老子思想的精华所在,影响深远。

(二)传统解读及存在的问题

《老子四章》原文写道:"三十辐共一毂,当其无,有车之用。埏埴以为器,当其无,有器之用。凿户牖以为室,当其无,有室之用。"以及最终总结:"故有之以为利,无之以为用。"针对这段文字,早期注疏多从"有无"矛盾对立的角度解读,如王弼的《老子注》认为"无"指车、器、室等物的中空处,正是依赖于这空无之处而产生了使用价值。同样观点也可见于《老子道德经注校释》(中华书局 2008 年版)相关注释中。教材正是选取此解读,《老子四章》注释③:当其无,有车之用:意思是,车的功用正是产生于车毂的

"无"。无,指车毂的中空处。

然而,这种片面强调"无"的重要性,忽视"有"实在存在的解读显然存在缺陷。王卡诚在《老子解析》中便指出,这忽视了语境对"有""无"统一体的呈现,割裂了上下文的语义关联,有对原文曲解之嫌。

(三)本文解读

1. "有""无"的哲学内涵

经过细致训诂和语义分析后,我们可以获得"有""无"这两个简单字眼背后所蕴含的深刻哲理内涵。"无"指万物的本质实在和本原实体,是超越感知认知、难以用语言概括的终极本体。而"有"则指万物的具体形态和现象,是"无"这一本原在我们感知认知中的映现和体现。用张岱年在《老子哲学阐幽》一文中的话来说,就是"无"作为本源之实存在于一切事物之内,"有"则是"无"的显现于外。二者相互依存、不可分离,缺一不可。"无"是"有"的所依所凭,是客观上不随人的主观意志而存在的;"有"则是人对"无"本体的认知映射,是主体感知层面的体现。

2. 结合语境全面解读

纵观《道德经》,不难发现"有无"二字在《老子四章》中实为并陈共举,而非对立关系。其目的是要阐发老子"有无相生、有无相成"的核心思想,契合了道家追求"无"本体的终极目标,同时又重视现实现象"有"的处世智慧。正如该章后文所说"吾所以有大患者,为吾有身,及吾无身,吾有何患"以及"体朴用民"等论述,无不蕴含了这种"有无"统一的思想意旨。

3. 引申的文化精神

通过对"有无"之辩的解读,我们可以窥见其中所蕴含的丰富文化意蕴。老子所阐发的"有无"思想,其深层文化精神首先体现了一种返璞归真、顺应自然的审美理想。"虚怀若谷""返璞归真"等论述,都是在追求一种复归"无"本体、超凡脱俗的审美境界。同时,其"有无"之说也蕴含着一种知足常乐、顺天应物的人生智慧。虽然"有之以为利"与"无之以为用"前后看似矛盾,实则阐明了掌握现象世界之"有"的利益,并依循本体实在之"无"的规律,这种"有无"并重的处世之道,方是老子所倡导的中正之道。

三、训诂辨正在"有无"解读中的作用

(一)语词解说

源远流长的文言文,其语词往往含义丰富、启发无穷。要透彻领会《老子四章》"有无"之说的深邃哲理,对关键词做好解说工作是基础前提。就"有""无"二字而言,马叔亚在《老子"有无"论析》一文中考据指出:"有"字本义为"存在""拥有";而"无"字,本作"無"或"毋",本义则为"没有""不存在"。两字本义看似矛盾对立,但通过训诂细致体味,实则可以发现它们相辅相成、环环相扣,从语源学角度揭示了老子哲学追求的"有无相成"之道。

再如"用""利"二字,在曾仲璜《训诂学的理论与实践》一书中有专门论述,认为:

"用"字本作"用"或"甩",本义为"使用""运用";"利"字本作"利",本义为"利益""好处"。结合《老子四章》的语境,可以推知"用"指"无之以为用"中的"依循根本实体之'无'而发生运用作用","利"则指"有之以为利"中"掌握现象层面之'有'而获得利益好处"。这与《老子》思想核心的"朴散"与"象恪"、"道德"与"为政"等一系列范畴的辩证关系是一脉相承、顺理成章的。

(二)句义分析

除了单字词义,对关键句子做好训诂解说也是把握文本真谛的必要途径。其中"当其无,有 X 之用"一句便是解读《老子四章》时颇具争议的焦点所在。早期注疏多将其理解为"当其(物体)无(中空处),才有 X 的用处",故而过于强调"无"的重要性,引发了学者的质疑。如邓安庆在《从注疏、训诂看文言阅读的实质》一文中便指出,这种割裂语境的解读存在明显缺陷,未能反映出该章全篇的思想脉络。

对此,詹石窗在《老子"有无之辩"新解》一文中做了新的训诂分析:他认为"当其无"中的"其"指代前文所举"器""室""辕"等实体,"无"则指这些实体所固有的内在属性,如中空、内腔之类;"X 之用"中的"X"复指前文所代的"其",整句的意思是"依照实体所固有的(空旷等)属性而产生其作用"。可见,这一句并非将"有""无"对立起来,而是将二者并陈、共举,说明"有"与"无"并非对立,而是相辅相成、不可分离。

(三)辨析纠正

按照传统解读,部分注疏者存在将《老子四章》中的"有无"理解为简单的矛盾关系、二元对立的片面倾向。比如将"车毂""器物""室内"的空旷属性视为"无"的体现,而将"车""器""室"的实体形态视为"有"的呈现,由此得出"无才是根本,有利只是附加"的结论,显然存在明显的片面性和谬误。针对这种狭隘理解,张松禾在《读〈老子〉四章》一文中提出了犀利批评与纠正,认为这种解读违背了老子"有无相生"思想命题的深层本旨。

(四)会通阐发

经过以上针对关键词语的训诂解说,关键句子语义的分析探讨,以及对传统解读谬误的辨析纠正,我们可以对《老子四章》"有无"之说的深层内涵真谛做一统整贯通。阐发的基本立论是:"有"与"无"并非对立孤立的关系,而是相互依存、相互生成的统一体;其中,"无"是一切万物的本源实在,是终极的存在实体,如陈万雄在《试论老子"有无"观及其当代价值》一文中所论;相应地,"有"则是"无"在认知主体感知层面的映现形式,是本原在现实世界的体现。二者相辅而行,缺一不可,方能构成完整的宇宙本体。

基于此,"有之以为利"所指的自然是顺应并掌握好现实世界之"有"的价值、意义和利益所在;"无之以为用"则强调依循并遵从本源实体之"无"的规律才是事物发生作用、发挥功能的根本所在。正如张晖在《〈老子〉"有无相生"说探析》中分析:"有无"思想不仅体现了中国古代哲学关于本体与现象关系的深邃见解,更蕴含了一种追求虚怀若谷、返璞归真、知足常乐、顺天应物的审美人生理想,是老子哲学的精神所在。

四、对高中语文教学的启示

(一)重视训诂,培养语言敏感性

语文学习的基石是语言能力,而训诂正是培养语言能力的绝佳途径。在文言文教学中,教师应当重视训诂环节,引导学生深入领会文言实词、虚词的本义及其演变,培养语言敏感性。同时也要注重学生对语境的把握能力,会通词义与语境的关系。

(二)注重辨正,锻炼批判思维能力

在训诂的基础上,教学中更应重视词语辨正环节。通过分析词语的是非曲直、义理得失,不仅能帮助学生准确理解文本内涵,更能训练他们的辨识能力、批判思维,形成良好的思维品格。

(三)融会贯通,领悟文化内核

语文学习最终目的是领会经典文献所蕴含的文化精神。培养学生的文化理解力,有赖于教师在训诂辨正过程中,注重融会贯通、沟通文化脉络。只有在详析词理的基础上,会通文化语义与思想内核,学生才能真正领悟经典文化的精华所在。

(四)因材施教,因势利导

语文学习是一个较为缓慢而长期的过程,需要教师循序渐进、因材施教。对于初学文言文的学生,可先从字词解说入手,引导他们熟悉文言虚词、实词的本义;对于有一定文言文基础的学生,则要适当加大训诂辨正的难度,培养他们的语感和批判思维能力;而对于语文素养较高的学生,教师则应着重引导他们融会贯通、领悟文化经典的深层精神。同时,教师也要借助多种教学手段和资源,如多媒体动画演示、网络资源等,营造生动有趣的语文氛围,激发学生的学习兴趣。

五、结语

训诂辨正作为中国优秀传统语言学智慧的结晶,在当代高中语文教育中仍然具有极其重要的价值和意义。文言文训诂辨正是中华优秀传统文化智慧的宝贵果实,也是我国语文教育生命力的源泉所在。它不仅能有效培养学生的语言能力和思辨能力,更为重要的是能引导学生领会经典文化的丰富内核,为民族精神振兴和语文核心素养的培养贡献力量。

首先,训诂注解和辨正纠谬有助于学生更为透彻地理解经典文本的本义全貌和文化内核,提高语言理解和文学鉴赏的能力,对培养语文核心素养大有裨益。其次,训诂辨正过程可以锻炼学生追根究底、辨析探微的能力,培养理性思维和批判思维的良好品格,这种能力和品格对于学生的终身发展具有重要意义。最后,通过训诂文言语词、辨正文理得失,学生能够深入挖掘经典文化的审美价值、触类旁通、融会贯通,进而完善个人的文化修养和价值理念。

因此,在高中语文教学实践中,教师应当重视训诂环节,提高学生的语言敏感度;注重辨正训练,锻炼批判思维能力;并着力于经典文化含义的阐发,引导学生全面领会

其思想魅力和文化精神。与此同时,也要因材施教,灵活运用多种手段,激发学生主动学习的热情,塑造良好的终身学习品质。

只有潜心训诂、沉静辨正,我们才能真正领悟先贤的语言文化瑰宝。让我们在教学相长中珍惜和发扬这一优良学术传统,在新的历史时期为中华优秀传统文化的传承发展贡献自己的一份力量。

参考文献

[1] 叶舒宪.注疏研究[M].北京:中华书局,2015.

[2] 范晓筠.文言语词训诂的教学设计与实施研究[D].重庆:西南大学,2018.

[3] 刘世珍.浅析《老子》"有无之辨"的现实意义[J].山西青年,2021(2):83-84.

[4] 张松禾.读《老子》四章[J].国学研究,2018(2):196-205.

[5] 陈万雄.试论老子"有无"观及其当代价值[J].天府新论,2009(2):55-59.

[6] 杨翼青.训诂辨正在文言阅读理解中的地位与作用[J].语文建设,2013(12):29-31.

[7] 中华人民共和国教育部.普通高中语文课程标准(2017年版2020年修订)[M].北京:人民教育出版社,2020.